rororo sport
Herausgegeben von Bernd Gottwald

Der Sport ist heute fester Bestandteil unserer Freizeitgesellschaft. Als Medienereignis zieht er Millionen Menschen in seinen Bann, als Wettkampfsport fasziniert er den engagierten Aktiven, als Gesundheits- und Fitness-Sport sorgt er für individuellen Ausgleich und Wohlbefinden, als Freizeitsport fördert er Geselligkeit und Kommunikation.

Die *rororo-Sportbücher* beschäftigen sich mit Themen aus allen Sportbereichen. Sie stellen Sportarten vor, geben praktische Tips zu Material und Ausrüstung, bieten Anleitungen zum Lernen und Lehren, zeigen fertige Trainingsprogramme und laden ein zur Beschäftigung mit sportwissenschaftlichen Disziplinen.

Praxis für Training und Wettkampf

JÜRGEN FREIWALD

PRÄVENTION UND REHABILITATION IM SPORT

Mit Fotos
von Horst Lichte

Rowohlt

Originalausgabe

Layout Angelika Weinert
Umschlaggestaltung Peter Wippermann/Sebastian Raulf
(Illustration Dieter Klama)
Veröffentlicht im Rowohlt Taschenbuch Verlag GmbH,
Reinbek bei Hamburg, April 1989
Copyright © 1989 by Rowohlt Taschenbuch Verlag GmbH,
Reinbek bei Hamburg
Sportpressephoto Bongarts: Fotos S. 10, 13, 60, 85, 86
Gustav Harder: Foto S. 248
Satz Times (Linotron 202)
Gesamtherstellung Clausen & Bosse, Leck
Printed in Germany
1680-ISBN 3 499 18626 8

Inhalt

Rehabilitations- und Aufbautraining   61

Ausgewählte Schäden und Probleme am Bewegungsapparat 87

Anleitungen für die Praxis 113

Praxisteil   *143*

Wirbelsäule   *144*

Untere Extremitäten   *189*

Knie- und Sprunggelenke   *199*

Kniegelenke   *214*

Sprunggelenke   *239*

Anhang   *249*

Vorwort

Dieses Buch soll einen Beitrag in einer zunehmend wichtiger werdenden Thematik, der Prävention und Rehabilitation von Verletzungen im Sport, leisten. Es soll die Ursachen und folgenden Abläufe einer Verletzung bzw. deren Verhütung für den Sportler transparent machen.

Der Häufigkeit von Verletzungen entsprechend wurde ein Schwerpunkt auf die Verletzungen der unteren Extremitäten gelegt; die dargelegten Grundsätze des Übens sind jedoch auch auf die anderen Gelenke des Körpers übertragbar.

Einen zweiten Schwerpunkt stellt die Wirbelsäule dar. Viele Menschen klagen über Schmerzen im Bereich der Wirbelsäule. Hier können die angebotenen Übungen einen Beitrag im Sinne der Schmerzlinderung bzw. -befreiung leisten.

Das Buch soll eine Auswahl von Übungen mit präventiven und rehabilitativen Zielen anbieten. Dabei wurde auf die Darstellung spezieller Techniken aus dem krankengymnastischen Bereich verzichtet, ebenso auf die Darstellung von Übungen mit hohem apparativen Aufwand. Geräte, beispielsweise isokinetische Geräte, sind nicht überall verfügbar, und dort, wo sie verfügbar sind, ist qualifiziertes Personal anwesend.

Ich bedanke mich bei allen Helfern, besonders bei Bernd Gottwald, für die Geduld und Unterstützung.

Jürgen Freiwald

Einführung

In einer Industriegesellschaft mit geringer werdenden Arbeitszeiten, veränderten und körperlich immer weniger belastenden Arbeitsinhalten sowie der fortschreitenden Technisierung unserer Umwelt, die dem Menschen immer weniger Bewegung abverlangt, stellt Sporttreiben einen wichtigen Faktor des Ausgleichs dar.

Die Gesellschaft hat sich in den letzten Jahrzehnten in fast allen Bereichen rasant verändert. Der Genotyp des Menschen (erbliche Anlage) kann sich nicht in dieser kurzen Zeitspanne an die veränderten Umweltbedingungen anpassen. In diesem Dilemma der mangelhaften Bewegungsumwelt soll uns der Sport helfen. Er wird von den verschiedensten Organisationen vielfach als Allheilmittel gepriesen. Es muß die Frage erlaubt sein, ob der Sport dies zu leisten imstande ist oder ob nicht etwa neue Gefahren vom Sporttreiben ausgehen können.

Der Freizeit- und Breitensport wie der in institutionalisierten Wettkampfsystemen betriebene Leistungssport hat noch keine Geschichte über Generationen hinweg, die uns Erfahrungswerte überliefern könnte. Es können keine über allgemeine Empfehlungen hinausgehenden, gesicherten Daten über spezifischen Nutzen oder Schaden des Freizeit- und Breitensports vermittelt werden. Diese Daten müssen in den kommenden Jahren gesammelt und ausgewertet werden.

Es muß der Gefahr der zunehmenden Spezialisierung von Bewegungen und der damit verbundenen Einseitigkeit in Alltag und Sport entgegengewirkt werden. Die heutige, durch Technisierung veränderte Umwelt wird von zunehmend präziseren, kleinmotorischen Bewegungen bestimmt. Es werden nur noch die Extremitäten, aber kaum noch der Rumpf und dessen Muskulatur in Bewegungsabläufe des modernen Alltags miteinbezogen, als Beispiele seien die Bürotätigkeit mit Maschinen- und Computerschreiben, Autofahren mit Servolenkung, Bremskraftverstärker usw. genannt.

Im Leistungs- und Hochleistungssport haben sich die Trainingsprozesse ebenfalls zunehmend spezialisiert. Ebenso haben sich Trainingsmethoden und -inhalte in den letzten Jahren zunehmend verändert, selbst Freizeit- und Breitensportler kopieren den Trainingsprozeß vorher schon langjährig in Grundlagen- und Aufbautraining ausgebildeter Athleten.

Durch diese zunehmende Spezialisierung bedingt, kann die im gesellschaftlichen Bewußtsein verankerte und öffentlich von den Anbietern propagierte Funktion des Sports als Ausgleich nur schwerlich nachvollzogen werden. Es scheint sich zur zunehmenden Spezialisierung von Bewegungstätigkeiten im Alltag eine parallele Entwicklung im Sport in Richtung einseitig belastender, hochspezialisierter Trainingsmethoden und -inhalte zu vollziehen. Sportartspezifisch lokalisierbare Verletzungen und Schäden scheinen dies zu bestätigen.

Ein weiteres und in Zukunft näher zu begutachtendes Faktum sind Sportarten, die neu sind oder von einer immer breiteren Bevölkerungsschicht wettkampfmäßig betrieben werden. Durch die in den letzten Jahren erweiterte Verfügbarkeit von öffentlichen oder privaten Hallen können Spiele wie Squash und Tennis ganzjährig betrieben werden. Sie stellen, wie alle Rückschlagspiele, recht einseitige sportliche Tätigkeiten dar. Ohne entsprechendes vorbereitendes und ausgleichendes Training sind Schäden fast unvermeidlich.

So betrachtet, sind Prävention und Rehabilitation nicht nur unter leistungsoptimierenden Aspekten zu sehen, sondern besitzen eine eigenständige Bedeutung. Der Einsatz ausgleichender Trainingsinhalte gegenüber der hohen und zunehmenden Spezialisierung der sportlichen und alltäglichen Tätigkeiten ist zu fordern.

Das folgende Kapitel führt in die funktionelle Anatomie als Grundlage der weiteren Ausführungen ein. Anschließend werden Aspekte präventiver und rehabilitativer Maßnahmen erläutert. Ausgewählte Schäden und Probleme am Bewegungsapparat und deren Behandlung werden ab Seite 87ff besprochen. Wer an Einzelfragen detaillierter interessiert ist, dem wird im Literaturverzeichnis weiterführende Literatur angeboten.

Außerdem werden Rahmentrainingspläne mit empfehlendem Charakter vorgestellt, der Übungsteil mit praktischen Empfehlungen für Sportler und Übungsleiter sowie interessierte Betreuer konzipiert. Dabei wurde auf die möglichst problemlose praktische Durchführbarkeit geachtet. Es werden nur Übungen verwendet, die sich in der Praxis bewährt haben, und es wurde bewußt auf spezielle Apparaturen verzichtet, die sich zwar in der Rehabilitation als sehr gut geeignet erwiesen haben, jedoch nicht jedem zugänglich sind.

Kleine Anatomielehre

In diesem Kapitel werden *Aufbau* und *Funktion* unterscheidbarer Gewebstypen erklärt.

Das Muskelgewebe

Die Muskulatur hat die verschiedensten Aufgaben, in erster Linie dient sie dem Entgegenwirken äußerer Kräfte (Schwerkraft und aufrechter Gang) sowie der Überwindung dieser Kräfte (Fortbewegung). Die Muskulatur gewährt die aufrechte Körperhaltung, sie setzt die Beanspruchung der Röhrenknochen durch entsprechende Zugverspannungen herab und übt auf den Skelett- und Bandapparat eine Stoßdämpferfunktion aus.

Fast die Hälfte der Gesamtkörpermasse besteht aus Muskulatur, die bei sportlicher Höchstbelastung bis zu 90 % des Gesamtenergieverbrauchs des Körpers auf sich ziehen kann.

Für verschiedene Aufgaben haben sich unterscheidbare Muskelgewebstypen entwickelt. Es wird unterschieden in das Herzmuskelgewebe, das glatte Muskelgewebe und das Skelettmuskelgewebe. Im Themenzusammenhang des Buches ist nur das Skelettmuskelgewebe von Interesse.

Dort, wo der Mensch ausladende und schnelle Bewegungen durchführen muß, sitzen *spindelförmige* Muskeln (Extremitäten), dort, wo der Mensch kleine und kräftige Bewegungen ausführen muß, sitzen *gefiederte* Muskeln (überwiegend im Rumpfbereich). Sie sind einfach oder zweifach gefiedert. Durch das Ansetzen von vielen Muskelfasern an der kraftübertragenden Sehne können höhere Kräfte übertragen werden als bei den spindelförmigen

Muskeln. Die spindelförmigen Muskeln können ein- und mehrköpfig angelegt sein und über ein oder mehrere Gelenke hinwegziehen.

Entsprechend ihrer Funktion werden die *Muskelfasern* in zwei grundsätzlich zu unterscheidende Typen unterteilt:

Typ 1: wenig ermüdbar, schmal, mitochondrienreich (Ort des aeroben Stoffwechsels), kapillarenreich, reich an Enzymen des aeroben Stoffwechsels, langsam kontrahierend, ausdauernd und geringe Spannung aufweisend. Genannt: Slow-Twitch Fibers (langsam zuckende Muskelfasern, ST-Fasern).

Typ 2: schnell ermüdbar, breiter, schnell kontrahierend, reich an Phosphaten, Glykogen und Enzymen des anaeroben Stoffwechsels, hohe Spannung aufweisend, überwiegend glykolytischer Stoffwechsel (anaerob), geringere Mitochondrienzahl. Genannt: Fast-Twitch Fibers (schnell zuckende Fasern, FT-Fasern).

Wichtig ist, daß die Häufigkeit der unterschiedlichen Fasertypen weitgehend genetisch bedingt ist. Zirka 60% der vorliegenden Muskelfaserzusammensetzung ist erbgebunden (HOLLMANN 1983). Der überwiegende Teil der Bevölkerung hat eine ausgewogene Veranlagung der verschiedenen Muskelfasertypen mit einer Toleranzbreite von 20 Prozent. Diese Verteilung scheint durch Training nur wenig veränderbar zu sein, es können jedoch Extreme auftreten wie z. B. 90:10%. In diesen Ausnahmefällen kann man dann vom «geborenen Sprinter» oder dem «geborenen Ausdauersportler» sprechen.

Die Slow-Twitch-Fasern (langsam zuckende Fasern) haben in erster Linie die Aufgabe der Kraftentwicklung und der Stützmotorik. Fast-Twitch-Fasern (schnell zuckende Fasern) haben die Aufgabe der schnellen Kraftentwicklung und der Zielmotorik. Sie sind unterschiedlich inerviert, die ST-Fasern über langsam leitende Neuriten (Nervenleitbahnen) von kleinen Alpha-Motoneuronen des Rückenmarks mit kontinuierlichem Impulsmuster (Stützmotorik), die FT-Fasern über schnell leitende Neuriten von großen Alpha-Motoneuronen mit diskontinuierlichem Impulsmuster (Zielmotorik).

«Überblickt man die Faserverteilung beim Menschen, dann wird deutlich, daß das Faserspektrum der einzelnen Skelettmuskeln eine bestimmte Funktionsbezogenheit widerspiegelt; so sind beispielsweise der zweiköpfige Armmuskel (M. biceps brachii) und der innere Schenkelmuskel (M. vastus medialis) durch ihren relativ geringen ST-Faseranteil typische ‹Schnelligkeitsmuskeln›, während der Delta-Muskel (M. deltoideus), der Zwillingswadenmuskel und Schollenmuskel (M. gastrocnemius et M. soleus) infolge ihres dominierenden Anteils an ST-Fasern zu ‹Halte- und Ausdauerfunktionen› prädestiniert sind.» (TITTEL 1985, 94). Diese Kenntnisse sind für die spätere Trainingsgestaltung von enormer Wichtigkeit, um z. B. funktionelle Kontraktionsgeschwindigkeiten (Winkelgeschwindigkeiten) vorzugeben, die der Funktion des Muskels gerecht werden.

Die Skelettmuskeln besitzen einen Ursprung und einen Ansatz. Als *Ursprung* eines Muskels wird meist der körpernahe Punkt bezeichnet (P. fixum), als *Ansatz* der körperfernere Punkt (P. mobile).

Die Muskelfasern sowie die aus vielen Muskelfasern zusammengesetzten Muskelfaserbündel sind von *Bindegewebe* (Faszien; Binden) umhüllt. Sie haben eine Schutz- und Führungsfunktion. Bei der Funktion des Muskels spielen die elastischen Eigenschaften dieser Bindegewebsanteile eine wichtige Rolle bei der Kraftentwicklung (Speicherung von Energie).

Die Kraft der Muskulatur (Zugwirkung) wird über Sehnen übertragen, in der Muskulatur selbst (Muskelspindeln) sowie an den Sehnen (Golgi-Rezeptoren) stehen Rezeptoren zur Verfügung, die genaue Auskunft über den Spannungszustand sowie die Dehnung der Muskulatur an das Zentralnervensystem rückmelden. Durch diese Rückmeldung wird bei hohen und plötzlich eintretenden Belastungen Verletzungen vorgebeugt, indem die Spannung auf ein vom Muskel-Sehnen-Apparat tolerierbares Maß herabgesetzt wird.

Im Übungs- und Trainingsprozeß werden verschiedene muskuläre Arbeitsweisen (Kontraktionsformen) praktiziert:

– *überwindende* Muskelarbeit (*konzentrische* Kontraktion), z. B. das Bein strecken
– *nachgebende* Muskelarbeit (*exzentrische* Kontraktion), z. B. einen Sprung vom Kasten durch «in die Hocke gehen» weich abfangen
– *verharrende* Muskelarbeit (*isometrische* Kontraktion), innere und äußere Kräfte sind gleich, es findet keine Bewegung statt, trotzdem wird (biologisch) Arbeit geleistet, entsprechende Stoffwechselprozesse zur Energiebereitstellung finden statt und somit ein Reiz zur Anpassung
– *kombinierte* Muskelarbeit (*auxotone* Kontraktion), die häufigste Form der Muskelarbeit, z. B. beim Gehen als ständiger Wechsel verschiedener Kontraktionsformen.

Wichtig, und das gilt besonders für das Rehabilitations-Training, ist, sich von der Vorstellung zu lösen, daß nur einzelne Muskeln isoliert Arbeit verrichten würden. Die Muskulatur arbeitet in funktionellen *Muskelschlingen* zusammen (vgl. Abb. 1). Diejenigen Muskeln, die während einer Bewegung zusammenarbeiten (Armbeuger), nennt man Synergisten, diejenigen, welche dem Beuger entgegenarbeiten, nennt man Antagonisten. Das gute Zusammenspiel der an einer Bewegung beteiligten Muskulatur (Synergisten) und die feine Abstimmung mit der der Bewegung entgegenarbeitenden Muskulatur (Antagonisten) ist nervös gesteuert (Koordination). Besonders nach Verletzungen ist dies Zusammenspiel gestört und muß durch gezielte Übungen wiederhergestellt werden.

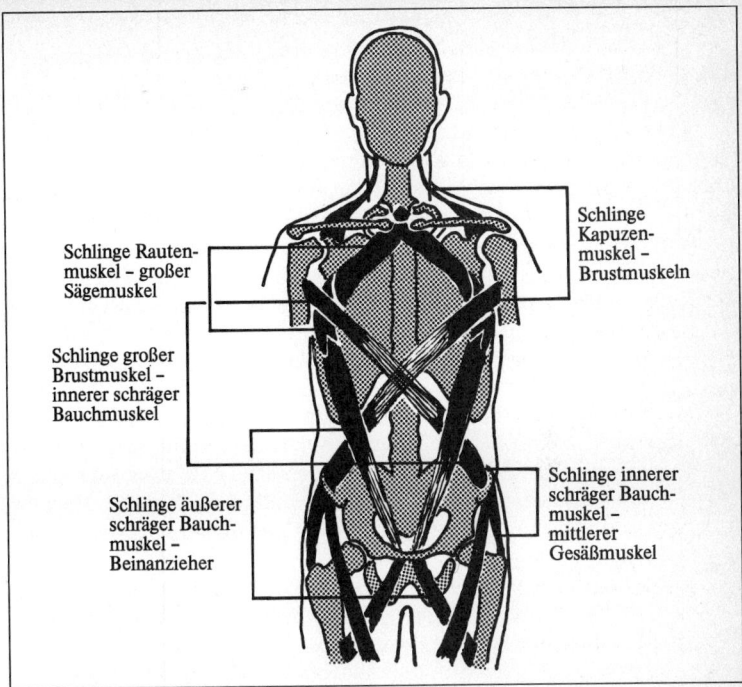

Schlinge Kapuzen-
muskel –
Brustmuskeln

Schlinge Rauten-
muskel – großer
Sägemuskel

Schlinge großer
Brustmuskel –
innerer schräger
Bauchmuskel

Schlinge äußerer
schräger Bauch-
muskel –
Beinanzieher

Schlinge innerer
schräger Bauch-
muskel –
mittlerer
Gesäßmuskel

Abb. 1: Die Verspannung des Rumpfes durch Muskelschlingen (KNEBEL 1988, 123)

Verletzungen der Muskulatur haben eine gute Heilungstendenz. Dies liegt insbesondere an der guten Durchblutung des Muskelgewebes und damit einer günstigen Versorgungslage mit allen zur Heilung (Reparation) notwendigen Stoffwechselbestandteilen.

Das Bindegewebe
(Knorpel-, Bänder- und Sehnengewebe)

Wir kennen drei durch Struktur und Funktion zu unterscheidende *Knorpelarten*:
– glasiger, hyaliner Knorpel,
– faseriger, bindegewebiger Knorpel,
– elastischer Knorpel.

Es sollen hier nur die ersten beiden Knorpelsubstanzen besprochen werden.

Der gelenküberziehende, glasig aussehende, *hyaline* Knorpel ist als glatter Überzug auf allen Gelenkflächen anzutreffen. Er hat die Aufgabe, Druckwirkungen abzufangen bzw. zu verteilen.

Er ist blut-, lymphgefäß- und nervenlos, die Ernährung des gelenküberziehenden Knorpels findet durch Diffusion statt, die gut ausgeprägt ist. Entscheidend für die mechanischen Eigenschaften und Qualitäten des Knorpels ist die Wasserbindungsfähigkeit durch hydrophile Muccopolysaccaride. Durch ihre Fähigkeit, Gewebswasser zu binden, bestimmen sie Elastizität und Belastbarkeit des Gelenkknorpels. Die Ernährung des Gelenkknorpels erfolgt im jugendlichen Alter zum Teil von der Markhöhle des Knochens her (tiefer liegende Schichten), sie nimmt mit zunehmendem Alter ab.

Ein zweiter Weg ist die Ernährung des Knorpels seitens der Synovia (Gelenkschmiere; fadenziehende, von der Synovialis produzierte, klebrige Gleitflüssigkeit in Gelenken). Dieser Transportweg ist zwar sehr ausgeprägt, aber langsamer als z. B. über das Blutkreislaufsystem. Entsprechend werden Verletzungen im Bereich des Gelenkknorpels langsam ausgeheilt und dauern länger.

Knorpel reagiert auf Belastung mit reversibler Dickenzunahme, es wird eine zeitlich begrenzte Flüssigkeitsaufnahme angenommen. Bedeutung erlangt diese Tatsache für den Trainingsprozeß, der Knorpel ist auf folgende sportliche Tätigkeiten durch angepaßte Belastungen niedriger bis mittlerer Intensität vorzubereiten.

Die Flüssigkeitsaufnahme verbessert die mechanischen Eigenschaften und bietet einen Schutz vor vorzeitigem Verschleiß. Während dynamische, intermittierende Druck-Scher-Kräfte den Knorpel auch zu langfristigeren Anpassungen zwingen, reagiert Knorpelgewebe auf längere hohe (punktuelle) statische Belastungen mit Degeneration (Entartung, Verschlechterung, Atrophie).

Auch hier können Rückschlüsse auf schädigende Trainingsbelastungen gezogen werden. Vorbeugende Maßnahmen stellen optimales Aufwärmen und ein guter Funktionszustand der an der Gelenkfunktion beteiligten Muskulatur dar. Durch die puffernde Funktion der Muskulatur werden die auf den Knorpel wirkenden Kräfte reduziert.

Optimierte Techniken reduzieren ebenfalls die Belastungen, wie z. B. die Auslassung von Trainingsinhalten, die starken statischen Druck auf die Knorpelbestandteile ausüben.

Bänder- und Sehnengewebe ist ein elastizitätsarmes, weiß glänzendes Bindegewebe. Die Sehnen haben die Aufgabe, die Zugkraft der Muskulatur auf die gelenkig verbundenen Knochen zu übertragen. Kollagene, zugfeste Faserbündel sind in Zugrichtung angeordnet, bei den Sehnen in leicht gewellter Anordnung. (Kollagen = leimgebende Substanz; Gerüsteiweißkörper; kollagene Fasern = aus feinsten, unverzweigten Kollagen-Fibrillen bestehende Bindegewebsfasern; quellen bei Entzündungen auf.)

Die leicht gewellte Anordnung bei den Sehnenfasern stellt einen Mechanismus dar, der die Kräfte bei beginnender Muskelkontraktion herabsetzt. Wird der Muskel angespannt, gleichen sich die Wellungen aus, der Krafteinsatz ist «weich», die Sehne jedoch nicht gedehnt.

Bänder und Sehnen sind kaum dehnbar, nur um ca. 4–12 %. Sehnen sind außerordentlich zugfest (20–40 N/mm 2) und müssen, bevor sie bei normaler sportlicher Belastung reißen, erheblich vorgeschädigt sein. Der Band- und Sehnenapparat ist jedoch genau wie der Knorpel trainierbar. TITTEL bemerkt, daß das Sehnengewebe kaum noch zu den bradytroph (gering) verstoffwechselnden Gewebstypen gerechnet werden kann, da es «...offensichtlich einen beträchtlichen Energie- und Funktionsstoffwechsel aufweist» (1985, 52).

Die durch (mittel- und langfristiges) Training bedingten Anpassungen des Sehnengewebes stellen einen wesentlichen Faktor der Prävention gegenüber Sportverletzungen (Sehnenrupturen) dar:
– Dickenzunahme (Sehnenquerschnitt),
– Zugfestigkeitsgewinn,
– geringfügige Verringerung der Elastizität.

Für die Trainingspraxis bedeutet die Kenntnis der Anpassung und deren langsamerer Geschwindigkeit als beim Muskelgewebe eine Möglichkeit der präventiven Trainingsplanung. Belastungen müssen allmählich gesteigert werden, Pausensetzungen haben planmäßig zu erfolgen, um den geringer verstoffwechselnden Gewebstypen Zeit zur positiven Anpassung zu geben. «Sehnen, Bänder und andere bindegewebsartige Bauteile unseres Bewegungsapparates können durch verstärkte Zugbeanspruchung mit zwischengeschalteten Ruheperioden sehr gekräftigt werden» (KUHN 1981, 34), von großer Wichtigkeit sind in der (Reha-)Trainingsplanung die Phasen der Regeneration der belasteten bindegewebigen Strukturen.

Schädlich (leistungsmindernd) für bindegewebige Strukturen (wie auch für alle anderen Gewebstypen) sind lange Phasen der Entlastung, z. B. durch einen Gipsverband. Es stellen sich Entlastungssyndrome (Atrophie; Degeneration) ein, die Leistungs- und Belastungsfähigkeit der Gewebe nimmt ab.

Besonders am Übergang zwischen Muskel und Sehne und am knöchernen Ansatz der Sehne manifestieren sich Verletzungen und Überlasterscheinungen. Es handelt sich hierbei um Reizzustände der Sehne, «...die Ansatzzone der Sehne ist die Stelle der größten Beanspruchung und schlechtesten Durchblutung» (KREJCI/KOCH 1982, 53).

Die Sehnen stehen in enger funktioneller Beziehung zu *Schleimbeuteln* und *Sehnenscheiden*. Schleimbeutel haben die Aufgabe, dort, wo Muskeln und Sehnen über Knochenvorsprünge geführt werden, den Druck zu verteilen und die Reibung zu vermindern. Sehnenscheiden sind flüssigkeitsgefüllte Bindegewebssäcke, «...in denen die Sehnen überall dort gleiten, wo sie abgewinkelt über Knochenvorsprünge oder Bänder laufen. Durch diese Flüssigkeitslagerung können sich die Sehnen relativ reibungslos gegenüber dem umliegenden Gewebe bewegen» (MARKWORTH 1984, 21).

Das Knochengewebe

Das knöcherne Skelett verrichtet nicht nur Stützfunktionen, sondern es dient auch als Hebelsystem. Diese Aufgaben kann das Skelettsystem aufgrund beachtlicher mechanischer Eigenschaften leisten.
Der Knochen besteht aus organischer und anorganischer Grundsubstanz, wobei die starren anorganischen Bestandteile die Festigkeit und den hohen Härtegrad bedingen, die organischen Bestandteile die Elastizität. Röhrenknochen bestehen außen aus einer festen und kompakten Masse und innen aus einem schwammigen Gewebe. Die Bestandteile der knöchernen Struktur sind so angeordnet, daß man von einer Bälkchen-Struktur spricht. Diese Bälkchen-Struktur verleiht dem Knochen zusätzlich hohe Zug-, Druck- und Biegefestigkeit bei gleichzeitiger Elastizität. Es wird mit einem Minimum an Material ein maximaler Effekt erzielt. Ernährt wird der Knochen über die reich mit Blut- und Lymphgefäßen sowie sensiblen Nervenfasern versorgte Knochenhaut (Periost). In der Rehabilitation nach Knochenfrakturen ist die intakte Knochenhaut durch ihre ernährende Funktion von entscheidender Bedeutung für die Wiederherstellung.
An den Enden von gelenkbildenden Röhrenknochen überzieht Gelenkknorpel (hyaline Knorpelsubstanz) den Knochen. Trotz hoher Druck- und Scherfestigkeit ist der bis zu ca. 5 mm dicke Knorpel sehr elastisch. Der gefäßlose und nervenfreie Gelenkknorpel wird (besonders im jugendlichen Alter) vom darunter liegenden Knochen ernährt; an «...anderen Stellen umgibt ihn eine zarte, blutgefäß- und nervenreiche Haut (Perichondrium), welche die Versorgung des Knorpelgewebes übernimmt, es zum Wachstum anregt bzw. die erforderlichen Nährsubstanzen zuleitet» (TITTEL 1985, 63).
Das Knochenlängenwachstum in der Entwicklung zum Erwachsenen ist etwa mit dem 20.–22. Lebensjahr, bei Frauen um 2–3 Jahre früher, abgeschlossen. Das Knochenwachstum wird hormonell und funktionell gesteuert. Hormonell durch das Somatotropin (STH) aus dem Hypophysen-Vor-

derlappen und funktionell durch häufige Be- und Entlastung entgegen der Druckrichtung. Übermäßige Belastungen nur in Druckrichtung hemmen das Knochenlängenwachstum.

Das Dickenwachstum des Knochens bzw. auch der Verlust an Knochendicke kann zeitlebens erfolgen, es finden Anpassungen an die Funktion statt, denn der Knochen ist eine «funktionelle Struktur, die ihn zu einem außerordentlich lebendigen und reaktionsfähigen, in ständigem Umbau befindlichen Gebilde werden läßt» (TITTEL 1985, 64 f).

Die Statik sowie die Mechanik gibt entsprechende funktionelle Reize zur Anpassung des Knochengewebes. Die Anpassung betrifft sowohl die Anordnung seiner Bestandteile (Bälkchenstruktur) als auch die Ausprägung des Knochenumfangs. Beispielsweise ist bei Ausdauersportlern nach jahrelangem Training eine deutlich nachweisbare Verdickung (Anpassung) der äußeren, harten Schicht des Röhrenknochens (Substantia compacta) zu beobachten.

Diese Erkenntnisse haben entscheidende Bedeutung im Rehabilitationsprozeß nach längeren Phasen der Ruhigstellung (Immobilisation), aber auch im Grundlagen- und Aufbautraining der Sportler zu finden. Vielseitig zielgerichtete Trainings- und damit Anpassungsreize bilden die Grundlage für eine hohe Belastbarkeit im Hochleistungsalter des Athleten. Diese «Aktivitätshypertrophie» des Knochengewebes als Anpassung an spezifische Belastungen gilt ebenso für die verstärkte Ausbildung von Knochenvorsprüngen an den knöchernen Ansatzzonen der Sehnen, Kapseln und Bänder. Sie werden somit den erhöhten Belastungen gerecht.

Besonders bedeutsam ist die im Gegensatz zum Muskelgewebe langsamere Anpassung des Knochengewebes an Belastung durch die geringere Stoffwechselquote und die damit verlängerte Wiederherstellungszeit nach Verletzungen bis zur vollen Belastbarkeit.

Die Gelenke

Gelenke kommen in den verschiedensten Ausformungen vor. Sie sichern uns die Beweglichkeit. Die Muskulatur verursacht durch Kontraktion Kräfte (aktiver Bewegungsapparat), die über Sehnen und Bänder auf das Skelett übertragen werden. Es werden in den gelenkigen Verbindungen der Knochen Bewegungen erzeugt.

Gelenke sind durch Gelenkkopf und Gelenkpfanne, Verstärkungs- und/oder Führungs- und/oder Hemmungsbänder sowie eine das Gelenk umschließende Gelenkkapsel gekennzeichnet. Gelenkkopf und Gelenk-

pfanne werden von hyalinem *Gelenkknorpel* überzogen. Der Gelenkknorpel ist in Grenzen verformbar und gleicht Ungleichheiten (Inkongru-
enzen) im Gelenkbereich aus. Der Gelenkknorpel ist ca. 2–6 mm dick.
Unebenheiten werden auch von den Synovialzotten, kleinen Zotten der
Gelenkkapselinnenhaut, welche in das Gelenk hineinreichen, sowie Fett-
polster ausgefüllt. Eine besondere Einrichtung stellen die mechanisch
hochbelastbaren *Menisken* dar. Es sind Faserknorpelscheiben, die im
Kniegelenk besonders ausgeprägt sind und den punkt- und linienförmigen
Kontakt der Ober- und Unterschenkelknorren in eine flächenhafte Verbindung umwandeln und die Stabilität im Kniegelenk erhöhen. Sehr wesentlich ist die Funktion der Menisken als ‹Hilfseinrichtung›, die der Ernährung des Knorpels dient. Die Menisken üben großen Einfluß auf die
Strömungsdynamik im Gelenk aus (MENSCHIK 1975). Durch die Paßge-
nauigkeit der Menisken wird die Ernährungsgrundlage der Knorpelflächen im Gelenk verbessert. Die Menisken im Kniegelenk sind in ihrem
Bewegungsspiel durch band- und sehnenhafte Verbindungen untereinander und mit anderen Strukturen in ihrer Beweglichkeit eingeschränkt.
Je nach Lokalisation des Gelenkes und dessen Funktion kann in inner-
und außerhalb des Gelenkes gelegene *Bänder* unterschieden werden. Die
Kreuzbänder des Knies sind im Gelenkinnenraum gelegen, die Seitenbänder außerhalb des Gelenks, bzw. das innere Seitenband ist mit Kapsel und
Meniskus verwachsen. Die Aufgaben der Bänder sind Verstärkung der
Kapselfunktion, Führung oder Hemmung von Bewegungen.
Die Gelenkräume umschließende *Gelenkkapsel* besteht aus zwei Schich-
ten: die äußere, fibröse, aus derbem Bindegewebe bestehende Schicht sowie die innere, zarte und seröse Schicht.
Die äußere derbe Schicht, in die vielfach noch Bänder eingearbeitet sind,
unterstützt die Gelenkfunktionen in Führung und Stabilität. Die innere
Membranschicht sondert die zur Ernährung notwendige Gelenkschmiere
(Synovia) permanent in den Gelenkspalt ab. Die Ernährung des Gelenkknorpels wird somit sichergestellt. Die fadenziehende Flüssigkeit setzt
außerdem die Reibung im Gelenk wesentlich herab. Besonders bei Entzündungen ist die Abscheidung erhöht, die Zusammensetzung des Liquor
synovialis ist jedoch negativ verändert.
Das Bewegungsausmaß der Gelenke wird von deren Form (Form der Gelenkflächen), durch die an der Gelenkbewegung beteiligte Muskulatur,
Bänder und Kapsel bestimmt. Alle diese Strukturen sind in unterschiedlichem Ausmaß (neben dem Luftdruck) auch für den Zusammenhalt der
Gelenkflächen verantwortlich.

Die Wirbelsäule

Die Wirbelsäule setzt sich aus sieben Halswirbeln (Zervikalwirbeln), zwölf Brustwirbeln (Thorakalwirbeln), fünf Lendenwirbeln (Lumbalwirbeln), fünf Kreuzbein- sowie vier bis fünf Steißbeinwirbeln zusammen. Kreuz- und Steißbeinwirbel sind miteinander verschmolzen, sie werden auch als ‹falsche Wirbel› den anderen, ‹echten Wirbeln›, gegenübergestellt.

Die Funktion des *Kreuzbeins* (Os sacrum) als Teil des Beckengürtels liegt in der Übertragung der Last des Rumpfes auf das Becken. Zwischen den Wirbelkörpern sind die *Bandscheiben* zu finden. Sie bestehen aus Faserknorpel, wobei ein Faserring einen gallertartigen Kern (Nucleus pulposus) umgibt. Der Faserring (Anulus fibrosus), bestehend aus kollagenen Faserzügen mit eingestreuten Knorpelzellen, verhindert das Herauspressen des Faserkerns, der den wichtigsten Teil der Zwischenwirbelscheibe darstellt, denn er verteilt den auf ihr lastenden Druck.

Die Zwischenwirbelscheiben besitzen im Erwachsenenalter keine eigenen Blut- oder Lymphgefäße und nur eine sehr geringe Nervenversorgung. Ihre hochgradige Spezialisierung wird durch eine eingeschränkte Fähigkeit zur Regeneration ‹erkauft›. Die Ernährung der Zwischenwirbelscheibe erfolgt durch Diffusion. Diese ‹Durchsaftung› ist belastungsabhängig. Intermittierende (wechselnde) Belastungen fördern diesen Ernährungsmechanismus.

Das System ist osmotisch im Gleichgewicht. Nimmt der Belastungsdruck zu, werden in Flüssigkeit gelöste Nährstoffe aus der Bandscheibe gepreßt. Wird der Druck nachfolgend vermindert, so strömt die knorpelernährende Flüssigkeit wieder ein, die Zwischenwirbelscheibe (Bandscheibe) nimmt an Volumen und Höhe zu. Es wird deutlich, daß sich längerer statischer Druck auf die Bandscheibe negativ auswirkt. Ständige Entlastung und das dadurch bedingte Ausbleiben der für die Diffusion notwendigen wechselnden Drücke und die dadurch bedingte Mangelernährung führen langfristig ebenfalls zur Degeneration. Intermittierende Belastungen wirken durch den ständigen Ein- und Ausstrom ernährender Substanzen positiv auf die Bandscheibe. Sie reagiert u. a. mit Verdickung und dadurch erhöhter mechanischer Belastbarkeit. Im Training des Sportlers, aber auch im außersportlichen Alltag muß darauf Rücksicht genommen werden.

Durch dauernden Druck der auf die Zwischenwirbelscheiben drückenden Last und den dadurch bedingten Flüssigkeitsverlust ist der Mensch abends ca. 1 cm kleiner als morgens. Mit fortschreitendem Alter sinkt der Wassergehalt in den Zwischenwirbelscheiben, wodurch der Mensch etwa 1–2 cm im Verlaufe seines Lebens kleiner wird.

Fehlstellungen (vgl. S. 87 ff) oder pathologische (krankhafte) Befunde wie
z. B. Blockierungen einzelner oder mehrerer Wirbelgelenke und auch
fehlerhafte Techniken während sportlicher oder alltäglicher Tätigkeit
(Abb. 2) führen durch ungleichmäßige Druckverteilung und dadurch ver-
ursachtes, partielles Überschreiten der Belastbarkeit zur Bandscheiben-
schädigung. Ebenso schädlich für die Bandscheibe stellen sich das Einwirken von hohen bzw. andauernden Abscherkräften dar (Abb. 3).
Die Beweglichkeit der Wirbelsäule ist im Hals- und Lendenbereich am
größten, in der Brustwirbelsäule u. a wegen der Befestigung der Rippen
am geringsten. Die Wirbel sind untereinander durch kurze und lange Bänder fest verbunden. Das vordere Längsband (Ligamentum longitudinale
anterius) zieht an den Vorderflächen der Wirbelkörper abwärts und reicht
bis zum Kreuzbein. Es steht mit den Wirbelkörpern in fester Verbindung.

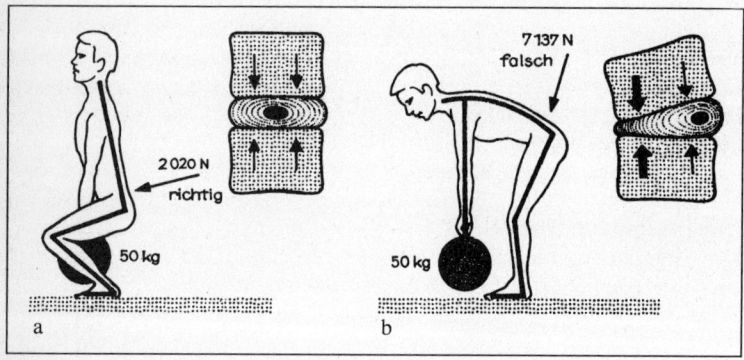

Abb. 2: (a) Physiologische = ökonomische und symmetrische Bandscheibendruck-
belastung bei der Gewichtsarbeit; (b) Unphysiologische und asymmetrische Band-
scheibendruckbelastung bei der Gewichtsarbeit (SCHMIDT 1987, 62)

Abb. 3: Mechanische Ursachen des Bandscheibenschadens (SCHMIDT 1987, 31)

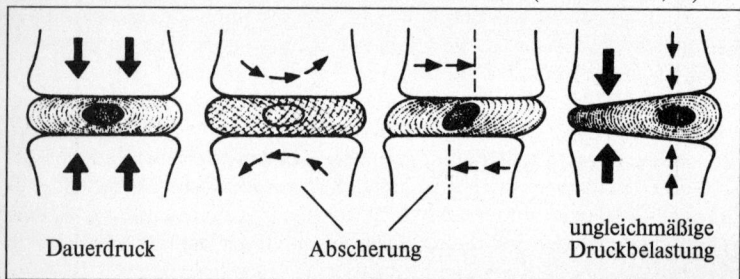

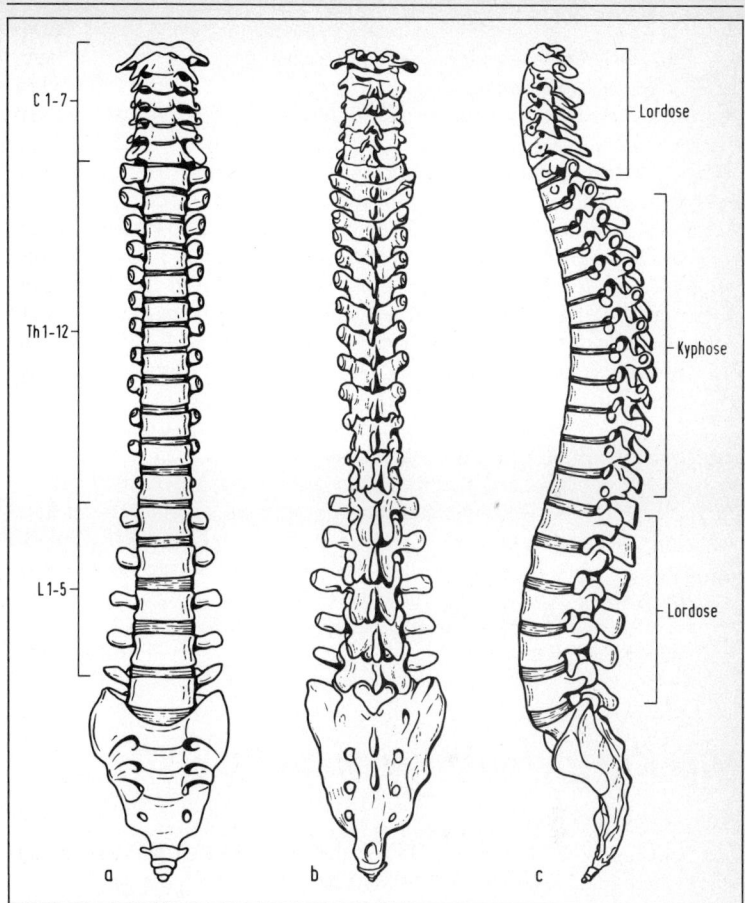

C 1-7

Th 1-12

L 1-5

a   b   c

Lordose

Kyphose

Lordose

Abb. 4: Wirbelsäule von (a) vorn, (b) hinten und (c) seitlich; man beachte die Größe der Wirbelkörper sowie die Stellung der Dornfortsätze in den unterschiedlichen Wirbelsäulenabschnitten; in der Seitenansicht sind die physiologischen Wirbelsäulenschwingungen zu erkennen (APPELL/STANG-VOSS 1986, 29).

Das hintere Längsband (Ligamentum longitudinale posterius) verläuft fast über die gesamte Länge der Wirbelsäule und endet ebenfalls am Kreuzbein. Es steht mit den Wirbelkörpern jeweils nur an deren oberen und unteren Rändern in Verbindung. In fester Verbindung steht dieses Band jedoch mit den Zwischenwirbelscheiben (Bandscheiben). Die Funktion dieser beiden Bänder liegt nicht nur in einer Erhöhung der Festigkeit

der Wirbelsäule, sie begrenzen auch die Beweglichkeit bei Vor- und Rück-
neigen und schützen die Zwischenwirbelscheiben (Bandscheiben). Weitere, für die passive Stabilität wichtige Bänder sind die kurzen Bänder (Ligamentum intertransversaria) zwischen den Querfortsätzen, zwischen den
Dornfortsätzen (Lig. interspinalia) und das Ligamentum supraspinale, das
am 7. Halswirbel ansetzt und abwärts bis zum Kreuzbein spannt.
Eine Sonderstellung nehmen die Ligamenta flava ein, es sind kurze Bänder, die im Gegensatz zu den anderen Bändern sehr elastisch sind. Sie liegen zwischen den Wirbelbögen, bestehen aus gelblichen Fasern und sind
schon im Ruhezustand gespannt. Beim Beugen werden sie dann weiter gedehnt und helfen mittels dieser elastischen Spannung beim Aufrichten der
Wirbelsäule in die Ausgangsposition.
Die gesunde Wirbelsäule hat eine Doppel-S-Form (Abb. 4, S. 25). Die
funktionelle Krümmung (Halslordose, Brustkyphose, Lendenlordose)
wird durch die Rumpfmuskulatur und den Bandapparat aufrechterhalten
und gesichert. Beim Erwachsenen erscheint die Wirbelsäule als federnder
Stab, die physiologischen Krümmungen dienen der Abfederung von Er-
schütterungen. Die Beweglichkeit der Wirbelsäule wird durch die Sum-
mation der Beweglichkeit der einzelnen Wirbelgelenke erzielt. Wenn die
Krümmungen der Wirbelsäule über das normale Maß hinausgehen oder
eine zu geringe Ausprägung besitzen (Flachrücken), spricht man von
einem Haltungsfehler bzw. Haltungsschaden (vgl. S. 87 ff).

Das Kniegelenk (vereinfacht)

Das Kniegelenk ist das größte Gelenk des menschlichen Körpers, es ver-
bindet die zwei längsten Hebel miteinander (Ober- und Unterschenkel).
Wegen des weitgehenden Fehlens knöcherner Führung neigt dieses Gelenk zur Instabilität, als Folge ist es häufig von Verletzungen betroffen.
Das körperferne, distale Ende des Oberschenkelknochens und das körpernahe, proximale Ende des Unterschenkelknochens bilden gemeinsam
mit der Kniescheibe (Patella) die knöchernen Bestandteile des Kniegelen-
kes. Die Kniescheibe bildet mit dem Oberschenkelknochen (Femur) ein
Gelenk. Sie ist das größte Sesambein des menschlichen Körpers und über-
trägt die Kraft des Oberschenkelmuskels (Quadrizeps) auf den Unterschenkel.
Das Kniegelenk wird aktiv und passiv stabilisiert. Muskeln, insbesondere
die Muskeln der Vorder- und Rückseite des Oberschenkels und Sehnen
als deren Kraftüberträger, sichern das Gelenk aktiv. Knochen, Knorpel,

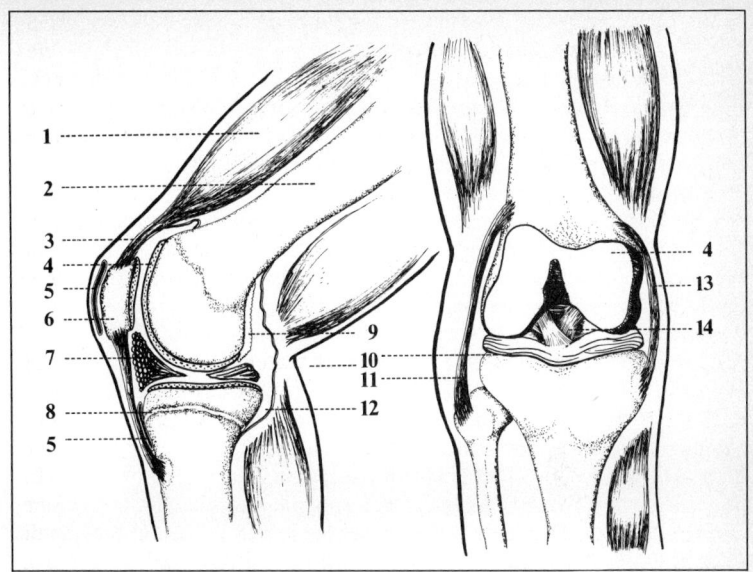

Abb. 5: Gelenkaufbau (HINRICHS 1986, 95)

1 Muskel	6 Kniescheibe	11 äußeres Seitenband
2 Knochen	7 Fettkörper	12 Gelenkkapsel
3 Sehne	8 Wachstumsfuge	13 inneres Seitenband
4 Gelenkknorpel	9 Gelenkschleimhaut	14 Kreuzbänder
5 Schleimbeutel	10 Meniskus	

Kapsel, Menisken und Bänder führen und begrenzen die Bewegungen im Kniegelenk passiv.

Die das gesamte Kniegelenk umspannende Gelenkkapsel teilt sich durch Fetteinlagerungen getrennt in eine derbe, äußere Haut (membrana fibrosa) und eine zarte, innere Haut. In die äußere Haut ist die Kniescheibe eingelagert, mit der Kapsel in Verbindung stehende Bänder und Sehnen stabilisieren in gemeinsamer Funktion das Kniegelenk. Die innere, zarte Haut der Gelenkkapsel sondert die zur Ernährung notwendige Gelenkflüssigkeit ab.

Hyaliner Knorpel überzieht im Kniegelenk die gelenkbildenden Knochenareale, er ist gemeinsam mit der Gelenkflüssigkeit für reibungsarme Gelenkbewegungen sowie für die Druckdämpfung und -verteilung zuständig. Die Innen- und Außenmenisken in den Kniegelenken bestehen aus kollagenem Fasermaterial mit eingelagerten knorpelähnlichen Zellen.

Der innere Meniskus ist halbmondförmig und mit dem inneren Seiten-

band verwachsen. Er ist hinten breiter als vorne, er ist durch seine Ver-
wachsung mit dem Seitenband weniger beweglich als der äußere Meniskus. Der innere Meniskus ist unter anderem durch seine eingeschränkte
Beweglichkeit ca. 20mal häufiger von Verletzungen betroffen als der äußere Meniskus. Der äußere Meniskus ist nahezu kreisförmig ausgebildet
und beweglicher als der innere Meniskus, da er mit dem äußeren Seitenband nicht verwachsen ist.

Die Menisken dienen der Vergrößerung des Gelenkkontakts und puffern
Stöße, indem sie die auftretenden Drücke verteilen. Wenn Menisken geschädigt sind, sind es meistens bogenförmige Längsrisse oder Abrisse des
vorderen oder hinteren Anteils.

Die Menisken besitzen eine wesentliche Bedeutung in der Ernährung der
hyalinen Gelenkknorpel. Durch ihre Form verteilen sie die gelenkernäh-
rende Synovialflüssigkeit im Knieinnenraum und bringen sie an den vor-
gesehenen Ort der Verstoffwechslung. Werden die Menisken nach einer
Verletzung operativ entfernt, besteht immer die Gefahr einer folgenden
Bandlockerung sowie einer Spätarthrose.

Die wichtigsten Bänder im Kniegelenk sind die Seitenbänder und die beiden Kreuzbänder. Die Seitenbänder werden in der Streckung zunehmend
gespannt, sie stellen im Standbein das Kniegelenk fest, bei der Beugung
ist das Außenband vollständig und das innere Seitenband zu großen Teilen entspannt. Bei geschädigten Seitenbändern findet sich eine vergrö-
ßerte seitliche Beweglichkeit im Kniegelenk.

Abb. 6: Menisken, Ansicht der oberen
Flächen (KAHLE/LEONHARDT/PLATZER
1986, 205 – Zeichnung von L. Schnellbächer und G. Spitzer)

Abb. 7: Schubladenphänomen, Vor-
schieben der Tibia bei durchrissenem
Kreuzband (KAHLE/LEONHARDT/PLAT-
ZER 1986, 209 – Zeichnung von
L. Schnellbächer und G. Spitzer)

1 vorderes Kreuz-
band
2 hinteres Kreuzband
3 Innenmeniskus
4 inneres Seitenband
5 vorderer Meniskus-
anteil

6 hinterer Meniskus-
anteil
7 Außenmeniskus
8 äußeres Seitenband
9 vorderes Meniskus-
band
10 hinteres Meniskus-
band

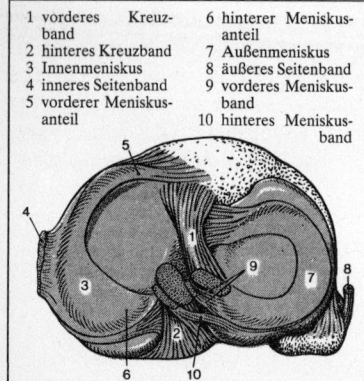

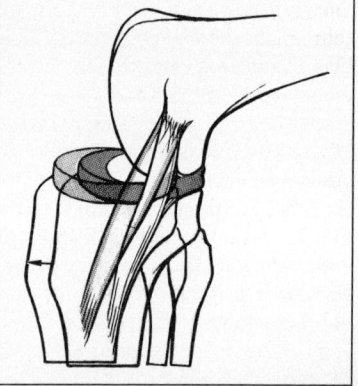

Die Kreuzbänder sind bei drei Hauptbewegungen im Kniegelenk von größter Bedeutung: bei der Beugung, der Streckung und der Innenrotation.

Während der Außenrotation wickeln sich die Kreuzbänder voneinander ab, sie wird in erster Linie durch das innere Seitenband und erst in zweiter Linie durch das Außenband begrenzt.

Bei der Innenrotation wickeln sich die Kreuzbänder umeinander und begrenzen dadurch eine zu starke Einwärtsdrehung.

Bei der Streckung spannt sich das vordere Kreuzband, in der Beugung sind beide Kreuzbänder je nach Winkelstellung unterschiedlich stark gespannt und stabilisieren somit das Kniegelenk. In der Beugung gerät das hintere Kreuzband zunehmend unter Zugspannung.

Die Kreuzbänder verhindern in der Beugung ein Abgleiten des Oberschenkelknochens von seiner Auflagefläche auf dem Schienbein. Das vordere Kreuzband verhindert das Vorschieben des Unterschenkels (vorderes Schubladenphänomen), das hintere Kreuzband verhindert ein Abgleiten nach hinten (hinteres Schubladenphänomen).

Die Sprunggelenke

Bei den Sprunggelenken wird ein oberes und ein unteres Sprunggelenk unterschieden. Das obere Sprunggelenk wird durch die distalen Enden der beiden Unterschenkelknochen und das Sprungbein (Talus) gebildet. Es ist ein Scharniergelenk und ermöglicht ein Beugen und Strecken des Fußes (Plantar- und Dorsalflexion). Der Bewegungsumfang beträgt von maximaler Beugung zu maximaler Streckung ca. 70 Grad, jedoch sind hier sehr starke individuelle Abweichungen möglich.

Das obere Sprunggelenk wird von einer Gelenkkapsel umgeben, die an den Seiten durch Bänder verstärkt ist. Das obere Sprunggelenk wird neben der knöchernen Form durch kräftige Seitenbänder in seinem Bewegungsausmaß begrenzt, man nennt sie fibularer Bandapparat, da sie alle am Wadenbein (Fibula) ihren Ursprung nehmen. Die äußeren Bänder sind dreigeteilt (Ligamentum fibulare anterior; lig. fibucalcaneare; lig. fibulare posterior). Sie verhindern ein Wegknicken über den Fußaußenrand, das sogenannte Supinationstrauma. Von einer solchen Verletzung sind meist nicht alle drei Bänder betroffen, zu ca. 70 % ist das vordere isoliert betroffen.

Verletzungen des inneren Seitenbandapparates kommen seltener vor als die des äußeren Bandapparates.

Das untere Sprunggelenk besteht aus zwei räumlich voneinander getrennten Gelenkflächen, einer vorderen und einer hinteren mit eigener Gelenkkapsel und Gelenkhöhle, die jedoch funktionell zusammenarbeiten.

In diesem Gelenk ist eine Fußinnenrandhebung mit Senkung des Fußaußenrandes (Supination) und umgekehrt eine Fußaußenrandhebung mit Senkung des Fußinnenrandes (Pronation) möglich. Der gesamte Bewegungsumfang der Pronations- und Supinationsbewegung beträgt ca. 30–45 Grad. Auch hier sind starke individuelle Schwankungen festzustellen.

Aspekte präventiver Maßnahmen

Präventive Maßnahmen (lat. vorbeugend; verhütend) können aus dem medizinischen, therapeutischen oder trainingsmethodischen Bereich stammen. Traditionell wird der Begriff der Prävention besonders im Bereich der Kardiologie verwendet. Auch im Breiten- und Freizeitsport werden gezielte Aktionen, z. B. Trimming 130 (Deutscher Sportbund), vielfach mit der Notwendigkeit des Herz-Kreislauf-Trainings und der damit verbundenen präventiven Wirkung legitimiert. Weniger im Bewußtsein der Sportler verankert ist die Möglichkeit und Notwendigkeit der orthopädischen Prävention. Auf die kommende Belastung bezogenes Aufwärmen wirkt vorbeugend auf Belastungen von Knorpel und Knochen, eine durch Rumpfkrafttraining verbesserte Körperhaltung schont die Wirbelsäule.

In diesem Buch werden präventive Maßnahmen überwiegend aus dem trainingsmethodischen Bereich besprochen. Diagnostische Maßnahmen bleiben dem Arzt und physiotherapeutische Anwendungen den dafür ausgebildeten Assistenzberufen (Masseur; Physiotherapeut) vorbehalten. Der Sportler selbst bzw. die Trainer können im Breiten- und Freizeitsport sowie im Leistungssport mit trainingsmethodischen Maßnahmen vorbeugend tätig werden und somit Verletzungen oder gar irreversible Sportschäden vermeiden helfen. Ein gewisses Maß an Verantwortlichkeit gegenüber der eigenen Gesundheit, nicht nur kurzfristig, sondern auch mittel- und langfristig, sollte jeder haben.

Eine kurzfristige Maßnahme der Prävention kann die optimale Vor- und Nachbereitung eines Wettkampfes bedeuten. Mittelfristig wirkende Maßnahmen kann die Umstellung der Ernährungsgewohnheiten beinhalten. Langfristige Prävention kann mit trainingsmethodischen und -inhaltlichen Maßnahmen angesteuert werden und beispielsweise die gezielte muskuläre Stabilisierung von verletzungsanfälligen Gelenken bedeuten. Langfristiges Denken kann die orthopädische Versorgung (z. B. Einlagen zur Minderung von Fußschäden) oder grundsätzlich die gesamte, von Verantwortung geprägte Karriereplanung miteinbeziehen.

Sportverletzung / Sportschaden

Wie anhand der Statistiken von Häufigkeiten und Ursachen der während des Sporttreibens erlittenen Verletzungen (vgl. Tabellen rechts) sichtbar wird, ist die Beanspruchung, und hier besonders im orthopädischen Sinne, des Haltungs- und Bewegungsapparats einer Grenzbelastung ausgesetzt, und dies nicht nur im Bereich des Leistungssports. Nicht nur die schwersten und nur operativ zu versorgenden Verletzungen stehen im Vordergrund, sondern vor allen anderen die immer wiederkehrenden kleinen Verletzungen (Mikrotraumen und Läsionen). Im Laufe der Zeit können diese Mikrotraumen chronisch werden und durch eine lange Dauer gekennzeichnet sein. Bei ausbleibenden Maßnahmen kann sich ein sogenannter *Sportschaden* entwickeln, der bleibend und irreversibel ist.

Im Gegensatz zum Sportschaden ist die *Sportverletzung* meist wieder zu heilen. Die ursprüngliche Trainingsintensität ist erst dann wieder zu leisten, wenn die beeinträchtigt gewesenen Zellfunktionen wiederhergestellt sind. Wird dies nicht beachtet und zu früh belastet, dann reagieren die in ihrer Wiederstandskraft und Anpassungsfähigkeit geminderten Zellen mit verzögerter Heilung oder mit Untergang auf Belastungen, die in funktionstüchtigem Zustand zu keinerlei Schädigungen geführt hätten. Es entwickelt sich ein Endzustand (Sportschaden), der durch Funktionseinschränkungen gekennzeichnet ist. Die Ursachen für diese Einschränkung sind im nachhinein aufgrund der Vielzahl der einwirkenden schädigenden Faktoren nicht klar bestimmbar.

Nach Böhmer (1987) sind Angaben über die tatsächlichen Häufigkeiten von Überlastungsschäden im Sport nur schwer möglich, da es sich um ein multifaktorielles Geschehen handelt. Im Hochleistungssport werden in einigen Disziplinen die trainingsbedingten Schäden mit mehr als 40 % angegeben, im Breitensport ist allenfalls mit sportbedingten chronischen Überlastschäden von 1–5 % zu rechnen.

Wie kann es überhaupt zu *Grenzbelastungen* kommen, da doch der Breiten- und Freizeitsport spontan und nicht täglich, eben von Lust und Laune abhängig stattfindet? Unter dem Motto, «Wenn schon, dann richtig», wirken zu intensive, vielfach auch (sportartabhängig) zu einseitige Belastun-

Verletzungsart	Anzahl männl.	%	Anzahl weibl.	%	Anzahl Gesamt	%
Distorsion	35	32,7	20	29,9	55	31,6
Kontusion	23	21,5	16	23,8	39	22,5
Bänder- u. Meniskusriß	13	12,1	10	14,9	23	13,3
Luxation	12	11,2	7	10,4	19	10,9
Fraktur	9	8,4	6	9,0	15	8,6
Sehnenriß	3	2,9	4	6,0	7	4,0
Muskelriß	4	3,7	2	3,0	6	3,4
Wunde	4	3,7	–	–	4	2,3
Tendo-, Myopathie	3	2,9	–	–	3	1,7
Deformität	1	0,9	2	3,0	3	1,7
Gesamt	107	100,0	67	100,0	174	100,0

Verletzungsarten bei Sportstudenten – geschlechtsspezifisch

Unfallursache	Anzahl männl.	%	Anzahl weibl.	%	Anzahl Gesamt	%
1. Eigenverschulden	46	43,0	26	38,8	72	41,0
2. Mitspieler oder Gegner	34	31,8	10	14,9	44	25,3
3. Sonstiges	14	13,1	12	18,0	26	14,9
4. Wetter, Bodenbeschaffenheit	10	9,3	6	10,4	17	9,8
5. Hilfestellung	3	2,8	5	7,5	8	4,6
6. Falsche Handhabung der Geräte	–	–	7	10,4	7	4,0
Summe	107	100,0	67	100,0	174	100,0

Unfallursachen bei Sportstudenten – geschlechtsspezifisch

gen auf den unvorbereiteten Organismus. Unvorbereitet ist hier nicht nur als mangelhaftes Aufwärmen zu verstehen, sondern unvorbereitet besonders im trainingsmethodischen Sinne. Die momentane Belastbarkeit der verschiedenen Gewebstypen wird von der Belastung überschritten.
Im Leistungs- und besonders im Hochleistungssport verändert sich das Bild zunehmend in Richtung *chronischer Überlastung*. Während im Breiten- und Freizeitsport gehäuft spontane Verletzungen auftreten, treten im Hochleistungssport die chronischen Überlasterscheinungen in den Vordergrund.

Endogene und exogene Faktoren

Endogene Faktoren, die eine verminderte Belastbarkeit bewirken und die Disposition zur Sportverletzung beeinflussen, sind durch individuelle Besonderheiten des Sportlers bedingte Faktoren:
- Alter,
- Trainings- und Wettkampfjahre,
- Geschlecht,
- Konstitution,
- individuelle Statik,
- bisherige und bestehende Krankheiten und Verletzungen,
- lokale und allgemeine (systemische) Entzündungen,
- chronische Leiden (Sportschäden),
- Medikamente (Doping),
- Trainingsanamnese (Inhalte und Methoden; Spezialisierung; Grundlagen- und Aufbautraining),
- aktueller Trainingszustand und Belastbarkeit (gesamtkörperlicher, muskulärer und koordinativer Zustand),
- Beherrschen der sportlichen Technik,
- konditionelle Voraussetzungen.

Exogene Faktoren wirken von außen auf den Sportler ein, dies sind z. B. Klima (Witterung), Sportgerät, Sportstätten, Sportbekleidung, Bodenverhältnisse, Gegner/Mitspieler.

Sporttauglichkeit

Der Begriff «Sporttauglichkeit» wird zwar häufig benutzt, ist aber nicht ausreichend definiert. Abgrenzend von der Frage nach der sportlichen Eignung (Leistungsperspektive) muß die Frage nach der sportlichen Tauglichkeit bzw. ‹Untauglichkeit› im Sinne der verhütenden Maßnahmen gestellt werden, GRAF (1987) beschreibt Sporttauglichkeit als eine globale Bezeichnung sehr unterschiedlicher Sachverhalte. Er nimmt eine Eingrenzung des Begriffs aus orthopädischer Sicht vor: «Im Wesen handelt es sich bei der orthopädischen Untersuchung zur Sporttauglichkeit um die Prüfung der körperlichen Voraussetzungen von Sporttreibenden oder Sportwilligen nach morphologischen und funktionellen Gesichtspunkten im Hinblick auf die angestrebten Belastungsformen. Ganz allgemein bedeutet demnach Sporttauglichkeit Belastungsfähigkeit für Sportarten sowie allgemeine und spezielle Trainings- und Belastungsformen entsprechend der individuellen Bedürfnisse» (GRAF 1987, 11).

Mit dieser Definition erklären sich u. a. auch die verschiedenen Anteile von chronischen Überlastschäden im Leistungs-, im Freizeit- und Breitensport. Die Trainingsmaßnahmen im Leistungssport sind nicht nur umfangreicher, sondern wesentlich intensiver und spezifischer. Einzelne Gewebsstrukturen werden somit häufigeren, intensiveren und einseitigeren Belastungen ausgesetzt. Auch wenn eine feststellbare Schädigung, z. B. in einem Gelenk, vorhanden ist, kann man die Frage nach der Sporttauglichkeit nicht endgültig beantworten. Wenn der betroffene Sportler keine Ausweichsportart angibt, sondern bei Sportverbot ganz mit sportlicher Aktivität aufhört, stellt sich die Frage nach dem tatsächlichen Gewinn eines Sport(-art)verbots. Der Betroffene vermeidet das schnelle Fortschreiten z. B. einer Gelenkdegeneration, aber er verliert durch Aufhören mit sportlicher Betätigung große Teile seiner Herz-Kreislauf-Leistungsfähigkeit. Hier müssen in Absprache (Sport-)Arzt – Sportler individuell vertretbare Absprachen getroffen werden. Als eine Maßnahme bietet sich die gezielte Einflußnahme auf die Gestaltung des Trainingsprozesses an.

«Die Frage nach der Sporttauglichkeit beinhaltet immer die Frage nach der vorübergehenden oder dauernden Belastungsfähigkeit für einzelne Trainingsformen, spezielle Disziplinen oder auch eine ganze Sportart. Die Frage: Disziplin – ja oder nein? oder Sportart – ja oder nein? ist ausgesprochen selten» (GRAF 1987, 11). Bei vorübergehenden oder dauernden Einschränkungen der körperlichen Leistungsfähigkeit müssen Trainingsformen ausgelassen oder soweit verändert werden, daß die geschädigten Strukturen keinen weiter schädigenden Trainingsreiz erfahren und die Möglichkeit zur Regeneration haben.

Es werden zentral einwirkende Belastungen und lokal einwirkende Belastungen unterschieden. Zentrale Überlastungen führen zum Symptomenkomplex des Übertrainings, welches in erster Linie nervöse Ursachen (ZNS) hat (vgl. S. 50). Skelettmuskulatur und Herz sind bei Belastungen mit mindestens ein Drittel der Gesamtmuskelmasse aufgrund der guten Stoffwechsellage nicht global zu überfordern, es sei denn, es liegen Vorschädigungen, Krankheiten, medikamentöse Einwirkungen (Doping) oder extreme Außenbedingugnen vor (Kälte, Hitze). Im *Freizeit- und Breitensport* resultieren die meisten Schädigungen aus zu unregelmäßig stattfindendem, zu umfangreichem und zu intensivem Training. Zur präventiv wirksamen Trainingsplanung müssen Faktoren der Veranlagung, des Alters, des Leistungsvermögens sowie der Trainingszielsetzung besonders berücksichtigt werden. Die sportliche Technik der gewählten Sportart muß erlernt und beherrscht werden. Die Ausrüstung muß der Sportart, dem Sportler und dessen Leistungsvermögen angepaßt sein.

Beispiel 1
Tennis: mangelhafte sportliche Technik
Person X wird von einem Freund, der schon seit längerem Tennis
spielt, mit auf den Tennisplatz genommen. Grob wird die Handfassung und die Technik des Schlagens erklärt, nach einigen zugeworfe-
nen Bällen trifft Person X fast immer den Ball und bringt ihn übers
Netz. Es schleifen sich technische Fehler (falsche Handfassung) ein,
der Schläger wird aus Hand- und Ellbogengelenk geführt. Es treten
innerhalb kurzer Zeit Schmerzen im Hand- und Ellbogengelenk auf.
Die Belastung kann nicht weitergeführt werden.

Beispiel 2
Tennis: mangelhafte Ausrüstung
Person X hat sich ‹fürs erste› einen abgelegten Schläger von einem
befreundeten, fortgeschrittenen Tennisspieler besorgt. Die Griffstärke
ist zu groß, er ist sehr hart bespannt und leitet hohe Kräfte auf Hand- und
Ellbogengelenk weiter. Die Belastung kann nach einigen Terminen wegen auftretender Schmerzen nicht weiter durchgeführt werden.

Diese Beispiele für mangelnde Technik und dadurch verursachte, vom
Körper nicht zu tolerierende Kräfte können ebenso wie Beispiele für mangelhafte Ausrüstung (Hallenfußball in Jogging-Schuhen; Jogging in Schuhen mit zu harter/weicher Sohle) fast beliebig fortgesetzt werden.
Im *Leistungssport* sind die Ursachen für Verletzungen und damit die Not-
wendigkeiten präventiver Maßnahmen ähnlich gelagert, hinzu kommen,
besonders in den etablierten Sportarten, weitere Probleme.

Beispiel
Leichtathletik
Der Trainer eines jugendlichen Leichtathleten, der seit einem Jahr
zweimal wöchentlich trainiert, möchte die Beinstreckkraft (Maximal-
kraft) des Athleten trainieren. Es werden Tiefkniebeugen mit einer
Langhantel im Nacken durchgeführt. Nach einigen Wochen klagt der
Jugendliche über immer wiederkehrende Kniebeschwerden. Die gelenkbildenden Strukturen, insbesondere der die Kniescheibenrückseite überziehende (hyaline) Knorpel, waren den Belastungen nicht
gewachsen. Es wurde eine Trainingsmethode aus dem Hochlei-
stungstraining der Leichtathleten übernommen und auf eine dafür
ungeeignete Person übertragen. Der Jugendliche war noch nicht genügend lange einem Leistungstraining ausgesetzt (Trainingsalter);
dadurch wurden nur langsam anhand einwirkender Trainingsreize
sich anpassende (bradytrophe) Gewebstypen (Knorpel) geschädigt.

Im Kinder-, Jugend- oder Erwachsenentraining werden Trainingsmethoden und -inhalte fast kritiklos auf den ‹Durchschnittssportler› mit nur ein
bis drei wöchentlichen Trainingsteilnahmen aus höheren Spiel- und Leistungsklassen zu übertragen versucht. Da der Individualsportler wie der
Mannschaftssportler nicht durch entsprechendes, langjährig vorbereitendes und aufbauendes Training auf solche Trainingseinwirkungen vorbereitet ist oder gar von seiner Konstitution ungeeignet erscheint, können kritiklos aus höheren Klassen übertragene Trainingsmethoden und -inhalte
zu Übertrainingssymptomen (vgl. S. 55) oder Überlastungen des Bewe-
gungs- und Haltungsapparats führen.

Überbelastungen (lokale)

Lokale Überbelastungen, abgrenzend zum Übertraining, können sich an
der Muskulatur, den Gelenken oder mit den Gelenken in Verbindung stehenden Strukturen bemerkbar machen.

Überbelastungen der Muskulatur (Symptomatik)
– Muskelzerrung,
– Muskelfaserriß,
– Muskelriß,
– Muskelverknöcherung (Myositis Ossificans),
– Muskelhartspann (Myogelosen),
– Muskelkater.

Überbelastungen der Gelenke (Symptomatik)
– Reizungen,
– Ergüsse,
– Schmerzen.

**Überbelastungen der mit den Gelenken
in Verbindung stehenden Strukturen**
– Kapselapparat (Reizungen, gestörte Ernährfunktion [Synovialflüssig-
  keit], Ergüsse, Verklebungen, Schrumpfungen)
– Bandapparat (Degeneration, Laxität)
– Sehnen (Entzündungen der Sehnenscheide, Sehnenansatzschmerz; De-
  generation)
– Knorpel (Degeneration, Arthrose)

Sportschäden

Sportschäden können aus allen akuten Verletzungen sowie aus wiederholten, gleichartigen Verletzungen derselben Körperregion resultieren. Subakute Krankheitsbilder, beispielsweise wiederholt auftretende Mikrotraumen, die den Sportler anfangs nur behindern, jedoch nicht zur Pause zwingen, bergen Gefahren. Es kann bei Nichtbeachtung und Nichtausheilen zu einem Übergang in ein chronisches, irreparables Stadium kommen.

«Die Behauptung, daß Leistungssport als solcher bereits zu krankhaften Veränderungen führt, muß dabei primär in Frage gestellt werden. Es hat den Anschein, als ob Fehlbelastungen, unzureichende Mobilität, häufig rezidivierende Mikro- und Makrotraumen sowie ungenügende Trainings- und Wettkampfpausen verbunden mit fehlenden rehabilitativen Maßnahmen einen wesentlich bedeutenderen Einfluß auf den Bewegungsapparat haben als die sportliche Belastung an sich» (GROHER/LENHART 1982, 36 f).

Trainingszustand als präventiver Faktor

Ein guter Trainingszustand (allgemeines, grundmotorisches Eigenschaftsniveau) stellt eine verletzungsvorsorgende Basis dar, die aktive Kontrolle der Bewegungen ist gewährleistet.

Ausprägung grundmotorischer Eigenschaften als präventiver Faktor

Kraft – die Sicherung der Gelenkfunktionen, deren Führung und Stabilität

Schnelligkeit und Reaktionsvermögen – die schnelle Ausführung von Ausweichbewegungen, Voraussetzung für situationsgerechte Verhaltensmöglichkeiten

Ausdauer – der Erhalt der Konzentrations- und Koordinationsfähigkeit durch geringere und weniger schnell eintretende physische und psychische Ermüdung; Verbesserung der Regenerationsfähigkeit

Koordination – das geordnete (situationsadäquate) Zusammenspiel der Muskulatur; Realisierung des Bewegungsrepertoires

Beweglichkeit – das Ausschöpfen der Gelenkamplituden und die Realisierung von aktiver und passiver Beweglichkeit; Realisieren von Ausweichbewegungen

Trainingsmethodik und Trainingsinhalte als präventive Faktoren

Präventiv wirksam, trainingsökonomisierend sowie leistungssteigernd ist die konsequente Anwendung trainingsmethodisch-inhaltlicher Prinzipien.

Die zeitlich sinnvolle Anordnung der Trainingsinhalte ist nicht nur unter leistungssteigernden Aspekten zu sehen, auch werden hier Forderungen der präventiven Trainingsgestaltung erfüllt.

Aufwärmen steht am Anfang einer Trainingseinheit (vgl. S. 42), Abwärmen am Ende einer Trainingseinheit (vgl. S. 48).

Technisch anspruchsvolle Übungen (Koordination) stehen vor Schnelligkeitsübungen, Krafttraining vor den Trainingsinhalten zur Entwicklung der Ausdauer.

Beispiel

Viele Trainer in Mannschaftsportarten führen am Ende einer erschöpfenden Trainingseinheit «noch ein paar Spurts» durch. Der beabsichtigte Trainingseffekt (Schnelligkeitsgewinn) ist nicht zu erzielen, die Spieler sind am Ende des Trainings zentral und muskulär ermüdet und können nicht mehr maximal schnell laufen. Durch die Ermüdung wird die Muskulatur unelastisch und verletzungsanfälliger. Höchste Belastungen (Spurts) in ermüdetem Zustand erhöhen das Verletzungsrisiko unproportional. Je nach vorangegangener Belastung sind die Steuerungsfunktionen (zentralnervöse Kontrolle) beeinträchtigt, bzw. durch Substratverarmung im Muskel (Glucosemangel) ist der Muskel nicht mehr vollständig leistungsfähig. Folge können muskuläre Verletzungen (Zerrungen, Riß) oder, durch mangelnde muskuläre Führungsfunktion, Verletzungen der gelenkbildenden Strukturen (Umknicken–Bänder, Kapsel, Sehnen etc.) sein. «Ein müder Muskel ist verletzungsanfällig, aber nicht trainierbar» (Papst 1982, 67).

Der Trainer bzw. der Sportler kann neben der inhaltlichen und methodischen Gestaltung des Trainings Einfluß auf Faktoren der Ausrüstung (Material, Schuhe, Kleidung) nehmen.

Präventive Wirkung hat auch die Organisation und Realisation des Trainings unter optimalen Umgebungsbedingungen (Halle, Licht, Bodenverhältnisse etc.).

Der muskel-, gelenk- und rückenschmerzanfällige Sportler

Mit dem aufmerksamen Kennenlernen einer Mannschaft fallen dem Trainer individuelle ‹Anfälligkeiten› einzelner Sportler gegenüber Beschwerden und Verletzungen auf. Aus Erfahrung kann unterschieden werden in den *muskulär* anfälligen Sportler mit häufigen Verspannungen, Verhärtungen und Zerrungen der Muskulatur, den *gelenkschmerzanfälligen* Sportler mit häufigen Reizerscheinungen und Schmerzen in den Gelenken sowie den *rückenschmerzanfälligen* Sportler, der durch Rückenbeschwerden, häufig im Lendenwirbelsäulenbereich, auffällt.

Es muß eine Anamnese erhoben werden, die möglichst die gesamte Vorgeschichte einer Verletzung oder Krankheit seitens des Trainers oder des Sportlers in Zusammenarbeit mit dem behandelnden Arzt erfaßt. Vom Arzt müssen bestehende traumatische Einwirkungen (Gewalt) und pathologische (krankhafte) Ursachen ausgeschlossen werden. Wenn eine unzureichende muskuläre Funktion (Insuffizienz) auf den jeweiligen Zweck bezogen (Sportart, Bewegungsabläufe) vorliegt, dann können in Zusammenarbeit von Trainer, Sportler, Arzt und Physiotherapeut präventive Trainingsmaßnahmen eingesetzt werden. Sie können aus dem aktiven oder passiven Maßnahmenbereich stammen.

Auswahl von Anwendungen bei muskulär anfälligen Sportlern

- Gezielte Kräftigung der von einer Verletzung betroffenen Muskulatur und der umgebenden Areale in Verbindung mit Stretching (Dehnung)
- Physiotherapeutische Anwendungen (Massage, Entmüdungsbad, Kälte, Wärme etc.)
- Ernährungsphysiologische Maßnahmen (Substitution und schneller Ersatz von Vitaminen und Mineralstoffen, ausgewogene Nährstoffzusammenstellung etc.)
- Kurative (heilende) und medikamentöse Einflußnahmen; orthopädische Versorgung (Einlagen etc.)

Auswahl von Anwendungen bei gelenkschmerzanfälligen Sportlern

- Muskuläre Stabilisierung des Gelenks durch krankengymnastische Übungen, gezieltes Krafttraining, kombiniert mit gezielten Dehnungen, spezielle Techniken und Übungen zur Unterstützung der Ernährung der Bindegewebsanteile, Knorpel und Knochen
- Optimierung sportartspezifischer Techniken, dadurch Gelenkentlastung

- Weglassen gelenkbelastender Übungsformen wie Hocksprünge und ‹Entengang›
- Trainingsbegleitende physiotherapeutische Anwendungen wie Kälteanwendungen, Elektrotherapie (Iontophorese) etc.
- Trainingsbegleitende kurative und medikamentöse Maßnahmen

Auswahl von Anwendungen bei rückenschmerzanfälligen Sportlern
- Kräftigung und Stabilisierung der Rumpfmuskulatur mittels angepaßter Trainingsmethoden und -techniken, kombiniert mit gezielten Dehnungen
- Physiotherapeutische Anwendungen (Massage, Fango, detonisierende Maßnahmen)
- Krankengymnastische Maßnahmen (Kräftigung, Anwendung von Gelenktechniken, Extension etc.)
- Maßnahmen aus dem trainingsmethodischen Bereich, Vermeiden rükkenbelastender Trainingsinhalte wie falsche Hebetechniken im Krafttraining; Übungen in Hyperlordose (Hohlkreuzbildung) etc.

Belastungsintoleranzen

Belastungsintoleranzen werden durch Schmerzen oder durch den Eintritt einer Verletzung deutlich. Durch permanentes Überschreiten der Belastbarkeit des Organismus können Sportschäden entstehen.

Mögliche Ursachen für Belastungsintoleranzen
- Unzureichender Trainingszustand und muskuläre Dysbalancen
- Unzureichendes Beherrschen der sportlichen Technik
- Zu kurzes oder falsch durchgeführtes Aufwärmen (vgl. S. 42)
- Falscher Trainingsaufbau, unangepaßter Einsatz von Trainingsmethoden und -inhalten, fehlender langjähriger Leistungsaufbau, fehlende Kenntnis der Trainingsprinzipien
- Falsches Ernährungsverhalten vor, während und nach sportlicher Betätigung (Wettkampf)
- Mangelhafte Ausrüstung (abgelaufene, nicht passende Schuhe, hohe [Fußball-]Stollen auf hartem Grund)
- Zu hohe Anforderungen an koordinative Fähigkeiten in ermüdetem Zustand

Trainingsplanung

Bevor mit der körperlichen Aktivität begonnen wird, sollten besonders beim Breiten- und Freizeitsportler einige grundlegende Gedanken vor Trainings- bzw. Spielbeginn stehen. Sportliche Aktivität dient richtig angefangen und durchgeführt auch dem Stressabbau. Um dieses Ziel zu erreichen, ist es jedoch wichtig, daß der Sportler sich nicht schon gestresst in eine sportliche Trainings- oder Wettkampfsituation begibt. Lassen Sie sich nach dem Ende der Arbeit Zeit, planen Sie von vornherein eine Pause zwischen anstrengender Arbeit und entspannendem Spiel ein. Wenn Sie diesen Grundsatz nicht beachten, kann der Sport leicht zu einem weiteren Stressfaktor werden. Es erhöht sich die Gefahr der Verletzung durch Unkonzentriertheit und aufkommende Aggression. Es sind auch immer wieder Verletzungen zu beobachten, die nur dadurch zustande kommen, daß man sich durch einen Verletzungsfall endlich einer Situation entziehen kann, die überfordernd wirkt.

Planen Sie vor und nach dem Training und Spiel ausreichend Zeit ein, während der Sie sich um Ihre Ausrüstung kümmern und sich auf die kommende sportliche Belastung einstellen können. Nach der sportlichen Belastung sollten Sie sich ebenso Zeit nehmen und diese von vornherein einplanen zum Regenerieren und ‹Abschalten›.

Wenn Sie diese Ratschläge beachten, werden Sie feststellen, daß sportliche Betätigung zur physischen und psychischen außersportlichen Stressbewältigung eine hervorragend geeignete Tätigkeit darstellt.

Aufwärmen

Einen wichtigen und oft vernachlässigten Teil des sportlichen Ausbildungsprozesses stellt das Aufwärmen dar. Wenn während der sportlichen Tätigkeit mittlere und hohe Intensitäten erzielt werden, hat der sportlichen Tätigkeit eine Phase des Aufwärmens vorauszugehen, welche auf kommende Aufgaben vorbereitet und sie damit ohne Verletzungsgefahr tolerierbar macht.

Das Aufwärmen hat unabhängig von der sportlichen Disziplin zwei Hauptaufgaben:
– präventive Aufgabe der Verletzungsvorsorge,
– leistungssteigernde Funktion durch Vorbereitung auf Leistung.

Aufwärmen bewirkt eine positive Veränderung interner, leistungsbeeinflussender Faktoren:

- Bessere Leistungsfähigkeit und -bereitschaft durch Verbesserung der Energie- und Sauerstoffversorgung,
- Verringerte Verletzungsanfälligkeit durch Verbesserung von Elastizität und Viskosität der Muskulatur (die Zähigkeit der Flüssigkeit im Muskel nimmt durch Temperaturerhöhung ab),
- Vorbereitung der Kapseln, Bänder und Sehnen auf mechanische Belastung,
- Schnellere Nervenleitgeschwindigkeit, dadurch verbesserte Reaktionsfähigkeit und Technik (Koordination),
- Allgemeine und spezifische Aktivierung und Reaktivierung des Lernsystems (der Sportler ‹lernt leichter›, besonders in den technisch-taktisch betonten Sportarten),
- Psychologisch-mentale Einstellung auf das Sporttreiben, das Training und den Wettkampf.

Außerdem beeinflußt das Aufwärmen die folgenden externen Faktoren positiv: Gewöhnung an externe leistungsbeeinflussende Faktoren wie Orts- und Platzverhältnisse, die Sportanlage, die Platz- und Bodenverhältnisse, die Sportgeräte und die Zuschaueratmosphäre.

Einflußfaktoren

Das Aufwärmen muß den physiologischen und psychologischen Umfeldbedingungen angepaßt werden.

Trainingszustand
Je besser der Trainingszustand des Sportlers, desto länger wird seine Aufwärmzeit in Anspruch nehmen, um alle physiologischen Parameter auf Leistung einzustellen.

Alter
Je älter ein Sportler ist, desto langsamer und behutsamer hat das Aufwärmen zu erfolgen.

Typ
Es gibt sogenannte ‹Langsamstarter›. Für sie erscheint ein längerwährendes und aktivierendes Aufwärmprogramm wirkungsvoller als für den ‹Schnellstarter›. Er benötigt ein kürzeres Aufwärmen und eine eher beruhigende Einflußnahme von außen, beispielsweise durch den Trainer.

Einstellung (Vorstartzustand)
Die ‹Einstellung› des Sportlers beeinflußt ganz wesentlich die Dauer und den Effekt des Aufwärmens. Der Vorstartzustand unterliegt psychologi-

schen Bedingungen. Der muskuläre Tonus (Spannungszustand der Muskulatur), die Gefäßkonstriktion (Verengung) und -dilatation (Weiterstellung der Blutgefäße) sowie die eher sympathikotone oder vagotone (aktivierte oder gedämpfte) Erregungslage sind vom Typ des Sportlers abhängig.

Der Vorstartzustand stellt im Leistungssport eine positive und gewollte Stress-Situation dar. Er stellt einen autonom geregelten Vorgang dar und soll vom Trainer verstärkt oder abgeschwächt werden. Die ‹Einstellung› und damit der Vorstartzustand ist entscheidend von der Einschätzung der Wichtigkeit des Wettkampfes abhängig.

Hormone

Durch die Erwartung eines sportlichen Wettkampfes oder einer stark motivierenden sportlichen Tätigkeit finden zeitlich begrenzte Veränderungen in der Hormonsekretion statt. Die Ausschüttung von Katecholaminen (biogene Amine, darunter das von der Nebennierenrinde gebildete Adrenalin und Noradrenalin) fördern die Umstellung von Ruhe- auf Arbeitsstoffwechsel. Die Sekretion von Katecholaminen führt zur Intensivierung haemodynamischer, pulmonaler und metabolischer Parameter (Blutkreislauf, Atmung, Stoffwechsel) und führt zum Vorstartzustand.

Aufwärmen und Tageszeit

Am frühen Morgen ist gegenüber der Mittagszeit eine verlängerte Aufwärmzeit vonnöten. Ein Optimum der Körperkerntemperatur ist gegen 15 Uhr erreicht (circadianer Rhythmus). Die Erhöhung der Körperkerntemperatur ist auch Ziel des Aufwärmens. Sie beeinflußt Beweglichkeit sowie koordinative Fähigkeiten positiv. Eine hohe Außentemperatur trägt dazu bei, die Aufwärmzeit zu verkürzen.

Aktives und passives Aufwärmen

Von Sportlern werden gerne Maßnahmen aus dem physiotherapeutischen Bereich (Massage, Einreibungen) angewendet, sie stellen aber nur das aktive Aufwärmen ergänzende Maßnahmen dar. Keine passive Maßnahme kann eine aktive gleichwertig ersetzen.

Allgemeines und spezielles Aufwärmen

Um sich gezielt aufzuwärmen, sollten einige Grundbegriffe und -regeln bekannt sein. Es wird unterschieden in ein allgemeines Aufwärmen und ein spezielles Aufwärmen.

Allgemeines Aufwärmen dient der Erwärmung und Vorbereitung des Gesamtorganismus auf kommende Belastungen. Es findet eine Aktivierung und Einregulierung des Herz-Kreislauf-Systems mittels der Beanspruchung großer Muskelgruppen statt. Allgemeines und zentrales Aufwärmen steht am Anfang einer jeden Trainingseinheit und wird vor Wettkampfbeginn durchgeführt. Um eine Herz-Kreislauf-Aktivierung zu erzielen, müssen während des Aufwärmens mehr als ein Drittel bis ein Sechstel der Gesamtmuskelmasse erfaßt werden. Bewegungsformen, die diese Bedingung erfüllen, sind beispielsweise Laufen, Schwimmen und Radfahren. Im Freizeit- und Breitensport kann das Aufwärmen vom im Wettkampfsport bewährten Schema abweichen. Im Leistungs- und Hochleistungssport wird vom allgemeinen zum speziellen Aufwärmen vorgegangen. Dieses Schema muß für den Freizeit- und Breitensport nicht verbindlich sein.

Das *spezielle Aufwärmen* dient der gezielten Vorbereitung aller Funktionssysteme, die an der folgenden Belastung beteiligt sind. Hinsichtlich der Sportart werden die Muskelgruppen angesprochen, die in der sportlichen Ausübung wesentliche Funktionen zu erfüllen haben; der Handballspieler wird den Schulter-Armbereich mehr berücksichtigen, der Fußballspieler bevorzugt den Hüft-Beinbereich. Ebenso spiegelt sich im speziellen Aufwärmen die folgende Beanspruchung darin wider, daß der Spieler einige maximale Antritte vor dem Wettkampfbeginn durchführt, während der Langstreckenläufer das Aufwärmen mehr auf das langsame Aktivieren des Herz-Kreislauf-Systems ausrichtet.

Aufwärmen vor Training und Spiel

Das Aufwärmen vor dem Training soll aktivieren, während es vor dem Wettkampf auch im besonderen regulierend wirken soll. An dieser Stelle muß nach Zielgruppen differenziert werden in das Aufwärmen des Breiten- und Freizeitsportlers und das des Leistungssportlers.

Das Sporttreiben des *Breiten- und Freizeitsportlers* ist überwiegend gekennzeichnet durch soziale und gesundheitliche Motive, das Sporttreiben des *Leistungssportlers* ist durch Wettkampfteilnahme (institutionalisiertes System), Leistungsentwicklung und regelmäßiges Training mit dem Ziel der Leistungsentwicklung (-steigerung) gekennzeichnet.

Durch die Unterscheidung der Motive werden auch die Zielsetzungen des Aufwärmens und damit Methoden und Inhalte des Aufwärmprogramms unter Berücksichtigung der Anforderungen der ausgeübten sportlichen Tätigkeit unterscheidbar.

Gemeinsam ist beiden Sportlergruppen das *allgemeine* psychophysische Aktivieren mittels Körperübungen niedriger und mittlerer Intensität. Gemeinsamkeiten ergeben sich auch in der Hinführung auf den Hauptinhalt der kommenden Belastung. Das Aufwärmen steht nicht völlig isoliert vor Beginn einer sportlichen Tätigkeit, sondern in sinnvollem Zusammenhang mit dem Hauptinhalt, und zwar insofern, als die geforderten Belastungen des Hauptinhalts positiv toleriert werden. Aufwärmen hat also eine präventive Funktion, die Verletzungsvorsorge, und ermöglicht eine optimale Adaption des Sportlers an die Trainingsreize der Hauptinhalte in Form eines zukünftigen Leistungsanstiegs.

Aufwärmen des Leistungssportlers
Die Funktion des Aufwärmens des Leistungssportlers ist neben den präventiv wirksamen Zielsetzungen in erster Linie an der Leistungsentwicklung orientiert. HOLLMANN/HETTINGER (1980, 546) verstehen unter Aufwärmen «aktive und passive, allgemeine und spezielle Tätigkeiten zur Herstellung einer optimalen psycho-physischen Verfassung vor Training und Wettkampf». Trainingseinheiten steuern mittels verschiedener Methoden und Inhalte die Wettkampfleistung an. Das Training des Leistungssportlers unterliegt den allgemeinen Trainingsprinzipien, auf die in diesem Rahmen nicht näher eingegangen wird. Ein solches Prinzip ist die Periodosierung der sportlichen Leistungsentwicklung. Verschiedene Methoden und Inhalte können je nach Trainingsphase in den Trainingseinheiten zur Anwendung gebracht werden.

Beispiel 1
Sportart Fußball
Zu Beginn der Vorbereitungsphase von Amateurmannschaften wird nach Ende der Sommerpause die aerobe Ausdauerleistung als Fundament der sportlichen Leistungsfähigkeit bevorzugt geschult. Mittels der Dauermethode (Intensität 140 PF/min; Dauer z. B. 30 Min.) und dem Trainingsinhalt ‹Waldlauf› wird das Trainingsziel ‹Entwicklung der aeroben Ausdauerleistungsfähigkeit› angesteuert.

Beispiel 2
Sportart Fußball
Gegen Ende der Vorbereitungsperiode wird die Schnelligkeit durch kurze Antritte, die Schnelligkeitsausdauer sowie technisch-taktische Inhalte bevorzugt geschult. Mittels Wiederholungs- und intensiver Intervallmethode mit geringeren Umfängen wird die Verbesserung angesteuert.

Abhängig von den Methoden und Inhalten des Hauptteils der Trainingseinheit wird das Aufwärmprogramm vom Trainer konzipiert. Im Leistungssport sind Trainingseinheiten im allgemeinen dreigeteilt. Dem Aufwärmen folgt der Hauptteil, die Trainingseinheit wird abgeschlossen durch den Schlußteil (Ausklang).
Das Aufwärmen in Beispiel 1 kann während der Belastung über Intensi-

tätssteuerung geschehen, anfangs wird ein geringeres Tempo vorgelegt, das Aufwärmen ist integraler Bestandteil des Hauptteils; durch die insgesamt geringe Intensität ist keine spezifische Verletzungsgefahr erkennbar, es können nach z. B. 10 Min. lockerer Laufbelastung gymnastische Übungen (Beweglichkeit) eingebaut werden.

Das Aufwärmen und Einstimmen in Beispiel 2 ist durch den gewählten Methodeneinsatz (intensiv) und die inhaltliche Gestaltung spezifischer durchzuführen. Werden beispielsweise im Hauptteil technisch-taktische Elemente geschult, dann sollte das Aufwärmen mit Ball erfolgen, um über die Ballgewöhnung einen nahtlosen Übergang in den Hauptteil zu schaffen.

Wird die Verbesserung der Schnelligkeit (Antritte) ohne Ball als erster Trainingsinhalt im Hauptteil angeboten, dann steht das spezifische Aufwärmen wegen der notwendigen Anwendung der intensiv belastenden Wiederholungsmethode unter dem präventiven Aspekt. Durch die intensive, besonders das muskuläre System belastende Trainingseinwirkung muß im Aufwärmprogramm besonderer Wert auf die Erwärmung und Dehnung aller im Spurt beanspruchten Muskelgruppen gelegt werden.

Aufwärmen des Freizeit- und Breitensportlers

Im Breiten- und Freizeitsport wird dem Aufwärmen beobachtbar zu wenig Aufmerksamkeit geschenkt. Der Tennisspieler geht auf den Platz und ‹schlägt sich etwas ein›, im Freizeitfußball werden Mannschaften gebildet, und ‹los geht's›.

Das Aufwärmen des Breiten- und Freizeitsportlers dient nicht dem Zweck der Trainings- und Wettkampfvorbereitung als leistungsoptimierende Maßnahme. Es treten vielmehr die gesundheitlichen und präventiven Funktionen in den Vordergrund, die den Freizeitsportler auch in seiner Motivation auszeichnen.

Beispiel
Schwimmen
Der ‹Freizeitschwimmer›, der zweimal wöchentlich im Becken 1200 m absolviert, wärmt sich nicht nach allgemeinen Prinzipien auf, er beginnt sofort mit dem Hauptinhalt seiner sportlichen Betätigung. Er steuert seine Gewöhnungs- und Aufwärmphase, in der eine erste Einregulierung und Anpassung des Herz-Kreislauf-Systems stattfindet, über die Intensität (Geschwindigkeit). Er beginnt langsam, und nach dem ‹Einpegeln› aller leistungsbestimmenden Parameter erhöht er sein Tempo. Unbenommen bleibt jedoch die Möglichkeit, vor dem Schwimmen ein Stretching-Programm an Land und im Wasser durchzuführen, das gerade für den älteren Sportler besonders empfehlenswert ist.

Abwärmen

Entsprechend den Aufwärmmaßnahmen muß das Abwärmen für den *Leistungssportler* genauso planmäßig und zielorientiert nach Training und Wettkampf durchgeführt werden. Der aktivierte, auf Hochleistung eingepegelte Stoffwechsel sowie die sympathikotone Erregungslage müssen beruhigt werden. Wie schon beim Aufwärmen besprochen, sind auch in der Phase des Abwärmens hormonelle Steuerungen entscheidend.

Ziel ist es, so schnell wie möglich aus der von katabolen (energetische Verbindungen verbrauchenden) Stoffwechselvorgängen geprägten Phase während des Trainings- und Wettkampfs in eine von anabolen Stoffwechselvorgängen geprägte Phase zu gelangen. Diese Phase ist gekennzeichnet vom Aufbau von Strukturen und energiereichen Verbindungen. Die Sekretion von Katecholaminen und die Stimulation der glykogenolytischen (zuckerspaltenden) und lipolytischen (fettverwertenden) Stoffwechselvorgänge muß abgelöst werden durch eine eng mit der Ausschüttung von Insulin verbundene Phase der Auffüllung der Glykogen- und Triglyceridspeicher in Fettzellen, Muskulatur und Leber.

Die angesprochenen Vorgänge fallen ebenso in die Phase der Regeneration wie die Maßnahmen zu deren Beschleunigung und qualitativen Verbesserung. Eingeleitet werden die Umstellungsvorgänge direkt im Anschluß an hohe Trainings- und Wettkampfbelastungen mittels Übungen niedriger Intensität wie Auslaufen, Ausschwimmen etc. Nach hochintensiven und stark gerichteten Belastungen sind Abwärmen und regenerative Maßnahmen nicht nur allgemein, sondern spezifisch zu planen und durchzuführen.

Das Abwärmen des *Freizeit- und Breitensportlers* richtet sich nach den gleichen Prinzipien wie das des Leistungssportlers. Gegen Ende der sportlichen Betätigung wird die Intensität gemindert, es werden keine maximalen Antritte und Sprünge mehr durchgeführt. Dieses Vorgehen im Rahmen des Abwärmens ist spezifisch (an die Sportart gebunden) machbar und gestattet dem Organismus die Möglichkeit der Einleitung regenerativer Stoffwechselregulationen. Ergänzend haben sich gymnastische Übungen auf dem Sportplatz bzw. unter der Dusche bewährt.

Volleyball als Sportart, welche großteils von schnell- und sprungkräftigen Elementen geprägt ist, kann mit einem lockeren Lauf von ca. 10–12 Min. zur Entwicklung aerober Ausdauerfähigkeiten sowie der Einleitung regenerativer Stoffwechselprozesse abgeschlossen werden.

Schwimmen als ausdauerfördernde Sportart kann mit gymnastischen Übungen, besonders mit Übungen aus dem Bereich des Stretchings, abgeschlossen werden.

Auch der Freizeitsportler sollte bewußt Maßnahmen der allgemeinen Regeneration einsetzen, um nicht völlig erschöpft, sondern teilregeneriert mit der sportlichen Betätigung aufzuhören. Besonders für den Freizeit- und Breitensportler gilt der Grundsatz, nicht erst dann aufzuhören, wenn man gar keine Energie mehr hat und keinerlei Lust verspürt weiterzumachen. Beenden Sie die sportliche Tätigkeit auf eine solche Weise, daß Sie Lust verspüren auf ‹das nächste Mal›.

Regenerative Maßnahmen nach Training und Wettkampf

Regenerative Maßnahmen stellen im Leistungssport einen festen Bestandteil des Trainings dar, der systematisch geplant und durchgeführt wird. Im Breiten- und Freizeitsport macht man sich wenig Gedanken um die Notwendigkeit regenerativer Maßnahmen. Dies ist teilweise berechtigt, denn der Freizeit- und Breitensport, durchgeführt mit niedrigen und mittleren Intensitäten, kann als solcher eine regenerative Maßnahme darstellen.

Werden höhere Intensitäten erbracht, dann gewinnen folgende *Ziele* des regenerativen Trainings nicht nur für den Leistungssport, sondern auch für den Freizeit- und Breitensportler an Bedeutung:
- schnellere Erholung und damit die Möglichkeit, den Sportler früher und intensiver wieder belasten zu können (Trainingsökonomie);
- prophylaktische (vorbeugende, verhütende) Einwirkung auf den Sportler, um Verletzungen zu verhindern;
- Schaffung einer größeren Leistungsbereitschaft durch die Verminderung der subjektiv empfundenen Belastung des Sportlers.

Der *Grad der Regeneration* eines Sportlers ist nicht von einem einzelnen, sondern von vielen Faktoren abhängig:
- individuelle Erholfähigkeit, die Veranlagung des Sportlers;
- Dauer der Erholprozesse nach vorangegangenen Belastungen;
- individuelle Belastung des Sportlers in Abhängigkeit von genetisch bedingter Veranlagung und Trainingszustand;
- Spezifik der sportlichen Tätigkeit (wurden im Bereich der Schnelligkeitsentwicklung, der Kraftentwicklung oder der Ausdauerentwicklung Trainingsreize gesetzt?);
- Belastungsdauer;
- Belastungsintensität;

– Belastungshäufigkeit (wurde ein ein- oder mehrmaliges Training pro
  Woche oder täglich ein- oder mehrmaliges Training durchgeführt?);
– Umweltfaktoren, ausreichender Schlaf und Entspannung, der Bela-
  stung angepaßte Ernährung und weitere Faktoren.

Regeneration heißt aber nicht nur Erholung und Wiederherstellung von
vorangegangenen Belastungen. Der Zeitabschnitt der Regeneration muß
auch die Steigerung der funktionellen und strukturellen (morphologischen
– Form und Gestalt betreffenden) Leistungsbedingungen bedeuten.

Beispiel
Krafttraining in einem Studio
Sportler X geht nach Feierabend zweimal pro Woche in ein Krafttrai-
ningsstudio. Nach dem Training verspürt er eine wohlige Müdigkeit,
die sich sowohl auf seinen Körper (Verbrauch energiereicher Sub-
strate) als auch auf seine Motivation (Antriebe) bezieht. Sportler X erwartet nicht nur die Wiederherstellung seiner Ausgangsbedingun-
gen, er erwartet darüber hinaus einen Trainingseffekt in Form von
Kraft- und Muskelmassenzunahme.

Die Phasen der Regeneration bezeichnen also nicht nur «... den Vorgang
der Wiederherstellung der körperlichen, geistigen und seelischen Leistungsfähigkeit nach psycho-physischer Anspannung» (HAHN 1983, 202),
sondern auch die über das Ausgangsniveau hinausgehende Steigerung der
Leistungsfähigkeit in allen psychophysischen Funktionsbereichen.
Wird die Phase der Regeneration im Anschluß an das Training und während der nächsten Stunden nicht sinnvoll und zweckoptimiert genutzt,
kommt es während der Nachbelastungsphase statt zu einer Leistungssteigerung in Form von biochemischer und strukturell-morphologischer Anpassung (Adaptation, anabole Phase) zu einer Leistungsminderung durch
biochemische Fehlregulation und Strukturabbau (katabole Phase).

Überforderung und Unterforderung

Übertraining hat sich im ‹sportlichen Sprachgebrauch› als ein Begriff eta-
bliert, der eine Leistungsminderung des Sportlers beschreibt. Da die Ursachen des Übertrainings nicht nur Folge zu hoher Trainingsbelastungen,
sondern ursächlich auch im außersportlichen Bereich bedingt sein kön-

nen, ersetzen verschiedene Autoren den Begriff Übertraining durch den
Begriff der *Überforderung*.
Eine durch Übertraining bedingte Leistungsminderung muß gegenüber
der planmäßigen Leistungsminderung innerhalb der Periodisierung abge-
grenzt werden. Die auf sportliche Betätigung folgende anabole Phase mit
Überwiegen der aufbauenden Prozesse ist in eine katabole Stoffwechsel-
situation mit einem Überwiegen der abbauenden Prozesse umgeschlagen.
Bei einer Überforderung des Sportlers überwiegen in den Phasen der Erholung die katabolen Prozesse, es findet keine weitere Leistungssteigerung
statt; es kann sogar ein Leistungsverlust eintreten. Es kommt zu einer Störung biochemischer Vorgänge, die insbesondere oxidative Prozesse betreffen. Da die oxidativen Stoffwechselabläufe jedoch bestimmend für die
anabole Erholungsphase sind, verschlimmert der Sportler die Stagnation
seiner Leistungsentwicklung bzw. seine Leistungsminderung durch eine
Forcierung des Trainings insbesondere unter dem Einsatz von intensiven
Intervalltrainingsmethoden mit der Folge hoher Übersäuerungen.
Gründe für das Auftreten von Übertrainingssymptomen können in einer
zu schnellen Steigerung der Anforderungen sowie wenigen sporadischen

---

Beispiel
Freizeitsport als Stressfaktor
Freizeitsport ist für viele ‹aktive Menschen› ein Muß geworden.
Squash- und Tennisplätze werden reserviert und fügen die sport-
lichen Aktivitäten in den Terminkalender ein. Sie können neben dem
beruflichen Stress zu weiteren Stressoren werden.

Beispiel
Unvorbereitete Belastungssteigerung
Viele Sportarten werden saisonal betrieben. Im Sommer Tennis, im
Winter Skifahren. Nur in den wenigsten Fällen findet ein vorbereiten-
des Training wie z. B. Skigymnastik statt.
Stundenlanges Fahren auf der Piste ohne Vorbereitung erhöht die
Verletzungs- und Unfallgefahr, ebenso sind Überlastungserscheinun-
gen die Folge.
Tennisspielen bei den ersten Sonnenstrahlen im Frühjahr, ohne während des Winters in der Halle eine Spielmöglichkeit gehabt zu haben,
kann zu Verletzungen oder Überlastungsschäden führen.
Die Anwendung der Trainingsprinzipien der kontinuierlichen, wechselnden und vielseitigen Belastung, der allmählichen Belastungssteigerung, der richtigen Belastungsfolge, des trainingswirksamen Reizes und des allgemein und speziell vorbereitenden Trainings wirken
in diesen Belastungssituationen präventiv.

und zu intensiven Trainingsreizen bestehen, die auf einen nicht ausreichend vorbereiteten Organismus treffen.

Im Breiten- und Freizeitsport resultieren Übertrainingssymptome häufig aus außersportlichen Belastungen wie beruflicher und familiärer Anspannung.

Mögliche Ursachen von Überforderungen können in folgenden Bereichen liegen: Fehler im Trainingsprozeß, Fehler in der Lebensweise, Probleme im sozialen Umfeld, gesundheitlicher Zustand, klimatische Faktoren, psychologische Probleme.

Fehler im Trainingsprozeß (Auswahl)

- Vernachlässigung der Erholungsphase, kein sinnvoller Wechsel zwischen Belastung und Erholung.
- Zu hohe Umfänge oder/und Intensitäten im Trainingsprozeß; andauerndes Mißverhältnis der Belastung und der Belastbarkeit des Sportlers.
- Zu hohe konditionelle, technische und taktische Anforderungen an den Sportler und dadurch häufige Mißerfolgserlebnisse für den Sportler.
- Monotonie im Training (Einseitigkeit der Trainingsinhalte und der Trainingsabfolge).
- Zu häufige Wettkämpfe mit hohen Anforderungen.
- Training und Wettkämpfe verbunden mit weiten Reisen, Orts-, Zeit- und Klimawechsel.
- Stark ausgeprägte Rivalitäten innerhalb der Mannschaft, der Sportgruppe.
- Nach einem Wechsel in eine höhere Spielklasse eine zu schnelle und sprunghafte Steigerung der Trainings- und Wettkampfanforderungen; Trainingsanpassungen können sich nicht festigen.
- Nach Verletzungen wird kein Aufbautraining durchgeführt, die Belastungen werden zu schnell gesteigert, es besteht ein Mißverhältnis zwischen den Belastungen und der Belastbarkeit einzelner Gewebstypen.

Fehler in der Lebensweise (Auswahl)

- Unregelmäßiger Tagesablauf.
- Unzureichende oder gestörte Nachtruhe.
- Zuviel Lärm sowie Reizüberflutung (Wohnverhältnisse).
- Mangelnde Fähigkeit zur sinnvollen Freizeitgestaltung, ausgeprägte Interessenlosigkeit außerhalb der sportlichen Tätigkeit, Unfähigkeit zum Entspannen.
- Ernährungsmängel.
- Mißbrauch von Alkohol, Nikotin und Medikamenten.
- Doping und Rauschgiftmißbrauch.

Probleme im sozialen Umfeld (Auswahl)

- Familiäre Probleme: mit den Eltern, Spannungen in der Beziehung wie Liebeskummer oder Eifersucht, Unzufriedenheit mit dem Partner, Probleme mit den Kindern.
- Schulische oder berufliche Probleme.
- Sportfeindliche Umwelt – Familie, Freunde oder Vorgesetzte.
- Zu hohe Leistungsanforderungen aus dem sozialen Umfeld. Familie, Freunde, Kollegen wie auch die Medien erwarten vom Sportler eine Leistung, die er sich selbst nicht zutraut oder wovon er weiß, daß er diese Anforderungen nicht erfüllen kann.
- Gestörtes Verhältnis zum Trainer, den Mitspielern, dem sportlichen Umfeld wie Funktionären oder den Medienvertretern.
- Wirtschaftliche Probleme.

Gesundheitlicher Zustand

- Alle immer wiederkehrenden chronischen Verletzungen und Erkrankungen.
- Fiebrige Erkrankungen und deren Infektionsnachwirkungen.
- Herderkrankungen (Zähne, Mandeln, Kiefer, Eierstöcke, Stirnhöhlen etc.).
- Magen- und Darmerkrankungen.

Klimatische Faktoren (Auswahl)

- Wetterwechsel.
- Klimawechsel durch Reisen.
- Regionale klimatische Besonderheiten (z. B. Föhn).

Psychologische Probleme (Auswahl)

- Psychischer Überforderungsstress.
- Psychischer Unterforderungsstress.
- Psychische Erkrankungen.

Überforderung als Folge einer zu hohen Anforderung an den Sportler macht sich als Erschöpfung des Sportlers und Überforderungsstress bemerkbar.

Durch langdauernde physische und psychische Beanspruchung nehmen Aufmerksamkeit, Wahrnehmung und Handlungsfähigkeit ab. Gut zu beobachtendes äußeres Merkmal ist die nachlassende sportliche Technik (Koordination) der Sportler aufgrund der eintretenden Ermüdung (Erschöpfung).

«Überforderungsstreß tritt dann auf, wenn das Anforderungsvolumen so hoch ist, daß die bei der Bewältigung erlebte subjektive Beanspruchung bedrohlichen, herausfordernden oder schädigenden Charakter hat. Dies ist besonders der Fall, wenn eine zu erbringende Leistung die Fähigkeiten überfordert (qualitative Überforderung) oder in der zur Verfügung stehenden Zeit nicht erbracht werden kann (quantitative Überforderung).» (EBERSPÄCHER/RENZLAND 1982, 209–210).

Beispiel: Übertrainingssymptome

Viele Sportler kennen aus eigener Erfahrung Trainer, die die intensive Intervallarbeit zum Haupttrainingsinhalt in der Konditionsarbeit machen. Auch viele Freizeitsportler handeln unter der Maxime ‹Wenn schon Sport, dann richtig intensiv› und gehen maximale Belastungen ein. Diese Trainingsformen, z. B. eingesetzt zur Entwicklung der Schnelligkeitsausdauer, erfordern sehr starke Willenskräfte. Es kommt zu hohen Übersäuerungen und immer wieder zur Ausschöpfung der Energiepotentiale. Die Erholprozesse sind verzögert. Folge sind Übertrainingszustände, welche psychisch durch die hohen Willensanforderungen mit folgender Beeinträchtigung der Antriebsregulation, aber auch durch die fortwährende Depotausschöpfung energetisch mit körperlichem Leistungsabfall sowie psychisch bedingt sein können (fehlende Antriebsenergie).

Gekoppelt sind Überforderungszustände fast immer mit hormonellen Dysregulationen. «Psychische und somatische Erfordernisreaktionen können die hormonelle Sekretion beeinflussen und führen auch unter Belastung nicht zu streßbedingter Dysregulation, wenn eine situationadäquate Reizbeantwortung vorliegt» (WEICKER 1981, 404).

Während sportlicher Aktivität werden vermehrt Katecholamine ausgeschieden. Katecholamine sind Hormone, insbesondere Adrenaline. Katecholamine ‹pegeln› den Organismus auf Leistung ein. Körperliche Belastungen helfen andererseits beim Abbau dieser Hormonausscheidungen. Bei Übertrainingsymptomen sind auch im Ruhezustand erhöhte Pegel der Katecholamine im Blut festzustellen. Sie verhindern eine schnelle und ausreichende Regeneration von vorangegangenen Belastungen, der Stoffwechsel ist auch im Ruhezustand hormonell auf Belastung ‹eingepegelt›.

Belastungen, die vorübergehend zu physiologischer Dekompensation führen, werden bei entsprechenden Regenerationsprozessen nicht nur toleriert, sondern tragen zu einem Leistungszuwachs bei. Leistungsmindernde Stressreaktionen, ausgelöst durch psychische oder körperliche, akute oder chronische Überlastung, treten nur dann auf, wenn funktionelle Störungen in diesem sensiblen Regelsystem der hormonellen Regulation manifest werden.

Psychologische Fehlmotivationen können ebenso dazu beitragen wie Ernährungsfehler, Schlafentzug, Übertraining, Genußmittel- und Medikamentenmißbrauch, organische Erkrankungen, Stoffwechselstörungen oder zwischenmenschliche Konfliktsituationen.

Es gibt zwei grundsätzlich zu unterscheidende Formen der Überforderung, die basedowoide Überforderung und die addisonoide Überforderung.

Zusammenfassende Symptomatik des Übertrainings (Überforderung)

Basedowoide Überforderung	Addisonoide Überforderung
– Leichte Ermüdbarkeit	Leichte (abnorme) Ermüdbarkeit
– Erregung	– Hemmung
– Schlaf gestört	– Schlaf nicht gestört
– Appetit herabgesetzt	– Appetit nicht herabgesetzt
– Körpergewichtsabnahme	– Körpergewicht gleichbleibend
– Neigung zum Schwitzen, Nachtschweiß, feuchte Hände	– Thermoregulation normal
– Halonierte Augen (dunkle Ringe um die Augenunterseite)	
– Blässe	
– Neigung zum Kopfschmerz	– Klarer Kopf
– Herzklopfen, Herzdruck, Herzstiche	
– Ruhepuls beschleunigt	– Bradykardie (verlangsamter Puls)
– Grundumsatz gesteigert	– Grundumsatz normal
– Körpertemperatur leicht erhöht	– Körpertemperatur normal
– Ausgeprägter roter Dermographismus (Nachrötung oder Quaddelbildung der Haut bei Bestreichen mit stumpfem Gegenstand)	
– Verzögerte Einstellung der Herzfrequenz auf Ruhewerte nach Belastung	– Schnelle Kreislaufberuhigung nach Belastung
– Blutdruck uncharakteristisch	– Unter und nach Belastung oft Erhöhung des diastolischen Blutdrucks auf über 100 Torr
– Abnorme Hyperpnoe (vertiefte Atmung) unter Belastung	– Keine Atemschwierigkeiten
– Überempfindlichkeit gegenüber Sinnesreizen, bes. akustischen (Lärm)	
– Bewegungsablauf wenig koordiniert, oft überschießend	– Bewegungsablauf oft eckig und ungenügend koordiniert (nur bei höherer Belastungsintensität)
– Reaktionszeit verkürzt, allerdings viele Fehlreaktionen	– Reaktionszeit normal oder verlängert
– Tremor (leichtes Zittern)	
– Erholung verzögert	– Gute bis sehr gute Erholungsfähigkeit
– Innere Unruhe, leichte Erregbarkeit, Gereiztheit, Depression	– Phlegma, normale Stimmungslage

(vgl. Israel aus Weineck 1985, 312)

Die *basedowoide* Überforderung läßt sich recht leicht erkennen, sie tritt meist bei jungen, ‹übermotivierten› Sportlern auf. Sie ‹brennen› vor Ehrgeiz und sind durch diesen Übereifer in ihren Aktionen häufig unpräzise und überschießend.

Sie feuern sich und ihre Mitspieler an, sind aber ebenso schnell deprimiert bei nicht gelungenen Aktionen. Häufig demonstriert sich ihre nach außen getragene, übermäßige Motivation auch dadurch, daß sie sich mit dem Schiedsrichter, Mit- oder Gegenspieler anlegen.

Kennzeichen der basedowoiden Überforderung sind
– Überwiegen der Erregungsprozesse und Antriebsfunktionen;
– die Erholung nach Belastung ist ungenügend und erfolgt verzögert;
– der Sportler ist ‹überdreht›.

Die *addisonoide* Überforderung läßt sich wesentlich schwerer erkennen. Sie tritt häufiger bei älteren und erfahrenen Sportlern auf. Sie wirken lustlos und unmotiviert, phlegmatisch und leicht ermüdbar. Der Trainer neigt dazu, den Sportler wegen seiner ‹mangelnden Einstellung› zusätzlich psychisch oder körperlich zu belasten.

Vielfach entsteht ein Teufelskreis für den Sportler, der nicht in der Lage ist, sich zu motivieren. Von außen wird jedoch ein immer größerer Druck auf ihn durch Trainer und Mitspieler ausgeübt. Er sieht sich einem immer größeren Leistungsdruck gegenüber. Dieser kann auch von ihm selbst ausgehen durch hohe Eigenerwartungen. Nicht erkannte addisonoide Überforderung kann eine Karriere beenden.

Kennzeichen der addisonoiden Überforderung sind
– Antriebslosigkeit,
– körperliche Schwäche,
– Überwiegen der Hemmfunktionen,
– der Sportler wirkt lustlos; er kann die für Training (sportliche Aktivitäten) und Wettkampf notwendigen Energien nicht aufbringen.

Lokale Überforderungen (Fehl- und Überbelastungen)

Das Übertraining in seinen verschiedenen Erscheinungsformen ist ein mehr zentralnervöses, durch Ermüdung, Erschöpfung und Fehlregulationen gekennzeichnetes Phänomen. Im Freizeit- und Breitensport sowie dem Leistungssport stehen die lokalen Fehl- und Überbelastungen mehr im Vordergrund als die besprochenen Übertrainingssymptome (vgl. S. 37), ‹echte› Übertrainingszustände sind fast ausschließlich im Hochleistungssport zu finden.

Unterforderung
Wie aus Abb. 21 zu ersehen, sind aus psychologischer Sicht nicht nur hohe Anforderungen als psychische Beanspruchung anzusehen. Auf Dauer führen auch zu niedrige Beanspruchungen zu Stress-Symptomen, dem sogenannten Unterforderungsstress.

«Psychische Beanspruchungen abbauen heißt also nicht zwangsläufig einen Zustand minimaler Anforderungen anzustreben, sondern einen Zustand optimaler Anforderungen» (EBERSPÄCHER / RENZLAND 1982, 207–208). Unterforderung kann durch monotone Trainingsabläufe und psychische Sättigung ausgelöst werden.

Beispiel
Monotonie und Sättigung im Basketballtraining
Trainer X führt seit Amtsantritt immer das gleiche Aufwärmprogramm durch. Mehrere Hallenbahnen werden längsgetrabt, abgelöst von Dribbeln im Siebenmeterraum des Handballfeldes. Nun werden vier immer wiederkehrende Dehnübungen durchgeführt mit sich anschließenden Steigerungsläufen.
Die Spieler schalten zwangsläufig ab, Routine kehrt ein, Monotonie kommt auf. Die Spieler sind unterfordert und reagieren mit betonter Lustlosigkeit.

Sobald Routine aufkommt und die Anforderungen nicht mehr als solche empfunden werden, treten Unlustgefühle, Gereiztheit, Unruhe, aber auch gedämpfte Stimmungslage bis zur apathischen Einstellung auf.
Hohe psychische Beanspruchungen können ebenso von Über- als auch von Unterforderung ausgelöst werden, es ist also weder ein Zustand maximaler noch minimaler, sondern optimaler Beanspruchung anzustreben.

Maßnahmen der Wiederherstellung
Bei der zentralen Überforderung (Übertraining) bieten sich zur Behebung aktive und passive Maßnahmen der Wiederherstellung an. Das basedowoide Übertraining (Überforderung) läßt sich meist innerhalb von ein bis zwei Wochen vollständig beseitigen (vgl. WEINECK 1985). Eine allgemeine Belastungsreduzierung, besonders auch außersportlich, und das Verlegen der Trainingsinhalte in den aeroben Bereich mit der Aktivierung der oxidativen Systeme ist erforderlich, um über den verlorenen Leistungsstand hinaus wieder leistungsbereit und -fähig zu sein. Es bieten sich reduzierte Trainingseinheiten an, die nicht länger als 75 % der üblichen Trainingszeit dauern, sowie Belastungsformen, die den Sportler psychisch und physisch nur wenig belasten. Die Intensitäten der sportlichen Tätigkeiten sind deutlich reduziert. Die vollständige sportliche Belastung kann, allmählich

gesteigert, in uneingeschränkter Form nach nur ein oder zwei Wochen wieder aufgenommen werden, während sich die addisonoide Überforderung erst nach Wochen und Monaten in einem langwierigen Prozeß beheben läßt.

Eine gute *Trainingsplanung* unter Berücksichtigung außersportlicher Lebensumstände schützt vor Übertrainingszuständen. Sie hat sich am aktuellen Leistungszustand, der Leistungsprognose und an der individuellen physischen und psychischen Belastbarkeit des Sportlers zu orientieren. ISRAEL (1976, 8) hat die möglichen und zu individualisierenden Maßnahmen zur positiven Beeinflussung des Übertrainings zusammengefaßt:

Maßnahmen zur Behandlung des Übertrainings (nach ISRAEL 1976, 8)

Basedowoides Übertraining	Addisonoides Übertraining
Ausschaltung aller sozialen und biologischen Faktoren, die den Eintritt eines Übertrainings fördern	
Erhebliche Reduktion des Spezialtrainings: Grundlagenausdauer, keine Intensität; in schweren Fällen Übergang auf aktive Erholung: Schwimmen, lustbetonte Spiele, leichte entspannende Gymnastik	Reduktion des Trainingsumfanges; Wechseltraining, Intervalltraining mit (wenigen) hochintensiven Einlagen. Spiele, Gymnastik (Lockerungs-, auch Schnellkraftübungen)
Milieuwechsel angebracht (Mittelgebirge)	Evtl. Milieuwechsel
Leichte Ultraviolettbestrahlung	Licht- und Wetterreize
Leichte Massage, Bäder mit indiff. Temperatur mit Zusätzen (Brom, Baldrian u. a.)	Durchgreifende Massage, drastische Wasseranwendung (Reizguß u. ä.) CO_2-Bäder
Milde Saunaanwendung	Kurze drastische Saunaanwendungen mit zwischengeschalteten Kaltwasserapplikationen
Vollwertige, reichhaltige Ernährung: basische Kost, zusätzliche Polyvitaminpräparate (A, B. C); nicht über 2 g Protein/Tag, evtl. Stomachika	Vollwertige, der Energieausgabe entsprechende Ernährung: säuernd, vitaminreich, proteinreich
Evtl. Psychopharmaka; Sedativa, Tonika, Alkohol in kleinen Dosen (Stomatikum, Sedativum), Einschlafmittel	Keine Medikamente; Bohnenkaffee (~ 0,2 g Coffein)
Psychotherapie: dämpfend, entspannend	Psychotherapie: aktivierend

Doping

Doping ist nicht nur im Hochleistungsbereich ein Thema, auch im Breiten- und Freizeitsport besitzt Doping eine unmittelbare Bedeutung. Auf jeden Fall ist von Doping abzuraten. Der Sportler geht in seine autonomen, normalerweise geschützten Reserven. Die durch Doping mögliche weitgehendere Ausschöpfung der Leistungsfähigkeit kann im schlimmsten Fall bis zum Tode führen, wahrscheinlicher sind jedoch Sportschäden durch einmalige oder dauernde Überlastung. Es können Abhängigkeiten und Veränderungen in der Persönlichkeit entstehen, z. B. gesteigerte Aggressivität. Wenn der Sportler durch mangelndes Training und fehlerhafte Lebensweise keine stabile und ausreichende Leistungsgrundlage besitzt, dann hilft auch Doping nicht weiter. Die Gesundheit wird durch die Ausschaltung natürlicher Schutzeinrichtungen gefährdet, Doping wirkt langfristig leistungsmindernd.

Dopingmittel (grobe Klassifizierung)
- Psychomotorisch wirksame Stimulanzien. Sie unterdrücken das Ermüdungsempfinden, sie können zu unphysiologischer, lebensbedrohender Depotausschöpfung führen.
- Sympathikomimetische Amine. Sie stimulieren die Aktivität des Sympathikus.
- Zentralnervös stimulierende Substanzen. Sie wirken über das Zentralnervensystem.
- Betäubungs- und Schmerzmittel. Sie verändern die Schmerzempfindung und schalten somit natürliche Schmerzgrenzen aus.
- Muskelbildende Substanzen, Hormone und hormonverwandte Substanzen, die den Muskelaufbau fördern.

Die ersten drei Gruppen der Wirksubstanzen können zu Veränderungen und Beeinträchtigungen der Wahrnehmungs-, Verarbeitungs- und Steuerungszentren führen. Inwieweit eingetretene Verletzungen auf solche Veränderungen zurückzuführen sind, ist unklar.
Das Ziel und die gleichzeitige Gefahr bei Anwendung bzw. Einnahme oder Injektion von Betäubungs- und Schmerzmitteln ist das Unterdrücken von Schmerzempfindungen. Es wird eine Belastbarkeit vom Sportler angenommen, die durch das Ausschalten der Schmerzempfindung real gar nicht existiert. Die Ursache einer Schmerzhaftigkeit besteht nach wie vor, nur die Symptomatik ist verschwunden. Es werden zu große Belastungen eingegangen, die der tatsächlichen Belastbarkeit nicht entsprechen.
Bei der Einnahme muskelbildender, anaboler Substanzen ist die ständige Gefahr (neben Leberschäden bis zur karzinogenen Tumorbildung sowie

Zeugungsunfähigkeit) der Überbelastung der bradytroph verstoffwechselnden Gewebstypen gegeben. Die stark verstoffwechselnde Muskulatur
paßt sich aufgrund der selektiven Wirkung der Hormone besonders
schnell und intensiv an Krafttrainingsreize an. Die Sehnen als Kraftüberträger der Muskulatur sowie die Bänder und der Gelenkknorpel können
sich diesem durch unphysiologische Manipulation bedingten Muskel-
wachstum nicht ausreichend und schnell genug anpassen.

Sie werden von den (Zug-)Kräften überfordert, es können akute und
chronische Reizzustände (z. B. Tendinosen) entstehen oder gar massive
Traumen wie Muskel-, Bänder-, Sehnenrisse sowie umfangreiche und irreversible Gelenkknorpelschäden.

Unberührt von diesen Überlegungen ist die Nutzung der körpereigen gebildeten, anabol wirkenden Hormone, welche offensichtlich in einem pe-
riodisierten Prozeß, der dem Körper innewohnt (also autonom ist), beruht (WEICKER 1981). In Sonderfällen während der Phase des muskulären
Aufbautrainings können anabol wirksame Hormone, als Medikament
vom Arzt verschrieben und kontrolliert, eingesetzt werden.

Rehabilitations- und Aufbautraining

Vorangestellt:
Verletzt und damit frei zu sein

*Ich spürte die erdrückenden, durch eigenen Trainingsfleiß, Pflichtbe-
wußtsein und Beharrlichkeit initiierten Erwartungen bei Bekannten und
Familie. Mit der Kaderzugehörigkeit und den damit auf mich aufmerk-
sam werdenden Medien verstärkte sich dieser Druck. Verband und Trainer gaben Leistungsnormen vor. Es lastete ein Erwartungsdruck auf mir,
von dem ich mich nicht befreien konnte.*

*Im entscheidenden Moment, als es passierte, war es, als ob sich alle ge-
lenkumspannenden Muskeln verabredet hätten zu einem Streik der aktiven Gelenksicherung. Wer diesen Streik steuerte, ich konnte es nicht sagen. Nach dem ersten Schrecken war eine Gleichgültigkeit, dann eine
gar wohlig-befreite Stimmung bei mir festzustellen. Es war, als hätte
mein Körper mir eine Entscheidung abgenommen, die Entscheidung,
auch einmal ‹nein› zu sagen zu Anforderungen, denen ich noch nicht gewachsen war oder denen ich niemals gewachsen sein werde.*

*In die Situation gebracht, wie ein Kleinkind wieder laufen zu lernen, mit
dem unschätzbaren Vorteil des nicht Selbstverständlichen, ähnlich einer
Reinkarnation, wurden bei mir andere Sinne angesprochen. Ein anderes
Fühlen gewann Raum an der Stelle, wo früher Selbstverständlichkeit
und Gleichgültigkeit gegenüber meinem Körper herrschten. Das erste
Anspannen, die erste Bewegung, das erste Gehen, das erste Laufen – all
das wurde plötzlich als hohes Gut wahrgenommen und bewußt.*

*Ein anderes Verhältnis zu meinem Körper und seinem Befinden gewann
Platz sowie das Bewußtsein der Untrennbarkeit von Geist und Körper.
Pflegende Maßnahmen gewannen Raum im Umgang mit meinem Körper,
stimuliert durch die Behandlungen nach der Operation und der dadurch*

gewachsenen Sensibilität gegenüber dem, was dem Körper guttut, was er an Pflege verlangt. Ich bin gewillt, in Zukunft wieder Leistungen zu erbringen, Leistungen auf höchstmöglichem Niveau, aber diese mit meinem und nicht gegen meinen Körper. Mit meinem Körper im Einklang von Wollen und Leistungsvermögen werde ich höhere Leistungen als zuvor erbringen, ich habe schmerzlich gelernt, mich mit meinem Körper zu verständigen und meine Umwelt klar wahrzunehmen. Ich habe gelernt, daß mein Körper mir nur in einem harmonischen psychischen und sozialen Umfeld wirklich gehört. Ich habe gelernt, daß er die vorwiegende Richtung der Kommunikation umkehren, daß er dem Befehlen ein Ende setzen kann. Daß er sich durch Verstümmelung außer Gefecht setzt, ein Gefecht, das er nicht führen will und das er, wenn er es führen müßte, niemals gewinnen würde.

Definition und Ziele rehabilitativer Maßnahmen

Rehabilitationstraining ist in Anlehnung an den Trainingsbegriff ein pädagogisch gelenkter, systematischer und planmäßiger Prozeß, der auf Leistungsoptimierung ausgerichtet ist. Ebenso planmäßig und systematisch müssen kurative (heilende) Maßnahmen in den Prozeß der Trainings- und Übungseinwirkung und der daraus resultierenden Leistungsoptimierung integriert werden.

Erste Anerkennung findet der gezielte Einsatz von Trainingsmaßnahmen in der postoperativen Behandlung bei den Verwaltungsberufsgenossenschaften. Hier wird das Rehabilitationstraining in der neuesten Fassung der ab 1. 1. 1989 geltenden Grundsätze als «besonders indizierte Therapie» gekennzeichnet. Die «besonders indizierte Therapie ist eine Behandlungsart, in der insbesondere die Behandlungselemente der physikalischen Therapie, der Krankengymnastik und des Aufbautrainings individuell und zusammenwirkend eingesetzt werden, um einen optimalen gesamtkörperlichen muskulären und koordinativen Aufbau zu erreichen und die Folgen von Arbeitsunfällen und Berufskrankheiten schnell und dauerhaft zu überwinden» (aus: Grundsätze für besonders indizierte Therapie. DOK 418.9 der Verwaltungsberufsgenossenschaften).

Diese neuen Bestrebungen entstanden aus der Erkenntnis, daß die konventionelle Mobilisierung und Stabilisierung zwar geeignet ist für den verletzten Bereich, jedoch keine genügenden Belastungsreize für den muskulären Aufbau gesetzt werden. «Die körperliche Einsatz- und Leistungsfähigkeit ist für normale, ruhige Bewegungsabläufe ausreichend herzustellen, nicht aber für stärkere Belastungen, wie sie bei der Trainingsaufnahme oder auch bei schweren körperlichen Belastungen im Beruf erforderlich wären» (Berufsgenossenschaften der verwaltenden Berufe; Anlage zur Arbeitsregel).

Bedeutung einer Verletzung für den Sportler verschiedener Leistungsklassen

Für den verletzten oder erkrankten Sportler bedeutet die Einschränkung seiner körperlichen Leistungsfähigkeit durch eine Verletzung oder einen Sportschaden einen wesentlichen Eingriff in sein Leben:

– Verlust der Erwerbsfähigkeit (Profi),
– Verlust von Teilen der Lebenstüchtigkeit (psychologisch-soziale Faktoren, Depressionen, Ausgliederung aus der [Sport-]Leistungsgemeinschaft).

Beispiel 1
Verlust der Erwerbsfähigkeit (Profi)
Während eines Bundesligaspiels verletzt sich ein Spieler schwerwiegend am Knie. Eine Operation ist erforderlich. Während der nachoperativen Phase ist das Ziel der rehabilitativen Maßnahmen für den Profi festgelegt (Unfallversicherung):
1. Die durch den Arbeitsunfall verursachte Körperverletzung oder Gesundheitsstörung und Minderung der Erwerbsfähigkeit beseitigen und eine Verschlimmerung der Unfallfolgen verhüten,
2. den Verletzten zur Wiederaufnahme seines früheren Berufs oder, wenn das nicht möglich ist, zur Aufnahme eines anderen Berufs oder einer anderen Erwerbstätigkeit zu befähigen.
(Thieme 1975)

Beispiel 2
Der Verlust von Teilen der Lebenstüchtigkeit
Ein 66jähriger Freizeitsportler verletzt sich während des wöchentlichen Minigolftreffs am Rücken. Die Verletzung stellt sich als so schwerwiegend heraus, daß eine künftige Weiterführung des Minigolfspiels nicht möglich ist. Der Freizeitsportler reagiert auf den Verlust seines sozialen Bezugs (Leistungs- und Spielgemeinschaft Minigolfgemeinschaft) mit Depressionen.

Aus diesen Beispielen wird ersichtlich, daß bei einer schwerwiegenden Verletzung immer der ganze Mensch in all seinen sozialen und psychologischen, internen und externen Bedingungen betroffen ist.

Grundsätze des Aufbautrainings

Wenn eine Verletzung oder ein Sportschaden eingetreten ist, schließt sich nach der eventuell notwendig gewesenen Operation die Phase der Rehabilitation an. Wie kann funktionelle Nachbehandlung und der Beginn des körperlichen Trainings nach Ruhigstellung oder einem vorangegangenen operativen Eingriff aussehen? Welche Vorbedingungen sind zu beachten?

Nach Verletzung einer am Gelenkaufbau oder an der Gelenkfunktion beteiligten Struktur, ob operativ oder konventionell versorgt, treten im Anschluß an eine Ruhigstellung nachfolgende Störungen und Einschränkungen auf:

– Ernährungsstörungen des Gelenkknorpels,
– Schrumpfungen der Gelenkkapsel,
– Atrophie der Muskulatur (Muskelschwund),
– Innervationsstörungen (Koordinationsverluste).

In der frühkindlichen Reifung entwickelt sich die Beugung (Flexion) als erstes, es folgt die Streckung (Extension), und später folgen die Rotationen. Bei Verletzungen oder sonstigen krankhaften Einschränkungen verliert sich in umgekehrter Reihenfolge zuerst die Rotation, dann die Streckung und zuletzt die Beugefähigkeit. Entsprechend muß in den Phasen der Wiederherstellung auf diese Vorbedingungen Rücksicht genommen werden. Es wird nach der Entwicklung der Extension folgend bzw. parallel die Fähigkeit zur Rotation innerhalb komplexer Bewegungen entwickelt.

Innerhalb des Aufbautrainingsprozesses ist die Entstehung muskulärer Dysbalancen zu beachten, und zwar Dysbalancen zwischen zur Verkürzung und zur Abschwächung neigender Muskulatur. Zur Verkürzung neigen die meisten Beuger bzw. Muskeln, die überwiegend Haltearbeit zu leisten haben (tonische Muskulatur).

Zur Abschwächung neigen Muskeln, die schnellkräftige Funktionen haben (phasische Muskeln; überwiegend Extensoren). Auch aus dieser Kenntnis heraus müssen Rückschlüsse gezogen werden und in den Aufbautrainingsprozeß einfließen, so müssen die zur Abschwächung neigenden Muskeln gekräftigt und die zur Verkürzung neigenden Muskeln gedehnt werden.

Um wieder Leistung zu erbringen, müssen die organischen, die strukturellen und funktionellen Voraussetzungen (wieder-)hergestellt werden. Im körperlichen Einwirkungsbereich müssen dem (Teil-)Trainingsziel angepaßte Methoden und Mittel eingesetzt und angewendet werden. Im sportlichen Bereich kann das am Ende des Reha-Trainings stehende Trainingsziel unabhängig von der Zielgruppe nur dahingehend gefaßt werden, die ursprüngliche Leistungsfähigkeit wiederzuerlangen.

Nach Abschluß des Trainings muß der Sportler unabhängig vom Leistungsniveau möglichst uneingeschränkt Sport in seiner bisherigen Disziplin betreiben können. Im Verlauf des Trainings muß dieses Ziel aufgrund der Schwere der eingetretenen Verletzung häufig neu gefaßt werden.

Das Schema des Ablaufs der rehabilitativen Maßnahmen für Leistungs-, Freizeit- und Breitensportler ist im wesentlichen gleich. Unterscheidungen ergeben sich aus den Motiven der Sportler. Der Leistungssportler betreibt seine sportliche Disziplin leistungsorientiert, vereinsgebunden und in einem Wettkampfsystem organisiert mit einem zuständigen Trainer. Für den Freizeit- und Breitensportler gilt dies nicht. Weder ist die Vereinsgebundenheit noch die Teilnahme an einem institutionalisierten Wettkampfsystem mit betreuendem Trainer gegeben.

Ausgeklammert wird hier der Profisportler, für den die Wiederaufnahme des Trainingsprozesses und die Wettkampfteilnahme die eigentliche Wiederaufnahme seiner Erwerbstätigkeit darstellt.

Die nähere Beschreibung des Reha-Trainings soll mit einem Negativ-Fallbeispiel aus der Fußballbundesliga eingeleitet werden:

Beispiel 1
Negativ-Beispiel
Der Spieler wird allgemein als eines der größten deutschen Nachwuchstalente bezeichnet. Er wurde am Sprunggelenk (Bänderriß) operiert. Der Riß wurde operativ versorgt. Einige Tage nach Gipsabnahme erschien der Spieler auf dem Trainingsgelände, und der ratlos erscheinende Trainer empfahl, «erst mal ein paar Platzrunden zu traben». In Stollenschuhen (!) lief der Spieler ca. 15 Min., mit zunehmender Laufdauer humpelte er immer mehr und war koordinativ und muskulär offensichtlich ermüdet. Der Trainer empfahl nun, «noch ein paar Bälle aufs Tor zu schießen». Anschließend ging der Spieler duschen.

Aufgrund der noch vorliegenden muskulären und koordinativen Schwäche war der Trainingsinhalt Traben falsch, ganz zu schweigen von den abschließenden Schüssen.

Der verletzt gewesene Bereich ist aufgrund der notwendigen Ruhigstellung weder voll belastbar noch leistungsfähig. Durch die im Beispiel genannten Fehl- und Überbelastungen ist die Gefahr einer verzögerten oder nicht mehr vollständigen Wiederherstellung groß. Der verletzte Sportler geht alternativ Schon- und Kompensationshaltungen ein, er versucht mit

intakten Strukturen die verletzten und atrophierten Strukturen zu entlasten. Es schleifen sich fehlerhafte Techniken ein, welche andere, gesunde Strukturen überfordern. So sind nach Knieverletzungen aus Erfahrung häufig Überlastungen des Sprunggelenks des gleichen Beines, des Kniegelenks des anderen Beines sowie der Adduktoren zu beobachten.
Lauftraining erfolgt erst nach muskulärer Stabilisierung und nervöser Kontrolle der verletzten Extremität.
Ein zweites Beispiel soll den möglichen und wünschenswerten Verlauf rehabilitativer Maßnahmen in einer groben Übersicht darstellen.

Beispiel 2
Positiv-Beispiel
Ein Sportler verletzt sich am Knie. Nach operativer Versorgung (Entfernen des Innenmeniskus) und einwöchiger Liegezeit wird er aus dem Krankenhaus entlassen.
In dieser Phase können die gesunden Körperregionen unter konsequenter Auslassung der verletzten Extremität belastet werden. Die verletzte Extremität wird durch die Aktivität der gesunden Extremität in ihrem Heilungsprozeß sowie durch die Verminderung des Muskelschwundes (Crossing-Effekt) positiv beeinflußt.
Während der Gipsbehandlung können isometrische Anspannungsübungen des operierten Beines durchgeführt werden. Wenn die Ruhigstellung beendet ist, folgen Maßnahmen zur Mobilisation, Kräftigung und Innervation (Krankengymnastik, krankengymnastische Techniken) der umgebenden Muskulatur (Muskelschlingen).
Begleitend werden die Übungen mit den nicht verletzten Körperregionen weitergeführt, jedoch bleibt das Hauptaugenmerk auf das Heranführen der verletzten Extremität an den früheren funktionalen Zustand gerichtet. Erst wenn die Funktionen der verletzten Extremität wieder an die der unverletzten heranreichen (Muskelumfangsmessung, Kraftmessung, Ausbleiben von Reizzuständen), können Übungen für den ganzen Körper unter Integration der verletzten Extremität angewendet werden (u. a. Lauftraining). Wenn das Lauftraining ohne Beschwerden (Schmerzen, Reizerscheinungen) möglich ist, geht man zu immer mehr sportartspezifischen Übungsformen über.
Am Ende des Reha-Trainings steht der sportartspezifische Ausgangs-Belastungstest.

Wenn der Sportler alle Bewegungen ohne Kompensations- und Schonhaltungen beschwerdefrei durchführen kann, dann ist die akute Phase des Reha-Trainings beendet. Es schließt sich eine das Vereinstraining begleitende *Nachversorgungsphase* an, welche der Rehabilitation und der Prävention gleichermaßen dient.

Ablauf rehabilitativer Maßnahmen nach Sportverletzungen

Das tradierte Betreuungssystem der Medizin und der medizinischen Assistenzberufe genügt weitgehend den Anforderungen der Rehabilitation alltagsmotorischer Bewegungen, jedoch kann anhand der Abb. 23 erkannt werden, daß nach der Rehabilitation alltagsmotorischer Bewegungsabläufe (unter 3. – berufliche Belastung) je nach Schwere der Verletzung noch mehr als die doppelte Zeit nach der ‹primären Rehabilitationsphase› verstreicht, bevor der Athlet im Wettkampf belastbar ist.

Das konventionelle Vorgehen bei operativ zu versorgenden Sportverletzungen ist folgendermaßen gegliedert. Nach Eintreten einer Sportverletzung geschieht die *Erstversorgung* am Unfallort. Im Krankenhaus erfolgt die *Diagnose* des Arztes. Es schließt sich die *operative Versorgung* der Verletzung mit anschließender Ruhigstellung an. Im Anschluß an die Ruhigstellung erfolgt die *physiotherapeutische* (Nach-)Behandlung.

Am Ende dieser Abfolge von Maßnahmen steht ein ‹alltagsmotorisch gesunder Sportler›, der seinen Beruf (Ausnahme: Profi) ausüben kann, jedoch seinen Leistungs- oder Freizeit- und Breitensport nicht. Insbesondere der Umfang und die Dauer der physiotherapeutischen Nachbehandlung, eingeschlossen die krankengymnastische, ist in den meisten Fällen zu kurz, dies liegt an der eingeschränkten Möglichkeit der Ärzte, ausreichend Behandlungen zu verschreiben.

Ein zweiter Grund liegt aber auch in der mangelnden Kenntnis von Ablauf und Wichtigkeit der zur vollständigen Wiederherstellung notwendigen Maßnahmen seitens des verletzten Sportlers. Es wird häufig nach dem Motto «Die Zeit heilt alle Wunden» verfahren, man muß aber den Satz hinzufügen: «dann aber nicht mehr vollständig».

Ein dritter Grund liegt in der teilweise mangelnden Ausbildung des Personals für sportartspezifische Reha-Maßnahmen, insbesondere in den mangelnden Kenntnissen der sportlichen Trainingslehre, und der lückenhaften apparativen Ausrüstung.

In diese Lücken der Betreuungs- und Versorgungsmaßnahmen sind Spezialisten aus den verschiedensten Wissens- und Wissenschaftsgebieten aufgrund der beschriebenen Defizite und der enormen Nachfrage gestoßen. Nicht alle sind der hohen Verantwortung gerecht ausgebildet, vielen fehlen grundlegende Kenntnisse, hier insbesondere der funktionellen Anatomie. Andere unterliegen zu sehr dem Presse- und Tagesgeschäft. Meldungen über sensationelle Reha-Erfolge in kürzester Zeit ohne qualitative Angaben lassen aufhorchen. Hier sei dem Unkundigen zu größter Vorsicht geraten und die ständige Konsultation beim Arzt seines Vertrauens empfohlen.

Die Spezifik des *Aufbautrainings* haben GEBEL und EHRICH (1985) wie folgt definiert:

- Aufbautraining ist ein individuelles, dosiertes Belastungstraining nach Verletzungen. Es bezieht sich auf Grundlagen der Trainingslehre und setzt unmittelbar nach der postoperativen Phase ein.
- Die Belastungsdosierung steigt anhand des aktuellen Gesundheitszustandes mit zunehmender Belastungsfähigkeit, bezogen auf die jeweiligen Handlungs- bzw. Bewegungsmuster der jeweiligen Sportart.
- Das Aufbautraining bezieht sich nicht nur auf den verletzten Bereich, sondern durch Einbeziehung komplexer Trainingsformen auf den gesamten Körper.
- Die Trainingsinhalte und -formen sind abhängig von der Verletzungsart und vom Verletzungsgrad des geschädigten Bereichs.
- Das Aufbautraining ist beendet, wenn eine völlige Rehabilitation bezogen auf die sportliche Belastbarkeit in der jeweiligen Sportart anhand der leistungsdeterminierenden Faktoren vorliegt.
- Aufbautraining kann ebenso als Präventivmaßnahme eingesetzt werden.

Ziele des Aufbautrainings
- Verbesserung der muskulären Funktion. Die stark verstoffwechselnde Muskulatur regeneriert schnell und paßt sich an Belastungen schnell an.
- Verbesserung der Gelenkfunktion und aller am Gelenkaufbau beteiligten Strukturen. Die bradytroph verstoffwechselnden Gewebsanteile regenerieren langsamer und passen sich in Struktur und Funktion langsamer an Belastungen an.
- Verbesserung der nervösen Funktion. Einüben und Bewältigung alltags- und sportmotorischer Bewegungsmuster.

Verschiedene Autoren haben den Prozeß der Wiederherstellung nach Verletzungen in Phasen eingeteilt. GOMBLER und HORT (1983) gliedern die rehabilitative Phase nach einer Operation in einen dreistufigen Prozeß:
1. Krankengymnastik.
2. Übungsbehandlung zur Kräftigung der atrophierten Muskulatur bei gleichzeitiger Belastung gesunder Körperteile an speziellen Übungsgeräten.
3. Einstieg in sportartspezifische Belastungen unter Beibehaltung der Kraftarbeit.

GRAFF (1987, 5) gliedert die Belastungsphasen detaillierter, nennt Kriterien der Belastung und füllt die Phasen mit möglichen Trainingsformen (siehe Tab. rechts).

Belastungsphasen	Kriterien der Belastung	Trainingsformen
1. Gipsruhigstellung: relative Ruhigstellung (2–6 Wochen)	– Keine Körperlast (Gips) – Teilbelastung (Gehstützen)	– Krafttraining an Maschinen und adäquaten Trainingsgeräten für Rumpf, nicht operierte Extremität, Teile der operierten Extremität
2. «Normale Alltagsbelastung» (4–10 Wochen)	– reizloses Op-Gebiet – nahezu volle Beweglichkeit – ausreichende dynamische Sicherung von Gelenken	– wie 1 – Beginn mit leichtem Lauftraining (5–6 Min./km), intervallmäßig beginnend bei 2–5 km – Verbesserung der Beweglichkeit – Koordination
3. Berufliche Belastung (4–10 Wochen)	–	–
4. Zunehmende Trainingsbelastung ohne reaktive Trainingselemente (8–16 Wochen)	– reizloses Op-Gebiet – nahezu volle Beweglichkeit – ausreichende dyn. Sicherung	– Krafttraining mit Hanteln (Kniebeugen, Umsetzen) – Steigerung der Laufarbeit (Tempoläufe ansteigender Intensität) – Koordination
5. Sportartspezifische Belastung (8.–20. Woche)	– Elastizität der Gewebe – volle dyn. Sicherung	– Reaktive Trainingsformen – Sprünge, Landungen
6. Wettkampf (10.–24. Woche)	– «volle Belastbarkeit» für Disziplinen mit wesentlichen dynamischen Belastungen (Spielsportarten, Kampfsportarten, Leichtathletik)	

Behandlungsrichtlinien nach Operationen (Orthop. AKK Essen) (GRAFF 1987, 5)

Nur anhand der Spezifik der Verletzung können weitere Ausdifferenzierungen erfolgen. Wenn die Verletzung bekannt ist und sich der Aufbautrainer in Absprache mit Arzt und Physiotherapeut ein erstes Bild gemacht hat, dann können Teilziele festgelegt werden. Die ersten ein oder

zwei Trainingseinheiten werden sehr gering dosiert, und die Übungsaus-
wahl wird bewußt gering gehalten. Bei diesem Vorgehen ist keine Überlastung zu erwarten. Treten dennoch nach dem Training Fehl- und Über-
lastungserscheinungen auf, so kann man rückschließend die Ursachen
ergründen.

Ansteuerung des Rehabilitationstrainings (aktiver Teilaspekt)
– Festlegung der Trainingsziele
– Festlegung der Trainingsmethoden
– Festlegung der Trainingsinhalte
– Festlegung der Trainingsumfänge
– Festlegung der Trainingsmittel

Es muß eine Differenzierung in die Zielgruppe der Freizeitsportler, der
Leistungssportler und der Hochleistungssportler vorgenommen werden.
Den jeweiligen Zielgruppen werden unterschiedliche Trainingsumfänge
und später auch differenzierte Intensitäten zugeordnet. Die Trainingshäu-
figkeiten reichen für den Freizeitsportler von 2–3mal wöchentlich bis zu
2–3mal täglich beim Hochleistungssportler.
Die Personen, die keinen Sport treiben, sind von der Belastbarkeit und
den Zielsetzungen den Freizeitsportlern zuzuordnen. In der Betreuung
dieser Zielgruppe kommen besondere pädagogisch-psychologische Zielsetzungen hinzu wie das Hinführen zu sportlichen Tätigkeiten innerhalb
des Rehabilitationsprozesses.
Die Tabelle unten zeigt, bezogen auf die Phaseneinteilung von GEBEL und
EHRICH (1985), die Darstellung der Dauer der einzelnen Phasen des Aufbautrainings. Anhand ausgewählter Verletzungen wird die erfahrungsbe-
dingte Dauer des Rehabilitationstrainings bei Trainingsbeginn nach Beendigung der postoperativen Phase angenommen. Die stark variierenden
Zeitangaben während der jeweiligen Phasen zeigen die Schwierigkeiten

Darstellung der zeitlichen Folge der einzelnen Phasen des Aufbautrainings nach Beendigung der postoperativen Phase an ausgewählten Verletzungen

Verletzungsbereich/-art	1. Phase	2. Phase	3. Phase	4. Phase
Meniskus	1.–2. Wo.	2.–4. Wo.	4.–6. Wo.	6.–8. Wo.
Kreuzbänder	1.–4. Wo.	5.–8. Wo.	8–13. Wo.	13.–17. Wo.
Seitenbänder	1.–3. Wo.	3.–5. Wo.	5.–7. Wo.	7.–10. Wo.
Achillessehne	1.–3. Wo.	3.–6. Wo.	6.–10. Wo.	10.–16. Wo.
Sprunggelenk/Bänder	1. Wo.	2. Wo.	3.–4. Wo.	4.–5. Wo.
Sprunggelenk/Fraktur	1.–2. Wo.	2.–5. Wo.	5.–7. Wo.	7.–12. Wo.

der Verallgemeinerung. Insgesamt erscheinen die Zeiten der Regeneration verletzter Strukturen zu optimistisch gewählt (vgl. Tab. links).

Der Reha-Trainer muß aus den Anforderungen der Praxis heraus in vielen Bereichen (interdisziplinär) Kenntnisse besitzen:
- sportmedizinische Kenntnisse: funktionelle Anatomie, stoffwechselphysiologische Kenntnisse, orthopädische (diagnostische) Kenntnisse;
- Trainingslehre: Sport- und Trainingswissenschaft;
- physiotherapeutische Kenntnisse: Massage und Krankengymnastik, physikalische Anwendungen;
- sportpsychologische Kenntnisse;
- Kenntnisse regenerativer und präventiver Begriffsinhalte und Maßnahmen.

Um Aufbautraining erfolgreich durchführen zu können, sind in jeder Reha-Phase optimale räumlich-apparative Bedingungen anzustreben. Sie sollen das Training nicht einschränken (z. B. Raumgröße). Hygienische Anforderungen (Duschen, Desinfektion) müssen erfüllt sein. Günstig ist die räumliche Nähe zu Parks oder einem Wald, der Einstieg in das Lauftraining ist dadurch problemlos zu ermöglichen. Die Ausstattung sollte freundlich gestaltet sein, von den Wandfarben bis zu Bildern, Pflanzen, Lüftung und Luftverbesserer, um alle Sinne positiv anzuregen.

Auch hier haben die Verwaltungsberufsgenossenschaften Vorgaben definiert, die weit über den Mindestforderungen zur Einrichtung einer Praxis für physiotherapeutische Anwendungen liegen (vgl. DOK 418.9 der Verwaltungsberufsgenossenschaften, Inkrafttreten 1.1.1989).

Für den Reha-Trainer und den Sportler ist die Bildung eines Teams von entscheidender Bedeutung für den Reha-Erfolg. Beim Vereinssportler sollte das Team aus dem behandelnden Arzt bzw. dem operierenden Arzt, dem Physiotherapeuten, dem Reha-Trainer und dem Vereinstrainer bestehen. Dieses Team betreut den Sportler nach einer Verletzung bis zu seiner Wiederherstellung. Das Team muß in ständigem Informations- und Meinungsaustausch stehen und alle Maßnahmen entsprechend des Fachbereichs und der abgesteckten Kompetenzen besprechen.

Es gibt kein definiertes Berufsbild ‹Reha- oder Aufbautrainer›. Es erscheint auch sehr zweifelhaft, ob es jemals zu einem strukturierten Berufsbild mit eigenem Ausbildungsplan kommen wird. Ausbildungsgänge an der Universität in München und in Frankfurt wurden installiert. Erste strukturierende Bestrebungen sind 1987 in Frankfurt als Verbandsgründung zu beobachten (Verband der Rehabilitationstrainer). Dieser Verband strebt ein staatlich anerkanntes Berufsbild «Rehabilitationstrainer» auf hohem Ausbildungsniveau an, jedoch sind die Prüfungsgebühren angesichts der geringen Ausbildungszeit von 250 Unterrichtseinheiten in

Höhe von 16 500 DM als recht hoch einzuschätzen. Die Verwaltungsbe-
rufsgenossenschaft hat im Rahmen eines öffentlich-rechtlichen Vertrages
zu den fachlichen Qualifikationen, die ein in der Rehabilitation tätiger
Trainer vorzuweisen hat, Stellung genommen. Es werden Kenntnisse der
sportmedizinischen Trainingslehre und krankengymnastische Fachkunde
vorausgesetzt. Die Angaben sind inhaltlich jedoch ungenügend detailliert,
zumal es keine «sportmedizinische Trainingslehre» gibt.

Hier wird die Zukunft mehr Aufschluß gewähren; selbst in der Medizin
hat es sehr lange gedauert, bis dem im Sport tätigen Mediziner zusätzliche
sowie eigenständige Ausbildungsinhalte in Studium und Fortbildung zur
Verfügung gestellt wurden.

Immobilisationsschäden
(Schäden durch Ruhigstellung)

Kenntnisse der Schäden durch Ruhigstellung (Immobilisation) sind Bedingung für den dosierten Einsatz von Belastungen und Trainingsmethoden sowie für die sinnvolle Zuordnung von Trainingsinhalten.

Durch eine Operation werden Gewebsstrukturen in unterschiedlichem
Ausmaß verändert, die rehabilitativen Maßnahmen sollen den Heilungsverlauf positiv stimulieren. Im folgenden werden Immobilisationswirkun-
gen auf die am Aufbau des physiologischen Gelenks beteiligten Strukturen beschrieben. Das Gelenk ist immer im Funktionszusammenhang mit
muskulärer, nervöser sowie trophischer, auf die Ernährung des Gelenks
gerichteter Steuerung zu beurteilen.

Gerade in der krankengymnastischen Praxis ist das Augenmerk der
Behandler nach Ruhigstellung meist mehr auf das Wiedergewinnen der
passiven Beweglichkeit als auf die Fähigkeit der Innervation gerichtet.
Aufgrund der vorgegebenen, zu kurzen Behandlungsdauer sowie durch
mangelnde Geräteausstattung ist eine muskuläre Stabilisierung kaum ausreichend zu leisten. Im Praxisteil werden einfache Übungen vorgestellt,
mit denen der Sportler begleitend und ergänzend in Absprache mit dem
Behandler arbeiten kann.

Zwei Positionen der Behandlung nach Verletzungen stehen sich gegenüber: Immobilisation durch Ruhigstellung (Verband, Gips) oder eine
frühfunktionale (Bewegungs-)Nachbehandlung. Letztere ist von den be-
treuenden Maßnahmen her personell aufwendiger. Die sinnvolle und ver-
letzungsangepaßte Kombination beider Maßnahmen ist die Kunst des
Arztes und des nachbehandelnden Krankengymnasten/Aufbautrainers
sowie des eigenverantwortlich handelnden Sportlers.

Immobilisationsschäden des Muskelgewebes

Als sichtbarstes Zeichen einer längerwährenden Ruhigstellung einer Extremität stellt sich die Inaktivitätsatrophie der Muskulatur dar. Besonders an den Beinen, speziell am Oberschenkel und den Waden, ist der Rückgang der Muskulatur in kurzer Zeit beträchtlich.

Die Kraft nimmt mit der Ruhigstellung täglich rapide ab, je nach Autor und Muskelgruppe werden 1–6 % Muskelkraftabnahme täglich mit einer abflachenden Tendenz genannt. Bei 4- bis 6wöchiger Ruhigstellung einer Extremität im Gipsverband beträgt der Kraftverlust 30–60 % der Ausgangskraft, «...dabei schreitet der Kraftverlust 4mal rascher vorwärts als der Kraftgewinn» (BIEDERT 1987, 21). Die Verringerung der Muskelmasse kann auf einer Verkleinerung und Verschmälerung der einzelnen Fasern oder dem Verlust und dem Untergang einer bestimmten Anzahl von Fasern (vgl. BIEHL 1987) beruhen. Die verschiedenen Fasertypen sind unterschiedlich von der Atrophie betroffen, «...rote Muskelfasern scheinen besonders anfällig für eine Immobilitätsatrophie zu sein» (APPELL 1985).

Anhand dieser Fakten wird die Bedeutung der frühen Mobilisation, das Üben in Form von Anspannungen schon im Gipsverband, deutlich. Auch das Üben der umgebenden Muskulatur und das Nutzen der Übertragungseffekte durch Mitinnervation der verletzten Bereiche ist notwendig zur Vermeidung von extremen Umfangs- und damit Kraftverlusten.

Abb. 8: Kraftabnahme Ruhigstellung – Gipsbehandlung

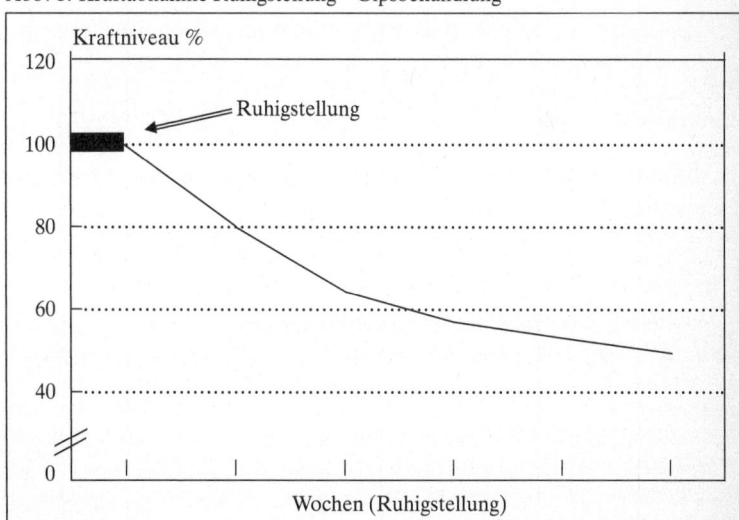

Immobilisationsschäden des neuromuskulären Systems (Funktionsminderungen)

Nach Ruhigstellung findet nicht nur eine muskuläre Atrophie (Abnahme der Muskeldicke) statt, sondern auch die mit der Steuerung mitbeteiligten Funktionsbereiche, die nervöse Steuerung, erfahren eine Funktionsminderung. Die koordinierte Steuerung von Synergisten, allen gemeinsam an einer Bewegung beteiligten Muskeln, und das koordinierte Wechselspiel mit den Antagonisten ist gestört. Nach sehr langen Ruhigstellungen kann es sogar Schwierigkeiten bereiten, einzelne Muskeln und Muskelgruppen willentlich zu innervieren und damit anzuspannen (zu kontrahieren).

Immobilisationsschäden des Knorpelgewebes

Durch Ruhigstellung nimmt der Wassergehalt und damit die Dicke und Elastizität des Knorpels ab. Die Fähigkeit, mechanische Einwirkungen, Stöße, zu absorbieren, ist eingeschränkt. Die Ernährung des Knorpels ist mit zunehmender Dauer der Immobilisation immer weniger gewährleistet, die für die Ernährung notwendige ‹Walkarbeit› bleibt aus, es entstehen Ablagerungen an der Knorpeloberfläche, die bei Ruhigstellung nicht abtransportiert werden können. Es kommt zur Freisetzung lyosomaler Enzyme (Enzyme, die zur Zerstörung der Knorpelsubstanz führen) und in weiterer Folge zur Knorpelautolyse, der Zerstörung von Knorpelzellen.

Immobilisationsschäden des Kapsel-Band-Apparates (Bindegewebe)

Auch der Kapsel-Band-Apparat leidet unter längeren Ruhigstellungen und degeneriert. Dabei kommt es zu folgenden Schädigungen:
– verminderte Kapseldurchblutung,
– intensive Synoviareizung (Gelenkkapselinnenhaut), mit der Folge einer Ergußbildung,
– Adhäsionsbildungen (Verklebungen),
– Kapselschrumpfungen (Einschränkung der Gelenkbeweglichkeit),
– Bindegewebsproliferationen (ungerichtete Gewebswucherungen),
– Schwächung der ligamentären Insertion am Knochen, der Bandansatz wird in seiner Zugfestigkeit beeinträchtigt,
– die Einsprossung von Kapillaren als kleinste Blutgefäße wird behindert, damit ist die Versorgung der betroffenen Strukturen behindert und die Regenerationsfähigkeit beeinträchtigt (vgl. BIEDERT 1987).

Immobilisationsschäden der Sehnen (Bindegewebe)

Es sind Inaktivitätsfolgen wie beim Kapsel-Band-Apparat zu erwarten, «...ungenügende Ausrichtung der Kollagen- und Faserstrukturen, ungenügende Gefäßeinsprossung, Adhäsionsbildung zwischen Sehne und Sehnenscheide, sekundäre Muskelverkürzungen...» (BIEDERT 1987, 19).
Alle diese Auswirkungen auf das Gelenk nach Ruhigstellungen bestätigen die Tatsache, daß man keine Struktur isoliert sehen kann, sondern das ruhiggestellte Gelenk als Ganzes sehen muß.

Wirkungen des Aufbautrainings
auf die verschiedenen Gewebstypen

Die meisten Prinzipien der sportlichen Trainingslehre gehen auf bewegungsbedingte Adaptionserscheinungen zurück. Es handelt sich um kurz-, mittel- und langfristige Anpassungen im Organismus des Sportlers, wobei die zeitliche Komponente der Anpassung nur individuell zu bestimmen ist. Adaptionen finden innerhalb des durch den Genotyp vorgegebenen Rahmens statt, sie finden nicht nur im körperlichen, sondern auch im psychosozialen Bereich statt. Voraussetzungen für angestrebte Adaptionen sind Störungen im Organismus, die ja nach Quantität und Qualität zu positiven oder negativen Anpassungen führen, in unserem Sinne zu Leistungssteigerungen oder Leistungsminderungen.

Ein wesentliches Kennzeichen des menschlichen Organismus ist die Möglichkeit, Funktionssteigerungen mittels vielfältiger Anpassungsmechanismen erzielen zu können. Sie unterscheiden sich weniger in der Funktion, sondern mehr in ihrer Stabilität, der zeitlichen Konstanz. ISRAEL (1988) unterscheidet in metabolische und epigenetische Adaption. Bei dcr *metabolischen* Adaption handelt es sich um akute, überwiegend funktionelle Umstellungen zur Bewältigung einer aktuellen Störung des inneren Gleichgewichts. Metabolische Adaptionen stellen eine Anpassung an die unmittelbaren Belastungswirkungen dar. Überforderungen im metabolischen Bereich, z. B. ständige hohe Übersäuerungen, führen zum Übertraining (vgl. S. 50) und damit zu einer Leistungsminderung des Gesamtsystems.

Die *epigenetische* Adaption ist eine länger anhaltende, relativ stabile organische Modifikation, die darauf gerichtet ist, das innere Milieu bei wiederholten Anforderungen aufrechtzuerhalten. Diese ‹Vorratshaltung› von physiopsychischen Kräften ist an die Adaption von morphologischen Strukturen gebunden. Im psychischen Bereich bedeutet es die Ausbildung überdauernder Einstellungen und Werte.

Adaptionen im Rehabilitationstraining (Aufbautraining)
Das Rehabilitationstraining nach Verletzungs- und Krankheitseinwirkungen soll den Körper in seiner dem biologischen System eigenen Kraft der Reorganisation (Wiederherstellung) unterstützen. Wichtig ist das Vermeiden von unangepaßten bzw. indifferenten Belastungen. Unter Einsatz von der Verletzung bzw. Krankheit angepaßten Trainingsmethoden und -inhalten werden zielgerichtete Reize zur Anpassung gesetzt. Berücksichtigt werden muß das Prinzip des trainingswirksamen Reizes. Genügend starke Belastungsreize werden durch die SCHULZ-ARNDTsche Regel definiert.

Sie besagt, daß schwache Reize anregend wirken, starke Reize Anpassungsvorgänge auslösen, zu starke Reize schädigend wirken. Unterschwellige Reize bleiben ohne Wirkung.

Die Abschätzung der angepaßten und trainingswirksamen Reizsetzung ist während des Rehabilitationstrainings im wesentlichen von der Erfahrung des Trainers und von der Herausbildung sensibler Selbstwahrnehmungs- und Reflexionsmechanismen des verletzten Athleten abhängig. Objektivierende Messungen und Einschätzungen erlauben die nicht in jeder Phase einsetzbaren isokinetischen Geräte (z. B. Cybex, Akron, Kin-Com), die eine angepaßte Trainingsplanung unterstützen können.

Grenzen der Belastbarkeit im rehabilitativen Prozeß sind in erster Linie neben anderen Faktoren in der verletzten Struktur zu sehen.

Konsequenzen für die Trainingspraxis

Neben der Vermeidung von fehlbelastenden Übungen ist als wesentlichste Erkenntnis festzuhalten, daß der Gebrauch des Körpers innerhalb der individuellen Anlage den wichtigsten Reiz zur funktionellen und morphologischen Adaption darstellt. Es gilt, die Fähigkeit der Anpassung des Körpers zu nutzen. Zu beachten sind hierbei insbesondere die unterschiedlichen Adaptionszeiten und -reserven von Muskel-, Knochen- und Bindegewebe. Kindliche Organismen benötigen längere Erholzeiten als erwachsene Organismen, ebenso benötigt der ältere Sportler längere Zeiten der Regeneration als der jüngere Erwachsene. Diese Erkenntnis scheint unabhängig vom sportlichen Niveau zu gelten.

In der Fachliteratur wird fast ausschließlich die Wiedergewinnung der muskulären Funktionen in den Vordergrund gestellt. Die Adaptionen des Binde- und Stützgewebes werden ebenso wie speziell auf sie ausgerichtete Trainingsreize vernachlässigt. Einen Schutz vor Schäden des Bindegewebes stellt eine vielseitige, langsam gesteigerte, von Phasen der Erholung und Entlastung unterbrochene Belastung dar, die sich während langjährigem Training allmählich steigert.

Ein solches Vorgehen vermeidet einseitige und die individuelle Belastbarkeit übersteigende (Fehl-)Belastungsreize.

Wirkungen auf das muskuläre Gewebe

Die Muskulatur als stark verstoffwechselnder Gewebstyp reagiert recht schnell mit Dicken- und Kraftzunahme. Die Qualität der Funktionsverbesserung ist abhängig von den eingesetzten Trainingsmethoden (Maximalkrafttraining; Kraftausdauertraining etc.).

Im Aufbautraining steht keine freie Methodenwahl zur Verfügung, die einzusetzende Methode hat sich an den verletzten Strukturen und den ver-

folgten (Teil-)Zielen zu orientieren. Maximalkraftmethoden sind in den
Frühphasen des Aufbautrainings ungeeignete Trainingsformen.
Es ist notwendig geworden, abzugehen von der reinen Dickenzunahme
des Muskels als vielfach verwandtes Maß für rehabilitativen Erfolg, vielmehr muß der Blick auf funktionelle Verbesserungen gerichtet werden.
Funktionelle Verbesserungen sind *begleitet* von einer Dickenzunahme der
an einer Bewegung beteiligten Muskulatur. Wichtig ist auch eine gut aus-
gebildete Koordination und eine harmonisierte Beziehung aller an einer
Gelenkbewegung beteiligten Muskeln. Das drückt sich u. a. in einem ausgewogenen und funktionsgerechten Verhältnis von Agonisten und Antagonisten aus.
Zielgerichtetes Wiederaufbauen gestörter muskulärer Funktionen beinhaltet einen präventiven Faktor. Muskuläres Ungleichgewicht, Dysbalancen, führt durch Fehlbelastungen der Gelenke zu reflektorischen
Muskelstörungen und -schmerzen. Häufig stellt der Muskelhartspann eine
solche Störung dar. Durch die ausgelöste Schon- und Kompensationshaltung schaukelt sich dieses System weiter auf. Es folgen Rückfälle, Funk-
tionsstörungen in anderen Strukturen treten auf. Ist beispielsweise ein
Kniegelenk verletzt gewesen und die Muskulatur nicht ausreichend wiederhergestellt, dann übernimmt das obere Sprunggelenk Teilfunktionen des
Kniegelenks. Nach Wochen und Monaten kann das mit einer Umfangsmessung der Wadenmuskulatur nachgewiesen werden. Ein im Seitenvergleich
umfangsvergrößerter Wadenmuskel steht nun einer umfangsreduzierten
Oberschenkelmuskulatur gegenüber. Mittel- und langfristig sind Überlast-
symptome bzw. -schäden im oberen Sprunggelenk zu erwarten.

Wirkungen auf das neuromuskuläre System

Das koordinierte Zusammenspiel der nervösen Steuerung und Kontrolle
der Muskulatur wird durch Übung und Training verbessert. Besonders in
den ersten Phasen des Aufbautrainings ist ein exaktes und technisch sau-
beres Erlernen der Bewegungsführungen von höchster Wichtigkeit. Es
‹schleifen› sich die richtigen Techniken ohne Schon- und Kompensationshaltungen ein.

Wirkungen auf das Knorpelgewebe

Das Knorpelgewebe wird durch die notwendige Ruhigstellung eines Gelenks indirekt negativ beeinträchtigt. Dosierte Belastung wirkt sich günstig auf das Knorpelgewebe aus. Das Knorpelgewebe muß vor Beginn
einer Trainingseinheit im Aufbautraining ausreichend auf die kommende

Belastung vorbereitet werden. Durch gering dosierte, intermittierende Druck-Scher-Kräfte über einen minimalen Zeitraum von 10 Min. wird die Versorgung des Knorpels verbessert. Es findet nach einigen Minuten eine Dickenzunahme des Knorpels durch Flüssigkeitsaufnahme statt. Es verbessert sich die Elastizität des Knorpels, die Reibungskräfte werden durch die angeregte Produktion der Gelenkflüssigkeit herabgesetzt sowie die Pufferung des Knorpels gegenüber Stoßeinwirkungen durch Dicken- und Elastizitätszunahme optimiert. Nicht nur in der Vorbereitung auf sportliches Üben und Trainieren bewähren sich diese Maßnahmen, es finden auch langfristige, strukturelle Anpassungen statt (vgl. S. 18).

Bei Kniegelenkverletzungen in der nachoperativen Phase hat sich das ca. 15minütige Fahrradfahren mit geringem Widerstand als günstig im Sinne der Knorpeladaption und -prophylaxe erwiesen. Bei Sprunggelenkverletzungen ist ein Bewegen ohne Körperlast im Sitzen zu empfehlen, ebenso kann ein Bewegen der Sprunggelenke in alle Richtungen z. B. in einem Karton voller Erbsen (geringer Widerstand) durchgeführt werden.

Für jedes Gelenk, das nachfolgend belastet wird, sind wenig intensive, jedoch längerwährende vorbereitende Bewegungsführungen (mindestens 10 Min.) einzusetzen.

Wirkungen auf den Kapsel-Band-Apparat

«Unter der Bewegungstherapie reagieren gesunde Bänder mit einer Hypertrophie (Dickenzunahme) und einer vermehrten Reißfestigkeit, anatomisch refixierte und genähte sowie ersetzte Bänder durch funktionsgerechte Ausrichtung der kollagenen Faserstrukturen mit daraus folgender erhöhter Zugfestigkeit» (BIEDERT 1987, 22).

Wichtig ist während des auf eine Verletzung folgenden rehabilitativen Trainingsprozesses die Beachtung der funktionell-anatomischen Vorausbedingungen. Bänder können funktionell unterschieden werden, es gibt Führungs- und Begrenzungsbänder. Gerade auf Bänder darf nach Verletzungen kein erhöhter Zug durch falsch gewählte Bewegungsübungen ausgeübt werden. Eine ausgeprägte Laxität kann die Folge sein (‹ausgeleiert›). Damit sind mögliche Operationserfolge hinfällig. Als Beispiel sei auf die Abbildungen 9–11 verwiesen. Sie zeigen die Spannungsverhältnisse des vorderen Kreuzbandes in verschiedenen Gelenkpositionen.

Sind entsprechende Kenntnisse nicht vorhanden, kann unqualifiziertes Üben in ungünstigen Gelenkwinkelpositionen zu erneuten Schäden führen. Abbildung 11 zeigt die Verschiebungen des Schienbeins gegenüber dem Oberschenkel bei unterschiedlichen Kraftansatzpunkten. Auch hier kann bei Unkenntnis dieser Bedingungen bei falscher Positionierung des Sportlers ein Schaden provoziert bzw. die Heilung verhindert werden.

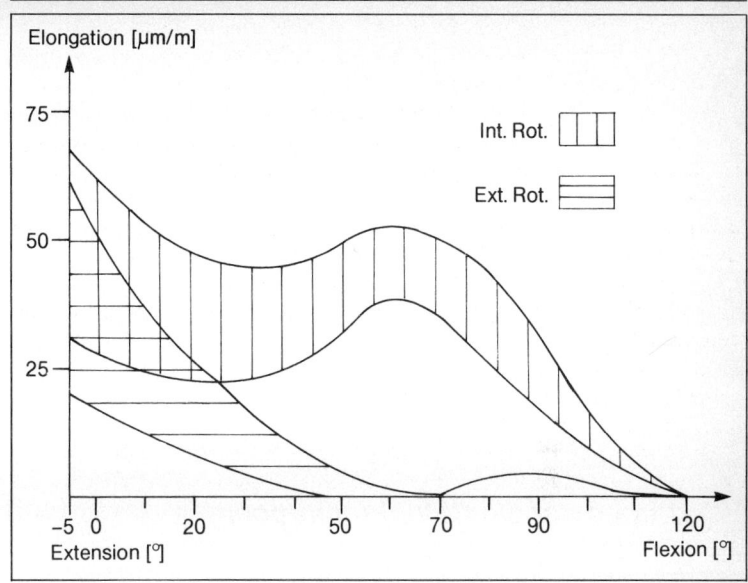

Abb. 9: Spannungsverhältnisse im vorderen Kreuzband, abhängig von Beugung und Rotation des Unterschenkels (BIEDERT 1987, 23)

Abb. 10: R = Widerstand am Schienbein; P = Kraft des Kniescheibenbandes; C = Schnittpunkt der Kräfte; J = reaktive Kraft. Ein nah am Knöchel befestigter Widerstand belastet bei Krafteinsatz das vordere Kreuzband durch ein Vorschieben des Unterschenkels, ein näher am Knie gelegener Kraftansatzpunkt verringert das «Schubladenphänomen» (BIEDERT 1987, 26)

Abb. 11: Transposition des Schienbeins in Abhängigkeit von der Beugung und körpernah bzw. körperfern angelegtem Kraftansatzpunkt (BIEDERT 1987, 26)

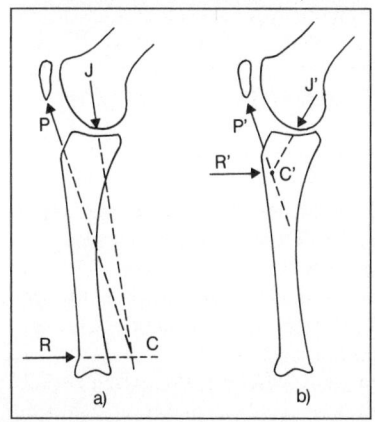

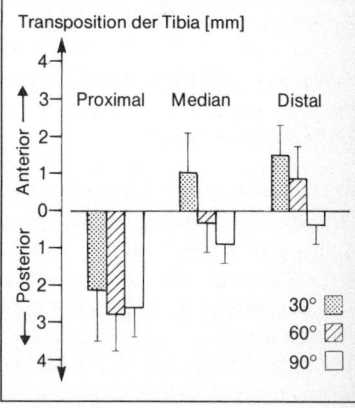

Wirkungen auf das Sehnengewebe (Bindegewebe)

Sehnengewebe ist an äußere Belastungsreize anpassungsfähig, da es «... offensichtlich einen beträchtlichen Energie- und Funktionsstoffwechsel aufweist» (TITTEL 1985, 52). «Sehnen, Bänder und andere bindegewebshaltige Bauteile unseres Bewegungsapparates können durch verstärkte Zugbeanspruchungen mit zwischengeschalteten Ruheperioden sehr gekräftigt werden» (KUHN 1981, 34).

Anpassungen äußern sich in Form von Dickenzunahme und Zugfestigkeitsgewinn; aber auch einer geringfügigen Abnahme der Elastizität. Anpassungen der Sehnen selbst finden nur langsam, über Jahre hinweg, statt. Vorsicht ist nach Sehnenrissen angeraten, hier kann nur der Arzt individuell entscheiden, welche Belastungen günstig und welche absolut verboten sind.

Wirkungen auf die Gelenkfunktionen

Das Gelenk ist in den gesamten Bewegungsablauf neuromuskulär integriert. Das anatomische Gelenk ist definiert als aus knöchernen Gelenkpartnern mit Knorpelüberzug bestehend sowie mit Ligamenten (Bändern) und intraartikularen, innerhalb des Gelenks gelegenen Geweben einschließlich umliegender und zugehöriger Weichteile ausgestattet. Dazu wird die Blut- und die nervöse Versorgung gezählt. Durch Bewegungsführungen über die gesamte Bewegungsbahn werden alle Bestandteile des anatomischen Gelenks positiv stimuliert, es wird auch als Athron bezeichnet.

Grundsätze bei vorrangiger Belastung der Wirbelsäule

- Dauerdruck und das Erzeugen hoher Abscherkräfte sind zu vermeiden. Nach Übungen mit länger andauerndem Druck sind Übungen zur Entlastung einzuplanen (bes. Extensionsliege).
- Das Einströmen der ernährenden Flüssigkeit in die Zwischenwirbelscheibe wird durch das planmäßige Einfügen entsprechender Übungen innerhalb der Trainingseinheiten gewährt (vgl. S. 188).
- Ungleichmäßige Druckbelastungen der Zwischenwirbelscheiben können durch Fehlhaltungen und -stellungen (vgl. S. 87f) verursacht sein.

Ebenso kann eine falsche sportliche Technik (Hohlkreuzbildung unter stauchender Last) eine Fehlbelastung darstellen.

Als präventive Maßnahme sei allen Sportlern ein ausreichendes Training zur Entwicklung einer harmonisch ausgebildeten Rumpfmuskulatur empfohlen. Als Beispiel dient ein häufig anzutreffendes Bild muskulärer Disharmonie und Dysfunktion:

Beispiel
Hohlkreuzbildung
Bei Hohlkreuzbildungen sind die Bauchmuskeln fast immer in Tonus und Kraft abgeschwächt sowie verlängert. Entsprechend ist die Hüftmuskulatur mit dem Lendendarmbeinmuskel (musculus iliopsoas) sowie der zweiköpfige Oberschenkelstrecker und Hüftbeuger (musculus rectus femoris) verkürzt und kräftig ausgebildet, ebenso die (tiefen) Rückenstrecker im Lendenwirbelsäulenbereich. Nach dem Ausschließen organisch-orthopädischer Ursachen kann durch Trainingsmaßnahmen zur Besserung beigetragen werden.
Die Bauch- und die Gesäßmuskulatur wird gekräftigt und tonisiert, die tiefen Rückenstrecker und die Hüftbeuger werden gedehnt (vgl. Abb. 13).

Es ist immer wieder zu beobachten, daß in Fitness-Studios aufgrund der ärztlichen Empfehlung, die Rückenmuskulatur zu kräftigen, die größten Fehler gemacht werden. Die Bauchmuskulatur wird nicht nur vernachlässigt, sondern häufig falsch trainiert, die langen Rückenstrecker werden auf «Hyperextensionsmaschinen» zusätzlich gekräftigt und weiter verkürzt. Folge dieser Fehler ist eine verstärkte Schmerzhaftigkeit.

Abb. 12: «Haltungsschwächen»

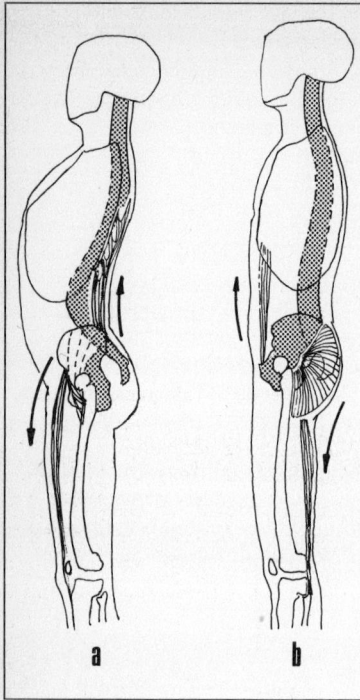

Abb. 13: Veränderung der Wirbelsäulen-Becken-Statik durch muskuläre Dysbalancen am Beispiel eines Fußballspielers (KNEBEL 1988, 36)

(a) Kräftige Hüftbeuger (innerhalb des Beckens verlaufend; Faserverlaufsstruktur schematisch, gestrichelt dargestellt) in Verbindung mit den Kniegelenkstreckern kippen das Becken nach vorn. Kompensatorisch stellt sich die Rückenmuskulatur auf eine andere Länge ein. Sie verkürzt allmählich und unterstützt die Beckenkippung.

(b) Zweckmäßige gymnastische Übungen können die Dysbalance verhindern bzw. ausgleichen:

1. Dehnungsübungen für die Hüftbeuger (m. iliopsoas)
2. Dehnungsübungen für die Rückenstrecker (m. erector trunci)
3. Kräftigungsübungen für die geraden Bauchmuskeln (m. rectus abdominis)
4. Kräftigungsübungen für die Kniegelenkbeuger (mm. ischiorcrurales)
5. Kräftigungsübungen für die Gesäßmuskulatur (m. glutaeus maximus)

(Pfeilrichtung = Zugrichtung der Muskeln)

- Beim Üben in einem ‹Studio› sollten Sie auf funktionell richtige Techniken achten. Die richtige Haltung und Hebetechnik aus den Beinen bei gestrecktem und muskulär fixiertem Rücken beim Heben schwerer Lasten (vgl. Abb. 14–16) ist auch im Alltag von größter präventiver Bedeutung. Lasten werden immer körpernah geführt, dadurch wird der Kraftarm klein gehalten, es wirken geringere Kräfte auf die Wirbelsäule.

- Wichtig ist, Übungen für die Rumpf- und Extremitätenmuskulatur immer seitengleich auszuführen. Eine Ausnahme stellt nur die Kompensation einseitiger Belastungen dar.

- Wiederholte Stauchungen werden weitgehend vermieden, es werden Übungen zur dosierten Vorbereitung folgender, die Wirbelsäule beanspruchender Belastungen in das Training integriert.

- Alle Übungen, die Schmerzen bereiten, sind verboten. Es wird darauf geachtet, daß die Übungen für die Rumpfmuskulatur langsam und gleichmäßig unter korrekter Technik und Haltung durchgeführt werden.

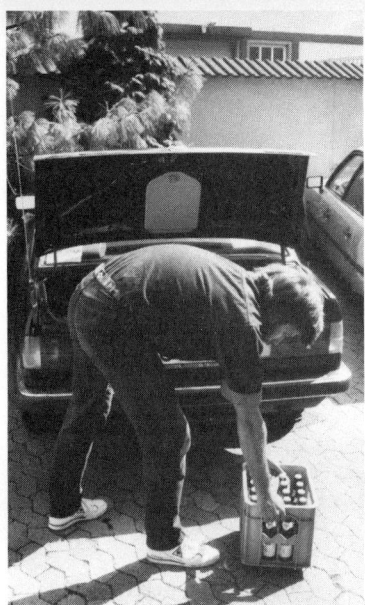

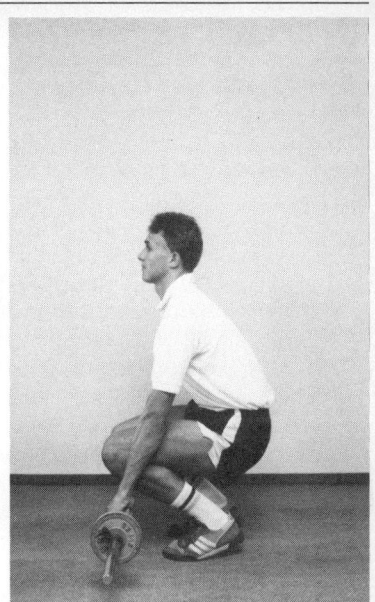

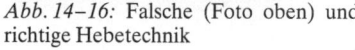

Abb. 14–16: Falsche (Foto oben) und richtige Hebetechnik

Sie werden entsprechend ihrer Funktion der Stützmotorik und der statischen Sicherung entwickelt und trainiert.

● Bei Hohlkreuzbildungen werden alle Übungen vermieden, die ‹in das Hohlkreuz hineinarbeiten›. Es wird vorsichtig in die Kyphose hineingearbeitet, bei Kyphosebildungen gilt das Umgekehrte.

● Beim Flachrücken und der durch diese Wirbelsäulenform eingeschränkten Abfederung von Kräften ist besonders auf ein Vermeiden von stauchenden Bewegungsabläufen sowie auf eine besonders angepaßte Dämpfung des Schuhmaterials zu achten.

Grundsätze bei vorrangiger Belastung der Knie- und Sprunggelenke

Das Kniegelenk, und hier insbesondere die Kniescheibenrückseite, ist häufig geschädigt oder schmerzhaft.

- Die Kniegelenkknorpel (Meniski, gelenkflächenüberziehender Knorpel) dürfen keiner länger andauernden statischen Druckbelastung ausgesetzt werden. Ebenso schädlich sind hohe Druck-Abscher-Kräfte.

- Tiefkniebeugen sollten nur dort zum Einsatz kommen, wo ihre Durchführung zur sportlichen Technik oder zur Leistungsentwicklung in einer Sportart einen wesentlichen Faktor der Leistungsentwicklung bildet. Durch die umfangreiche Verschiebung der Menisken bei einer solchen Technik sind diese dauernden Belastungen ausgesetzt, die sich mit der Zeit zu einem wesentlichen Schaden ausweiten können.
  Beispiel: Entengang. Am Beispiel «Entengang» in einem Fußballtraining, das in vielen Fußballklubs noch immer Inhalt der Aufwärmarbeit ist, kann dieser Unsinn belegt werden. Die Menisken werden durch die Gelenkknorren (Kondylen) des Oberschenkels während der starken Beugung zwangsweise bewegt, wobei der äußere Meniskus einen größeren Weg zurücklegt als der verletzungsanfälligere innere Meniskus. Rotationen beanspruchen die Menisken zusätzlich. Der Druck auf die Kniescheibenrückseite erreicht höchste Werte. Während eines Fußballspiels kommen jedoch keinerlei ähnliche Bewegungsabläufe wie dieser weitverbreitete Trainingsinhalt vor, er wirkt somit nur gefährdend, aber nicht leistungssteigernd.

- Vor kniebelastenden Trainingsinhalten wird der Knorpel durch intermittierende Druckbelastungen vorbereitet. Der Knorpel hat eine geringere Stoffwechselgeschwindigkeit als z.B. die Muskulatur. Unter Berücksichtigung dieser Kenntnis muß das Aufwärmen und Vorbereiten des Gelenks länger dauern als das Aufwärmen der Muskulatur.

- Die Kniegelenke werden nach Abschluß des Trainings durch lockeres Auslaufen, Schwimmen oder Fahrradfahren entlastet. Sitzen auf einer Tischkante und die Beine unter Vermeidung muskulärer Anspannung für drei Min. baumeln lassen fördert das Einströmen der knorpelernährenden Substanzen. Die gleichen Grundsätze gelten auch bei Belastungen der Sprunggelenke.

- Mit der Verlagerung des Körpers nach vorn (ventral) wirken geringere Kräfte auf die Kniescheibenrückseite und erhöhte Kräfte im Lendenwirbelsäulenbereich und umgekehrt. Es erfolgt also immer eine Entlastung eines Körperareals zugunsten eines anderen Areals. Hier kann nur entsprechend der individuellen Situation ein Kompromiß angestrebt werden.

Ausgewählte Schäden und Probleme am Bewegungsapparat

Wirbelsäule (Haltungs-, Stellungs- und Formfehler)

Die Haltung ist nicht nur Ausdruck des körperlichen Zustandes, sie ist darüber hinaus Ausdruck der Persönlichkeit. Es gibt also keine Haltung für alle, sondern nur die richtige Haltung für den einzelnen, sie verändert sich im Verlaufe des Lebens. SCHMIDT (1987) spricht von einem Haltungsfehler, wenn eine gewohnheitsmäßige Abweichung von der Normalhaltung durch aktive Muskelanspannung ausgeglichen werden kann. Ein Stellungsfehler liege dann vor, wenn durch aktive Muskelanspannung die Normalhaltung nicht mehr erreicht werden kann, dies aber durch passive Nachhilfe möglich ist und das Röntgenbild normale Skelettverhältnisse aufweist.

Skoliose

In unserem Themenzusammenhang ist nur die statische Skoliose sowie die posturale Skoliose (Haltungsschwäche) von Interesse.

Die *statische* Skoliose ist dadurch gekennzeichnet, daß der eigentliche pathologische, krankhafte Faktor nicht in der Wirbelsäule selbst liegt, sondern auf einem Schiefstand ihrer Basis beruht. Der geübte Blick eines Trainers, aber auch die intensive Selbstbeobachtung, beispielsweise vor einem Spiegel, kann bei größeren Schiefständen schon aufschlußreich sein. Wenn es sich um eine echte Beinverkürzung handelt (und nicht etwa um eine Kontraktur der Kniebeuger oder Fußstrecker), dann läßt sich eine Korrektur der Wirbelsäulenfehlstellung durch einen Längenausgleich leicht herstellen.

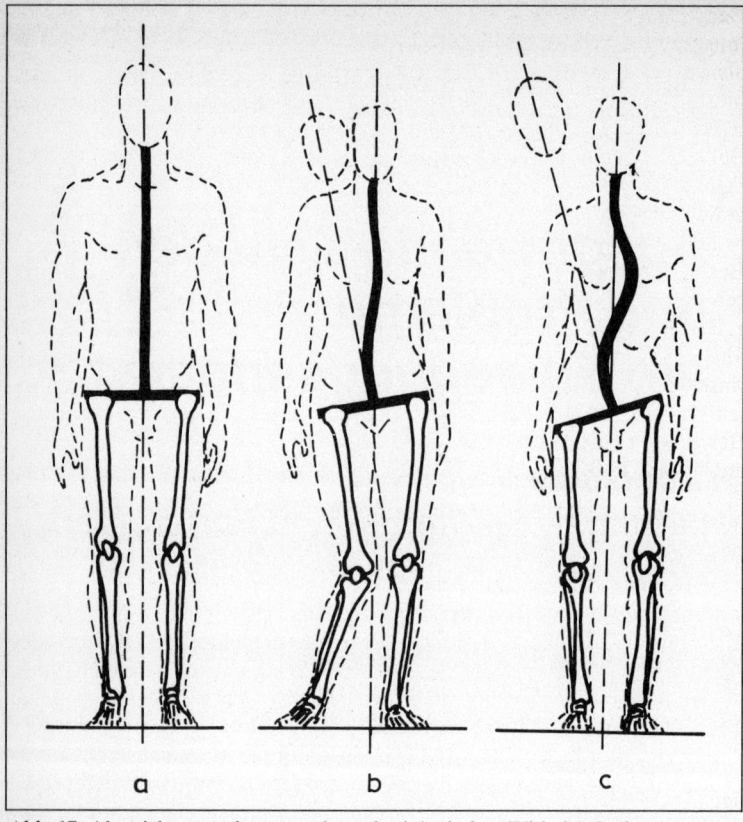

Abb. 17: Abweichungen der normalen, physiologischen Wirbelsäulenkrümmungen in frontaler Richtung (Richtung der Stirnebene, von links nach rechts) a = normale Haltung, b = scheinbare Skoliose infolge bequemer Körperhaltung, c = echte Skoliose (verkürztes rechtes Bein) (nach TITTEL; aus KUHN 1981, 86)

Alle Formen der Skoliose, auch die statische, stellen nicht nur eine isolierte Seitwärtsverbiegung dar, sondern zeigen auch eine leichte Rotation. Nach Verordnung eines Beinlängenausgleichs kann sich bald Beschwerdefreiheit einstellen, bewährt hat sich eine parallele krankengymnastische Beübung, um die Strukturen zu unterstützen, die an der Neueinstellung beteiligt sind.

Als *posturale* Skoliose wird eine Haltungsschwäche bezeichnet, die mit Brustkyphose, vertiefter Lendenlordose und vermehrter Beckenkippung nach vorn einhergeht, die durch zusätzliche Abweichungen in der Frontalebene ergänzt werden.

Besonders häufig sind diese Formen der Kyphose in der Zeit der Einschulung zu finden, wenn die Zunahme der Körpergröße und der Muskelkraft als aktiver Wirbelsäulenstabilisator nicht parallel einhergehen, es fehlen hier jedoch Rotationsverbiegungen. Die posturale Skoliose ist aktiv und passiv jederzeit korrigierbar.

Bei der Entstehung der posturalen Skoliose spielen Vererbungs- und Anlagefaktoren, Umweltbedingungen, Gewohnheitshaltungen, Gewichtsverlagerungen, asymmetrische sportliche Ausbildung sowie die Tonisierung der Rumpf- und Extremitätenmuskulatur eine Rolle.

Besonders häufig werden leichte Skoliosen bei Sportlern beobachtet, deren Sportart asymmetrische Bewegungen und Krafteinsätze erfordert, z. B. bei Tennis- und Squashspielern oder Diskus- und Speerwerfern. Die Skoliose wurde durch die spezifische, sportliche Tätigkeit erworben. Gering ausgeprägte Skoliosen verursachen nur selten Beschwerden, sie stellen keinen Grund dar, von sportlichen Aktivitäten abzuraten.

Bei Beschwerden ist ausgleichende Gymnastik bzw. Krankengymnastik angezeigt. Die Kräftigung des muskulären Korsetts und die damit verbundene Unterstützung der statischen Funktionen (Haltung, Fixierung) und dynamischen Funktionen (Bewegung, Führen der Bewegungen) kann die Beschwerden beseitigen.

Lordosen und Kyphosen

Das sogenannte Hohlkreuz ist die häufigste Fehlhaltung der Wirbelsäule (Abb. 18). Es führen verschiedenste Faktoren zur Fehlstellung, neben Faktoren der Vererbung können dies sportartspezifische Einflüsse (Turnen, Sportgymnastik) oder sonstige, alltägliche Umwelteinflüsse sein. Bewegungsarmut, zu langes Sitzen in Schule und Beruf sowie technische Hilfen für jede Art der körperlichen Arbeit führen zur Verstärkung des Hohlkreuzes.

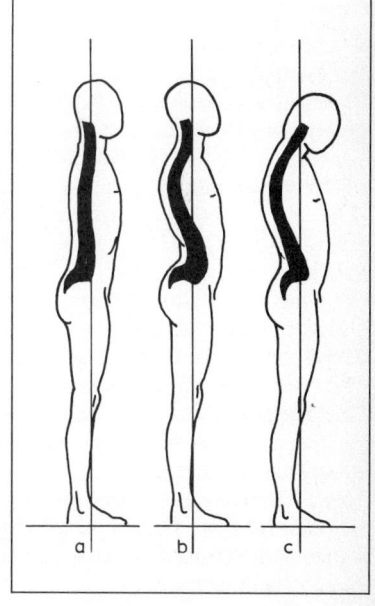

Abb. 18: Abweichungen von den normalen, physiologischen Wirbelsäulenkrümmungen in sagittaler Richtung (von vorn nach hinten)
a = flacher Rücken, b = hohler Rücken, c = runder Rücken (nach Tittel; aus Kuhn 1981, 84)

Abb. 19

Durch die Fehlhaltung werden vorzeitige Abnutzungserscheinungen an den Wirbelkörpern und den Bandscheiben ausgelöst, es kommt zu Reizungen der austretenden Nerven. Schmerzhaftigkeit ist die Folge. Durch den notwendigen Ausgleich des Hohlkreuzes sind Fehlstellungen in anderen Wirbelsäulenabschnitten zu beobachten wie eine verstärkte Kyphose im Brust- und Halswirbelsäulenbereich.

Durch die alltägliche, berufsbedingte, am Beispiel der Sekretärin sehr gut sichtbare einseitige Haltung kommt das Symptom des sogenannten Bürorückens zustande. Er ist gekennzeichnet durch eine stark verspannte Schulter- und Nackenmuskulatur, deren Kraft nicht ausreicht, eine physiologisch richtige Haltung über den gesamten Tag zu gewährleisten. Die Schulter ‹fällt› nach unten, die Schulter-Nacken-Muskulatur versucht, die ursprüngliche Haltung ‹krampfhaft› einzuhalten. Wegen ihrer Schwäche verkrampft die Muskulatur, und es treten Verspannungen als Folge der Schwäche und der einseitigen Tätigkeit auf.

Flachrücken
Während die normale, doppel-S-förmige Wirbelsäulenform vertikale Kraftstöße beim Gehen, Laufen und Springen elastisch abpuffert, ist dieser Mechanismus beim sogenannten Flachrücken nicht oder nur eingeschränkt möglich. Er puffert fast ausschließlich über die elastischen Bandscheiben die Drücke ab. Es kommt zu frühzeitigen Verschleißerscheinungen und Schmerzen.

**Blockierungen und Lockerungen von Wirbelsegmenten
(Hypo- und Hypermobilität)**

Hypomobilität

Einschränkungen in der Beweglichkeit werden als Hypomobilität bezeichnet. Im Bereich der Wirbelsäule können Einschränkungen zwischen zwei oder mehreren Bewegungssegmenten vorliegen. Da es keine Normwerte der Beweglichkeit gibt, können diese Bewegungseinschränkungen nur individuell anhand der Beweglichkeit gegenüber den Nachbarsegmenten beurteilt werden. Einschränkungen der Beweglichkeit verlaufen vielfach beschwerdefrei.

Die durch die Bewegungseinschränkung hypermobilen, vermehrt beweglichen Nachbarsegmente verursachen häufig Probleme. Die sogenannte Gefügelockerung oder gar Wirbelverschiebungen sind fast ausschließlich in der Nachbarschaft von gestörten Bewegungssegmenten zu finden.

Bewegungseinschränkungen durch die Blockierung von Wirbelsegmenten sind vom Arzt/Therapeuten sofort einer Behandlung zuzuführen. Unbehandelt können sie zu sekundären Bandscheibenschädigungen führen. Durch das eingeschränkte Gelenkspiel ist die ernährende Diffusion (Durchsaftung) der Bandscheiben gestört, die Ernährung eingeschränkt und Schäden sind vorgezeichnet.

Bei schweren Bewegungseinschränkungen (z. B. Ankylose, ‹Altersbukkel›) können Bewegungsübungen ein weiteres Fortschreiten der Bewegungseinschränkung hemmen. Diese Patienten gehören in die Hände eines erfahrenen Diagnostikers bzw. Therapeuten. Bei nur wenig eingeschränkter Beweglichkeit und dem vorherigen Ausschließen von Wirbelblockierungen, wobei die kleinen Wirbelgelenke besonders häufig betroffen sind, kann durch *aktives* Durchbewegen der Wirbelsäule eine wesentliche Funktionssteigerung erzielt werden. Voraussetzung hierfür ist eine intakte Muskulatur, die eine normale Länge aufweist und genügend Kraft und Ausdauer besitzt, um die durchzuführenden Bewegungen über den gesamten Bewegungsraum (-bahn) führen und stabilisieren zu können.

Vor Aufnahme eines sportlichen Übungsprogramms ist also immer erst die Frage nach einer Schädigung der Bandscheibe oder einer sonstigen Gelenkstörung zu klären. Wird bei ungeklärter, schmerzhafter Hypomobilität die Wirbelsäule unkritisch beübt, dann kann es zu Lockerungen der Nachbarsegmente und zeitlich später folgenden Schäden kommen. Insbesondere sind Spaltbildungen im Zwischengelenkstück, dessen Anatomie Drehbewegungen der Wirbelsäule einschränken soll, sowie Wirbelgleiten zu nennen.

Übungen zur Mobilisierung und Stabilisierung der Wirbelsäule finden sich auf S. 144–187. Beim Durchführen dieser Übungen ist in erster Linie auf eine exakt koordinierte Ausführung zu achten, erst anschließend sind Umfangs- und Intensitätssteigerungen vorzunehmen.

Hypermobilität

Hypermobilität der Wirbelsäule bedeutet, daß eines oder mehrere Wirbelsäulensegmente in ihrem Bewegungsausmaß vergrößert sind. Hypermobilität geht häufig mit Schmerzen einher, sie können jedoch auch völlig ausbleiben, besonders bei konstitutioneller Hypermobilität.
Lokalisiert sind hypermobile Segmente häufig in den Übergangsregionen. Schmerzen aufgrund hypermobiler Segmente treten überwiegend in den beweglicheren Zonen der Wirbelsäule auf. Die Störungen bei Hypermobilität können bis zum Wirbelgleiten führen. Wirbelgleiten (vgl. Abb. 21) entsteht meist in der Nachbarschaft von hypomobilen oder blockierten Segmenten. Besonders häufig ist diese Störung am Übergang von C 4 zu C 5 und von C 5 zu C 6 sowie von L 4 zu L 5 und L 5 zu S 1 (C = Cervikalwirbel, L = Lendenwirbel, S = Sakralwirbel) zu finden. In Kombination liegt häufig eine hypertone Verspannung und Verkürzung (Kontraktur) der umgebenden Rückenmuskulatur als Schutz vor weiterer, schmerzhafter Verschiebung vor.

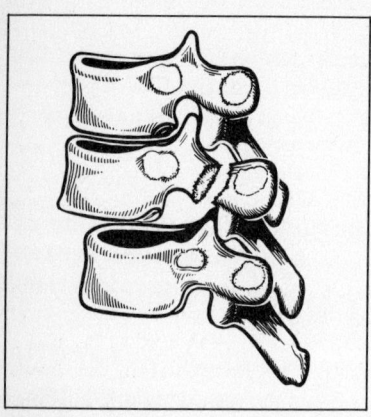

Abb. 20:   Wirbelkörpergleiten   (Hinrichs 1986, 185)

Verspannungen der Muskulatur können ebenso Hinweise auf eine defekte, zermürbte Bandscheibe oder Wirbelblockierungen sein.

Stabilisierung hypermobiler Wirbelsäulen (-abschnitte)

Neben den passiven Maßnahmen der Verbandstechniken und des Korsetts, die hier nicht dargestellt werden, sind zur Stabilisierung hypermobiler Wirbelsäulensegmente aktiv-funktionelle Übungen einsetzbar. Sie dienen der Autostabilisierung (Selbststabilisierung) durch Minderung der Gelenkbeweglichkeit und den Gewinn an koordinativer und muskulärer Kontrolle.

Erreicht werden diese Verbesserungen durch eine Erhöhung der Muskelkraft und Muskelkraftausdauer sowie koordinativer Kontrolle während alltags- und sportmotorischen Bewegungsführungen. Beim Üben müssen Überstreckungen ins Hohlkreuz, hohe Zusatzbelastungen, falsche Techniken (vgl. Abb. 21) und stauchende Bewegungen durch Sprünge und falsche Bodenbelagswahl vermieden werden.

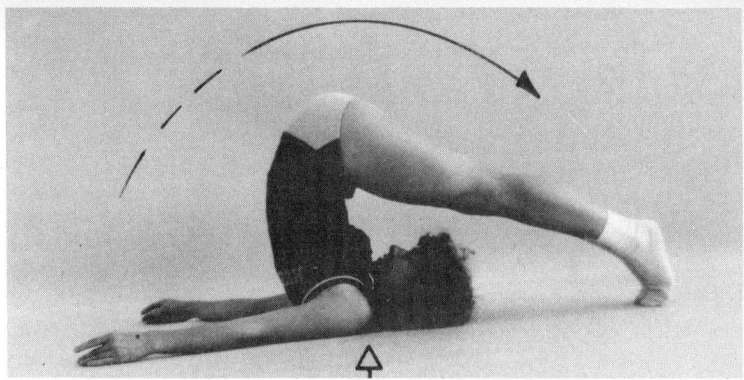

Abb. 21: Rollbewegung rückwärts zur Dehnung und Mobilisation (KNEBEL 1985, 189)
Kritik: Überdehnung des hinteren Längsbandes der Wirbelsäule
Begründung: Ganze Körperlast wirkt in Fehlhaltung auf den cervico-thorakalen Übergang (Halswirbelsäule/Brustwirbelsäule).

Da ein Mitbewegen der schmerzhaften und/oder hypermobilen Segmente weitgehend vermieden werden soll, müssen Ausgangsstellungen eingenommen werden, die dies verhindern. Im Vordergrund steht die Kräftigung der kurzen, gelenknahen Muskulatur. Eine kräftige Muskulatur stabilisiert die hypermobilen Segmente. Es wird auf die Übungsformen zur Autostabilisation verwiesen (S. 152–187).

Bandscheibenschaden/Bandscheibenschmerzen
Den Bandscheibenschaden gibt es nicht. Es kommen viele Faktoren spontaner, traumatischer oder dauernder, chronischer Schädigungen in Betracht. Schmerzhaft ist auch nicht ‹die Bandscheibe›, sondern Nerven, die durch abnorme Beweglichkeit der Wirbelgelenke, der Bandscheibe oder durch degenerative Veränderungen, die unter anderem zu einer Verringerung des Gelenkspalts führen können, gereizt werden. Der Faserring kann verschleißen und der Gallertring der Bandscheibe austreten und auf die Nerven (Rückenmark) drücken. Wenn die Schmerzen vom Rücken in eines oder beide Beine ausstrahlen, spricht man von Ischiasbeschwerden.
Bandscheibenschäden müssen, zumindest in beginnenden Stadien, nicht mit Schmerzen einhergehen. Ein Bandscheiben*vorfall* ist jedoch immer sehr schmerzhaft und mit folgender Bewegungseinschränkung verbunden (Schonhaltung). Vorfälle können im Alltag und während des Sporttreibens von unbedeutend erscheinenden Anlässen ausgelöst werden, aber auch und vor allem beim Heben schwerer Lasten mit falscher Hebetechnik (vgl. Abb. 2, S. 24 und Abb. 15/16, S. 83).

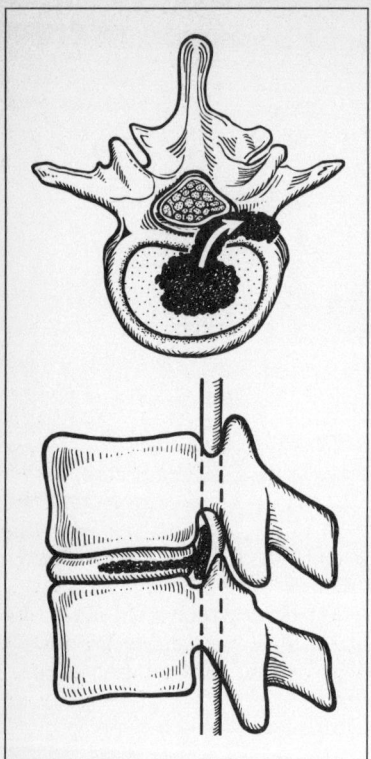

Nach einem Bandscheibenvorfall muß sofort Ruhe eingehalten und der Arzt konsultiert werden. Eine Lagerung in der «Psoasposition» (Abb. 23) bringt häufig Linderung.

Wenn die Akutphase abgeklungen ist und der Arzt grünes Licht gegeben hat, dann gilt es, die schmerzbedingt atrophierte Rumpfmuskulatur aufzutrainieren. Das Training hat mit schonenden, den Lendenwirbelsäulenbereich nicht belastenden Übungen zu erfolgen. Es stehen Übungen zur Autostabilisation im Vordergrund (S. 152–187).

Um einen erneuten Vorfall schon im Vorfeld zu vermeiden, sind die gewohnten alltags- und sportmotorischen Bewegungsabläufe auf Gefahren der Traumatisierung zu prüfen und Veränderungen an den Techniken zu besprechen und einzuüben.

Abb. 22: Bandscheibenvorfall
(HINRICHS 1986, 189)

Abb. 23: «Psoasposition»

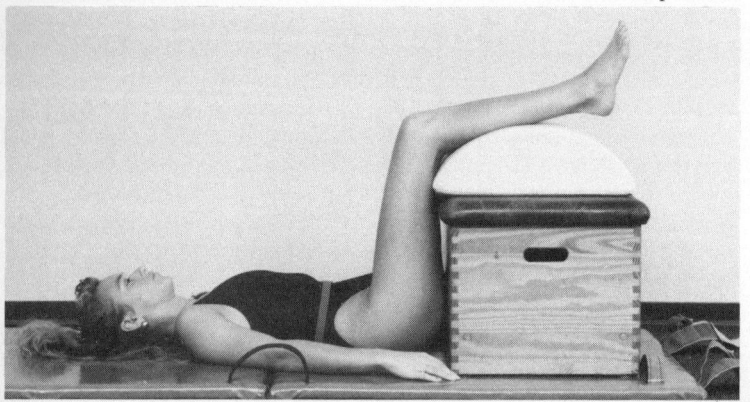

Schädigende und für die sportliche Betätigung nicht unbedingt notwendige Techniken sollten vermieden werden, und falls nicht anders möglich, muß zum Sportartwechsel geraten werden.

Die beste Vorbeugung bzw. Kompensation zur Verminderung von traumatisierenden Kräfteeinwirkungen stellt die Stärkung des Muskel- und Bandapparates dar. Es sind hierbei die unterschiedlichen Adaptionszeiten der Gewebstypen zu beachten.

Verletzungen der Kniegelenke

Diagnose und Behandlung der Knie- und Sprunggelenkverletzungen bleiben dem Arzt vorbehalten. Dieser Abschnitt soll jedoch den Sportler in die Lage versetzen, Verletzungen der Knie- und Sprunggelenke mit größerem Verständnis in Zusammenhängen zu sehen.

Das am stärksten belastete menschliche Gelenk ist das Kniegelenk. Muskelkräfte und Körpergewicht üben auf das Kniegelenk Kräfte (Drehmomente) aus, die um ein Vielfaches höher werden können als in anderen Gelenken. Beinachsenfehler können diese Kräfte verstärken und begünstigen Schäden (Prädisposition). X-Beinstellungen vergrößern den Druck im äußeren Teil des Kniegelenks, O-Beinstellungen im inneren Teil (vgl. Abb. 24). Entsprechend muß das Training gesteuert werden, bei X-Beinstellungen, dem sogenannten Genu valgum, ist eine besondere Kräftigung der äußeren muskulären Zuggurtung angezeigt, bei einer O-Beinstellung, dem sogenannten Genu varum, gilt das Umgekehrte.

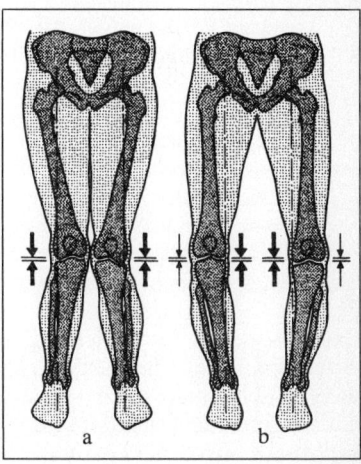

Abb. 24: Krankhafte Veränderungen der Beinachse (SCHMIDT 1987, 131) a: X-Bein (Genu valgum), Überlastung der äußeren Gelenkflächen von Oberschenkel und Schienbein und des äußeren Meniskus, Dehnung des inneren Seitenbandes; b: O-Bein (Genu varum), Überlastung der inneren Oberschenkel- und Schienbeingelenkflächen und des inneren Meniskus, Dehnung des äußeren Seitenbandes.

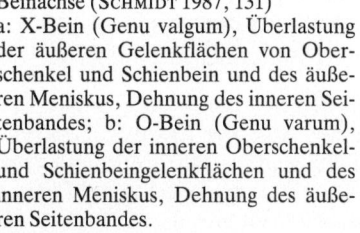

Degenerative Gelenkerkrankungen (Arthrose und Chondropathie patellae) betreffen viele Sportler und schränken sie durch auftretende Schmerzen in ihrer Leistungsfähigkeit ein. Degenerative Gelenkerkrankungen können durch Achsenfehler (vgl. oben) oder/und Stellungsfehler (z. B. der Kniescheiben) und daraus resultierenden Fehlbelastungen entstehen. Ebenso kann die Entfernung der Menisken, die nachfolgende Lockerung des Bandgefüges sowie die durch die Meniskusentfernung eingeschränkte Verteilung der knorpelernährenden Flüssigkeit zur (sekundären) Arthrose führen.

Es ist selten, daß eine Verletzung nur eine Struktur betrifft, da alle Strukturen des Kniegelenks in einem mehr oder weniger engen Funktionszusammenhang stehen.

Der innere Meniskus ist häufiger von Verletzungen betroffen als der äußere Meniskus. Er ist unter anderem mit der Kapselwand und dem inneren Seitenband verwachsen und dadurch in seiner Beweglichkeit eingeschränkt. Dies führt zu größerer Verletzungsanfälligkeit gegenüber dem freier beweglichen äußeren Meniskus. Isolierte Verletzungen des inneren Meniskus sind wesentlich seltener anzutreffen als beim äußeren Meniskus. Die Kapsel, das innere Seitenband und auch das vordere Kreuzband sind nicht selten mitbetroffen. In solchen Fällen wird von einer komplexen Verletzung gesprochen.

Verletzungen der Sprunggelenke

Die häufigste Form der Verletzung im Bereich der Sprunggelenke ist das sogenannte Supinationstrauma (Inversionstrauma), ein Nach-außen-unten-Wegknicken des Fußes (Abb. 25). Bei einer solchen Verletzung ist häufig nur das vordere Band zwischen Waden- und Sprungbein betroffen (70 %), seltener sind alle Bänder komplett zerrissen. Zerreißungen der Bänder des inneren Knöchels sind weit weniger häufig. Sie werden durch von der Außenseite angreifende Gewalt und dadurch bedingtes inneres Wegknicken des Fußes (Pronation) verursacht. Zusätzliche oder kombinierte Verletzungen wie knöcherne Ausrisse der Bandansätze sowie Verletzungen der Knorpelflächen sind nicht selten. Eine sofortige sorgfältige ärztliche Diagnose ist einzuholen.

Prädispositionen für Verletzungen im Bereich der Sprunggelenke sind Beinachsenfehler (meist im Varussinne), schlechte Ausrüstung (Schuhwerk einseitig abgelaufen), äußere Bedingungen (Unebenheiten) sowie ein mangelhafter Trainingszustand. Die das Gelenk umgebende Muskulatur ist ein wesentlicher Faktor der Gelenkstabilität. Ist die muskuläre Führung und Stabilisierung des Gelenks nicht ausreichend und beispielsweise gegen Ende eines Wettkampfs nicht mehr vollständig gewährleistet, dann steigt die Gefahr einer Verletzung stark an.

Bis vor wenigen Jahren wurde nach der Operation eine mehrwöchige Ruhigstellung im Gipsverband vorgenommen. Heute werden vielfach Spezialschuhe verwendet, die die ungewollte Ein- und Auswärtsbelastung des Fußes (Supination und Pronation) weitgehend einschränken, Beugung und Streckung ist in geringem Ausmaß möglich. Es scheint eine Vergleichbarkeit hin-

Abb. 25: Supinationstrauma (Inversionstrauma)

sichtlich des klinischen Ergebnisses bei der Anwendung der Behandlungsmethoden (Gips bzw. Spezialschuh) zu bestehen. Vorteile bringt dieser Schuh jedoch dadurch, daß er für den Patienten angenehmer als ein Gips ist und ihm ermöglicht, ein angepaßtes Training zu absolvieren. Nach Abschluß der Ruhigstellung sind die Funktionseinschränkungen bei erfolgter Behandlung mit dem Spezialschuh wesentlich geringer, er kann während der ersten Laufeinheiten als stabilisierendes Hilfsmittel eingesetzt werden.

Muskelverletzungen

Muskelkater

Muskelkater kann verschiedene Ursachen haben:
- sportliche Betätigung nach langer Pause,
- ungewohnte, neue Bewegungsdurchführungen,
- besonders starke, intensive oder ungewohnt umfangreiche Belastung,
- negativ-dynamische Kräfte (Bergablauf, Abbremsen nach Kastensprung u. a.).

Die Ursachen auf Zellebene für den Muskelkater werden kontrovers diskutiert, es werden Milchsäureansammlungen (Stoffwechselstörung), hohe Spannungsentwicklung und daraus resultierende mechanische Schädigungen sowie kombinierte Ursachen diskutiert. Muskelkater äußert sich durch Schwellung, durch entzündungsähnliche Schmerzen, Druckempfindlichkeit, Schmerzen während der Bewegung und verminderte Kraftentwicklung.

Die Behandlung von Muskelkater wird entsprechend den verschiedenen Entstehungshypothesen ebenfalls kontrovers diskutiert. Es bietet sich der Einsatz der Mittel und Methoden an, die sich aus Erfahrung als wirksam erwiesen haben:
- Wärme (Sauna) im abklingenden Stadium,
- Schwimmen (Thermalbad),
- feuchte Umschläge,
- Einreibungen mit Franzbranntwein,
- vorsichtige Dehnungen,
- leichte positiv-dynamische Muskelarbeit (Laufen, Radfahren, Schwimmen),
- Zufuhr von Mineralsalzen (Elektrolytgetränke),
- Verabreichung von entzündungshemmenden Medikamenten (Antiphlogistika).

Im Frühstadium bei bestehender Schmerzhaftigkeit ist Massage absolut verboten, es könnten erneute, mechanische Schäden gesetzt werden. Erst wenn der Schmerz abgeklungen ist, ist Massage ein positiv wirkender Faktor in der Wiederherstellung.

Vorbeugende Maßnahmen
- Dosierte Belastungssteigerung im Trainingsprozeß
- Keine unnötig hohen Übersäuerungen durch Training herbeiführen (extremes Schnelligkeitsausdauertraining)
- Vorsichtiger, dosierter und gut vorbereiteter Einsatz von negativ-dynamischen Trainingsformen (Bergabläufe, Sprünge vom Kasten)
- Auslaufen (Ausspielen) nach dem Training und Wettkampf
- Anwendung physiotherapeutischer und balneologischer Maßnahmen vor und nach Training und Wettkampf

Muskelhärten (Myogelosen)

Myogelosen sind Verhärtungen der Muskulatur, die rundlich-oval und strangartig in Verbindung mit Druckschmerzhaftigkeit auftreten können. Die Ursachen können vielfältig sein. Im Alltag kommen als Ursache monotone und gleichartige Arbeiten (Sekretärin, Autofahrer) in Betracht, im Sport einseitige Techniken und Bewegungsabläufe wie beim Speerwurf und Tennisspiel. Myogelosen können ebenfalls auf eine Funktionsstörung des von der verhärteten Muskulatur umspannten Gelenks hinweisen. Besonders bei immer wiederkehrenden Muskelhärten ist dieser Hinweis zu beachten und vom Arzt diagnostisch zu klären.

Wenn Muskelhärten spontan auftreten oder reaktiv auf vorangegangene Belastung auftreten, dann können Stoffwechselanhäufungen die Ursache sein. Treten sie über längeren Zeitraum therapieresistent auf, dann müssen degenerative Veränderungen in den umgebenden Strukturen der Gelenke und der Wirbelsäule in Betracht gezogen werden. Weitere Abhängigkeiten bestehen auch zwischen emotionaler Belastung (Dysstress) und der Ausbildung von Myogelosen. Sie begünstigen durch eingeschränkte Dehnfähigkeit und Koordinationsleistungen Verletzungen der Muskulatur.

Die Behandlung von Myogelosen schließt alle Möglichkeiten der Physiotherapie wie Massage, Wärme, Hydro- und Elektrotherapie mit ein. Aus dem aktiven Maßnahmenbereich kommen Dehnung, Lockerung, Kräftigung und aktive Entspannungstechniken zum Einsatz. Alle diese Maßnahmen sollten dem erfahrenen Physiotherapeuten (Krankengymnasten) vorbehalten sein.

Muskelüberdehnung

Die obengenannten Muskelverletzungen sind im ‹klassischen› Sinne keine Verletzung, da nicht unbedingt eine von außen wirkende Kraft beteiligt sein muß.

Muskelüberdehnungen werden häufig als Muskelzerrung fehlgedeutet (MÜLLER-WOHLFAHRT/MONTAG 1985). Es liegt eine Störung im Muskeltonus vor. Erkennbar wird dies an dem veränderten Spannungszustand der Muskelfasern. Die Störung ist im neurophysiologischen Bereich, also der Steuerung des Muskels seitens des Nervensystems, zu vermuten.

Der Sportler spürt anfangs meist nur ein Unbehagen, Spannungsgefühl, Ziehen. Mit Fortführung der Belastung wird das Unbehagen immer mehr zum Schmerz. Um die Stelle des Schmerzes herum wird ein ‹krampfartiges Verspannen› der Muskulatur spürbar, die sportliche Betätigung muß abgebrochen werden. Der Sportler ist der festen Überzeugung, sich «gezerrt» zu haben. Das ist nicht richtig. Im Gegensatz zur tatsächlichen Zerrung (Symptomatik S. 101) kann der Sportler in wenigen Tagen wieder voll belastet werden, die meisten diagnostizierten ‹Zerrungen› sind nichts anderes als Überdehnungen ohne Zerreißungen auf Zellebene.

Im Gegensatz zur tatsächlichen Muskelzerrung bzw. dem Muskelfaserriß (Differentialdiagnostik) ist keine Kontinuitätsunterbrechung zu tasten, es besteht kein lokal abgrenzbarer, punktueller Schmerz, kein Hämatom, kein Entzündungszeichen, keine Verklebung, keine Schwellung, keine Bewegungsstarre, keine Narbenbildung im Verlauf des Heilungsprozesses. Im Gegensatz zum Faserriß finden sich sogenannte Zerrungen (Muskelüberdehnungen, d. V.) meist im Bereich des Muskelbauches und nicht wie beim Faserriß überwiegend im Bereich des Muskelsehnenübergangs, also in einer Zone mit schlechter Blutversorgung und -entsorgung (vgl. MÜLLER-WOHLFAHRT/MONTAG 1985).

Manche Autoren (HOWALD 1980) bezeichnen die Muskelzerrung und den Muskelfaserriß nur als graduelle Steigerung des Muskelkaters: «...sind die Begriffe (Muskelkater), Muskelüberdehnung, Muskelzerrung und

Muskelfaserriß gleichartige pathologisch-anatomische Zustände unterschiedlicher Ausdehnung und Ausprägung. Je nach Einstellung des Behandlers, aber auch in Abhängigkeit von der Reaktion des Betroffenen auf Schmerz ist die entsprechende Interpretation» (GROHER 1985).

Die Aussage GROHERS bedeutet nichts anderes, als daß der Sportler, aber auch der Behandler (Arzt, Physiotherapeut) mangels objektiver Meßmethoden nicht genau sagen kann, welche Art von Schaden denn nun tatsächlich vorliegt. Reagiert der Sportler sensibel auf die Untersuchungstechniken (Palpation, Funktionsprüfung), dann kommt der Arzt eher zu der Überzegung, einen Muskelfaserriß anzunehmen, reagiert der Sportler nicht besonders sensibel, neigt der Arzt eher zu einer weniger schwerwiegenden Diagnose (Muskelzerrung).

Als Anmerkung sei auf die Möglichkeit verwiesen, Muskelverletzungen über aufwendige Untersuchungsmethoden weitgehend zu objektivieren. Insbesondere die Bestimmung der Enzymaktivitäten des Eiweißmetabolismus läßt qualitative und quantitative Rückschlüsse auf die Schwere der Verletzung zu.

In der Tabelle werden Möglichkeiten der Therapie bei Muskelüberdehnungen genannt. Die medikamentöse Therapie bleibt auch hier dem Arzt vorbehalten, die physikalische dem Physiotherapeuten. Der Sportler kann Kälte und später Wärme selbst anwenden sowie vorsichtig vorher mit dem Therapeuten eingeübte Dehntechniken einsetzen. Vorsichtiges Anspannen und folgendes Dehnen entspannt (detonisiert) den betroffenen Muskel merklich. In wenigen Tagen wird der Sportler wieder voll belastbar sein.

Muskeldehnung

Therapie	1.–3. Tag	4.–7. Tag
Medikamentös		
a) Analgetika	+	+
b) Antiphlogistika	+	+
c) Sonstige		
Physikalisch		
a) Kälte	+ + +	+
b) Wärme	– – –	+
c) Elektrotherapie	+ + +	+ +
d) Massagen	– – –	+ + +
e) Bewegungstherapie	+	+ +
f) Funktionelle Verbände	+ + + Komprimieren	+ +
g) Unterstützende Maßnahmen (Bandagen etc.)	– – –	– – –

Vorbeugen...

...ist nicht nur beim Sport Voraussetzung für körperliche und geistige Leistungsfähigkeit und Ausdauer.

Pfandbrief und Kommunalobligation

Meistgekaufte deutsche Wertpapiere - hoher Zinsertrag - bei allen Banken und Sparkassen

Verbriefte  Sicherheit

Muskelzerrung und Muskelfaserriß

Eine Muskelzerrung bedeutet, daß ein Gewebeschaden vorliegt. Einzelne Zellen (Muskelfasern) sind durch das Überschreiten ihrer Belastbarkeit zerstört. Die graduelle Steigerung stellt der Muskelfaserriß dar, hier sind größere Anteile der Muskulatur, ganze Muskelfaserbündel, zerstört.

Der Sportler spürt ein *spontanes* Ziehen, einen heftigen Schmerz, er nimmt sofort eine Schonhaltung ein, die sportliche Betätigung muß abgebrochen werden.

Der Arzt kann eine minimale Kontinuitätsunterbrechung tasten oder gar eine Delle bei einem schwerwiegenden Schaden (Muskelfaserriß). Wenn der Arzt nicht sofort zur Verfügung steht, können diese Symptome durch ‹Einbluten› in den verletzten Bereich selbst für den Geübten nicht mehr klar ertastbar sein.

Dem Sportler muß klar sein, daß in dem verletzten Bereich eine außen nicht sichtbare Wunde entstanden ist, die dem Ablauf aller Wundheilungsvorgänge gesetzmäßig unterworfen ist; die starke Durchblutung ist jedoch eine hervorragende Ausgangsbedingung für eine schnelle Heilung.

Phasen der Wundheilung

1. *Latenz- (katabole) Phase* (1.–3. Tag)

   Sie ist gekennzeichnet durch eine vermehrte «Gefäßdurchsaftung» als Voraussetzung für die Wundheilung (Zellwachstum). Abfallprodukte werden abtransportiert, Enzymsysteme aktiviert.

2. *Proliferationsphase* (Sprossung, Wucherung) (4.–7. Tag)

   In dieser Phase vermehren sich die Zellen, untergegangene Zellen werden ersetzt. Als Baustoffe werden die in den Zellen gespeicherten, aber auch die vom Blut antransportierten Baustoffe verwendet, die Zellen beginnen sich entsprechend ihrer späteren Funktion auszudifferenzieren.

3. *Reparative Phase* (ab 8. Tag)

   «Die reparative Phase ist im allgemeinen mit dem 14. Tag abgeschlossen» (LEHNHART 1986). Durch Bewegungstherapie (vgl. Abb. 48) und erste Trainingsreize ohne ruckartige dynamische Bewegungen (Starts und Stopps, Sprünge) werden die neu gebildeten Zellen (Muskelzellen) in ihre künftige Funktion eingeführt. Die Bewegungsreize begünstigen die Ausrichtung und -differenzierung der Muskelzellen entsprechend ihrer künftigen Funktion, besondere Beachtung muß der Wiederherstellung der nervösen Steuerung geschenkt werden. Dies geschieht einmal durch spezielle Techniken der Krankengymnastik (Ketten-Muskelschlingentraining, Proprizeptive Neuromuskuläre Fazilitation, Dehntechniken), aber auch durch vorsichtig dosiertes Koordinationstraining

(Techniktraining). Nach einer Muskelverletzung steht der (Wieder)-Erwerb der sportlichen Technik ohne hohe Krafteinsätze (Intensitäten) und allzu großen Umfang (Ermüdung!) im Vordergrund. Der Sportler darf keine Schon- und Kompensationsbewegungen mehr eingehen, da es sonst an anderer Stelle zu Verletzungen an Muskulatur und Gelenken kommen kann.

Der Muskulatur muß nach einer Verletzung genügend Zeit zum Ausheilen gegeben werden. Eine Muskelverletzung ist eine Wunde, sie bricht bei zu früher Belastung immer wieder auf. Es entstehen Vernarbungen, die das ganze Leben lang behindernd wirken können.

Muskelriß (Ganz- oder Teilabriß)

Der Muskelriß ist eine schwerwiegende Verletzung. Ein Riß der Muskulatur kann komplett oder inkomplett vorliegen. Er kann im Muskelbauch, am Übergang Muskel–Sehne oder am Knochenansatzpunkt vorliegen. Bei letzterer Verletzung werden recht häufig Knochenteilchen mitausgerissen.

Komplette Risse sind selten, sie werden je nach Lokalisation und Schwere konservativ durch Ruhigstellung oder operativ versorgt. Das Wiederaufbautraining orientiert sich an den Maßnahmen nach Muskelzerrungen und Muskelfaserrissen, die physiotherapeutische Behandlung ist von höchster Wichtigkeit. Es besteht die Gefahr von Verwachsungen, Vernarbungen und Verklebungen.

Muskelkontusion (Prellung, Quetschung)

Die Prellung ist eine der häufigsten Sportverletzungen. Sie wird durch stumpfe Gewalteinwirkung bewirkt, beispielsweise trifft das Knie des Gegenspielers beim Fußball den Oberschenkel und führt zu einem ‹Pferdekuß›.

Im allgemeinen ist die Heilungstendenz von nicht zu ausgedehnten Prellungen gut, Gefahren bestehen, wenn Nerven oder tiefer gelegene Organe mitbetroffen sind. Bei großflächigen und sehr tief gelegenen Ergüssen kann das Ausmaß der durch die zerquetschten Gefäße bedingten Blutungen nur schwer abgeschätzt werden, bei falscher Behandlung, besonders bei zu früher Massage, oder zu früher sportlicher Belastung besteht die Gefahr der Verkalkung und Verknöcherung des Blutergusses (Myositis ossificans).

Myositis ossificans (Muskelverknöcherung)

Tiefgelegene Blutergüsse (Hämatome) können bei mangelnder Behandlung langsam verkalken und verknöchern. Es ist die Folge eines entzündlichen Prozesses und kann eine operative Entfernung notwendig machen.

Diese Maßnahme kann nur nach Abschluß des Verknöcherungsprozesses eingesetzt werden. Wichtig sind alle Maßnahmen, die eine schnelle Resorption des Hämatoms fördern, bzw. die Entstehung eines ausgedehnten Ergusses nicht erst zulassen (vgl. Erstbehandlungsschema «RICE», S. 112).

Prävention von Muskelverletzungen

Präventiv kann durch die aktive Vor- und Nachbereitung des Trainings und des Wettkampfes durch Dehnen, Lockern und Kräftigen der Muskulatur eingegriffen werden.
Ein auf die kommende sportliche Belastung abgestimmtes Auf- und Abwärmen (vgl. S. 42–49) sowie die konsequente Anwendung physiotherapeutischer Maßnahmen wirken vorbeugend gegenüber Verletzungen der Muskulatur.

Risikofaktoren muskulärer Verletzungen
- Kälte (Witterung) und mangelnde Durchblutung der Muskeln (Aufwärmen)
- Lokale und allgemeine Ermüdung (u. a. koordinative Verluste)
- Unzureichendes Training
- Unzureichender Trainingszustand oder Übertraining
- Muskuläre Dysbalancen
- Unzureichende Vorbereitung vor dem Start
- Flüssigkeitsverluste (Schwitzen)
- Elektrolytmangel (Ernährungsmängel, Resorptionsstörungen, Schwitzen)
- Bestehende oder nicht ausgeheilte Muskelverletzungen
- Bestehende oder nicht ausgeheilte Gelenkverletzungen oder -schäden
- Infektionsherde und frühere Infektionskrankheiten
- Falsche Schuhwahl (Sportausrüstung)
- Ungeeignete Sportstätten (Laufbahnen aus Tartan, Kunstrasen etc.)

Gegen Kälte hilft kein wärmendes Fluid, sondern der Witterung entsprechende Sportkleidung und konsequentes Aufwärmen, welches die Durchblutung der Muskeln sowie deren Elastizität (Viskosität) verbessert. Es ist nicht ratsam, eine sportliche Betätigung so lange durchzuführen, bis der Sportler völlig erschöpft ist.

Beispiel
Sportler X hat nach langem Warten endlich die Tennishalle für 2 Stunden mieten können. Nach einer Stunde Spiel gegen seinen starken Tennispartner ist er erschöpft, zumal er schon lange nicht mehr gespielt hat. Seine Bewegungen werden unkontrollierter, seine Muskulatur ist ermüdet. Kurz vor Ende der Spielzeit will er einen Stoppball seines Gegners erlaufen und spürt einen Stich in der Wade. Er hat sich einen Muskelfaserriß zugezogen.
Der Sportler war zentral und lokal ermüdet, die Kontrolle über seine Bewegungen vermindert. Er hätte nach einer Stunde das Spiel beenden sollen.

Der Körper benötigt zwischen den Trainingseinheiten eine ausreichende Spanne der Erholung, um bei erneuter Belastung ebenso leistungsfähig und damit belastbar zu sein.

Allgemeine Übermüdung bezeichnet einen Zustand, der mehr zentral (ZNS) bedingt ist. Nach einem harten Arbeitstag oder gegen Ende eines langdauernden Sporttreibens kann die Konzentration beim abendlichen Sport soweit herabgesetzt sein, daß die zentrale Bewegungssteuerung (Koordination) qualitativ vermindert ist. Es kann zu Verletzungen durch unkoordinierte Bewegungen (Konzentrationsmangel) kommen.

Wichtig ist die Anwendung der Trainingsprinzipien, welche *unzureichendem Training* vorbeugen. Besonders sind die Prinzipien des Auf- und Abwärmens (vgl. S. 42–49) und die richtige Reihenfolge der Trainingsinhalte während einer Trainingseinheit zu berücksichtigen. Grundsätzlich wird die Schnelligkeit und die Entwicklung der koordinativen Eigenschaften vor der Kraftentwicklung und diese vor dem Ausdauertraining vorgenommen.

Der Trainingszustand muß so gut sein, daß die eingegangene Belastung vom Körper toleriert werden kann, anderenfalls befindet sich der Sportler in einem unzureichenden Trainingszustand.

Beispiel 1:
Ein Freizeit-Ausdauersportler joggt dreimal wöchentlich ca. 30–45 Min. Er entschließt sich, an einem Marathonlauf in 2 Wochen teilzunehmen. Sein Trainingszustand für diese Belastung ist unzureichend, die Belastung wird zu Gesundheitsstörungen führen.

Übertraining (vgl. S. 50f) kann bedeuten, daß sich der künftige Marathon-
läufer nicht in einem Zustand optimaler Leistungsbereichtschaft und -fä-
higkeit befindet.

Beispiel 2:
Nachdem sich der in Beispiel 1 beschriebene Sportler entschlossen
hat, einen Marathon mitzulaufen, erzählt er diesen Entschluß seinem
gesamten Kollegenkreis. Er setzt sich durch die Rückmeldung seitens der Kollegen («das schaffst du nie») selbst unter Druck. Er steigert das Trainingspensum von heute auf morgen. Da er aber durch
berufliche und private Verpflichtungen nicht ausreichend Zeit zum
Trainieren hat, steigert er in erster Linie sein Lauftempo (Intensität).
Innerhalb von 4 Wochen befindet sich dieser potentielle Marathonläu-
fer in einem Übertrainingszustand, der sich aus der physisch-psychi-
schen Überforderung ergibt.

Muskuläre Dysbalancen stehen in enger Beziehung zur Verletzungsanfälligkeit. Tonische Muskeln neigen bei Fehl- und Überbelastung, mangel-
haftem Training oder während und nach einer Verletzung eher zur Verkürzung. Phasische, schnellkräftige Muskeln, die überwiegend an den
Extremitäten lokalisiert sind, neigen während oder nach Verletzungen
eher zur Abschwächung. Wenn nicht entsprechend diesen Kenntnissen in
die Trainingsplanung und -methodik eingegriffen wird, kommt es zur Ausbildung muskulärer Dysbalancen mit folgender erhöhter Verletzungsanfälligkeit und eingeschränkter Leistungsfähigkeit.

Flüssigkeitsverluste und Elektrolytmangel stehen in enger Beziehung zueinander. Durch Schwitzen werden mit der Flüssigkeit Mineralstoffe ausgeschieden. Die muskuläre Erregbarkeit und Steuerung ist beeinträchtigt.
Insbesondere Kalzium, Kalium, Magnesium und Natrium haben wichtig-
ste Funktionen im Leistungsstoffwechsel. Wenn sie nicht ausreichend
oder in einem Mißverhältnis zueinander (Gegenspielerfunktionen) vorhanden sind, sind muskuläre Probleme und Leistungseinbußen die
Folge:
– neuromuskuläre Übererregbarkeit,
– Muskelkrämpfe,
– eingeschränkte muskuläre Leistungsfähigkeit
  und rasche Ermüdbarkeit.
  (vgl. BÖHMER 1986)

Bestehende oder nicht ausgeheilte Muskelverletzungen können durch Belastung wieder aufbrechen bzw. durch ein gestörtes muskuläres Gleichge-

wicht und daraus resultierende Kompensations- und Schonhaltungen sowie Koordinationsstörungen einzelne Muskelareale überbelasten und damit zu (erneuten) Schädigungen führen.

Bestehende und nicht ausgeheilte Gelenkverletzungen oder -schäden: Das gleiche Prinzip der Schon- und Kompensationshaltung kann auch bei bestehenden oder nicht ausgeheilten Gelenkverletzungen beobachtet werden. Durch die meist unbewußte Entlastung der betroffenen Strukturen werden Überlastschäden an anderer Stelle provoziert.

Infektionsherde und frühere Infektionskrankheiten können zu erhöhter Anfälligkeit der Muskulatur für Zerrungen und Muskelfaserrisse führen. Fokalinfektionen, also Herdinfektionen, die andere Organe ‹verseuchen› können, sind bei häufigen Muskelbeschwerden als Ursache in Betracht zu ziehen. Insbesondere die Zähne, die Zahnwurzel, die Nebenhöhlen und Mandeln sind Ausgangspunkte, aber auch eine ‹verschleppte Grippe› kann zu muskulären Problemen führen.

Sehnenverletzungen/ Sehnenerkrankungen

Sehnen übertragen die Kraft des Muskels auf die Knochen, sie stellen somit «Erfolgsorgane» des Muskels dar. Sie bestehen aus straffem Bindegewebe. Kollagene Fasern verlaufen längs der Zugrichtung und sind nicht dehnbar, elastische Fasern sind gitternetzförmig angeordnet und begrenzt dehnbar. Sehnen besitzen also eine hohe Zugfestigkeit und eine geringe Dehnbarkeit.

Wenn eine Sehne reißt, dann meist aufgrund einer unkoordinierten Bewegung. Die Kraft der Muskulatur alleine genügt nicht, eine gesunde Sehne zu zerreißen. Bei Sehnenrupturen kann man häufig eine Vorschädigung erkennen, vollständige Sehnenrupturen werden so früh wie möglich operativ versorgt.

Tendinosen stellen Reizzustände der Sehne dar, die insbesondere in der Ansatzzone der Sehnen lokalisiert sind. Diese Zone ist die Stelle der größten Beanspruchung und der schlechtesten Durchblutung. Während anfangs Schmerzen nur unter Belastung spürbar sind, treten sie später auch unter Ruhebedingungen und in der Nacht auf.

Tendopathien stellen degenerative Veränderungen an der Sehne selbst oder im umliegenden Gleitgewebe dar. Vielfach werden Bewegungen der

Sehne in ihrem Gleitlager von Knarren begleitet. Ursachen sind Fibrinablagerungen als Folge von kleinsten Verletzungen und Einblutungen in das Gleitgewebe. Schädigungen der Sehnen sind vorwiegend sportartspezifisch.

Sportarttypische Schmerzpunkte für Sehnenansatzschmerz

Laufen: Achillessehnenansatz, Ansätze der vorderen Schienbeinmuskulatur

Springen: Achillessehnenansatz, Ansatz des Kniescheibenbandes, Rückenstreckeransätze

Werfen, Stoßen: Rückenstreckeransätze, Ansätze am Epikondylus lateralis und medialis (Ellbogen), Trizepssehnenansatz

Fußball: Muskelansätze der Adduktoren, der Iliopsoas, Gracilis, Rectus abdominis (Bauchmuskelansatz)

Ballspiele: Achillessehnenansatz, Ansatz der vorderen Schienbeinmuskulatur, Bizepssehnenansatz, Sehnen der Fingerglieder

Tennis: Ansatz der Unterarmstrecker am Epikondylus lateralis (äußerer Ellbogen)

Golf, Werfen: Schmerzen am Ansatz des medialen Epikondylus (innerer Ellbogen)

Fechten: Ansätze am Epikondylus medialis und lateralis, Schambeinansatz, Achillessehne

Rudern: Ansatz an den Dornfortsätzen der Brust- und Lendenwirbelsäule

(in Anlehnung an EITNER 1981)

Tendopathien sind ernst zu nehmende Erkrankungen. Wenn sie nicht konsequent auskuriert werden, neigen sie dazu, chronisch zu werden. So manche Freizeit- und Leistungssportkarriere wurde durch chronische Sehnenschmerzen beendet.

Sehnenrisse, hier ist insbesondere der Abriß der Achillessehne zu nennen, passieren nur in den seltensten Fällen ohne vorherige Beschwerden. Treten derartige Beschwerden auf, so sind sie ernst zu nehmen und der Sportarzt muß aufgesucht werden.

Strukturen, die in funktionalem Zusammenhang mit einer geschädigten Sehne stehen, sind von einer Schädigung der Sehne ebenfalls mitbetroffen. Mit Beschwerden im Bereich der Achillessehne sind muskuläre Dysfunktionen im Wadenbereich gekoppelt. Die Wadenmuskulatur kann abgeschwächt oder auch verhärtet (Myogelosen) sein.

Faktoren der Entstehung sind meist nicht spektakuläre Ereignisse, sondern die fast unmerkbaren Fehl- und Überbelastungen, die kleinste Verletzungen (Mikrotraumen) provozieren. Gefährlich für das weitere Sport-

treiben sind diese Verletzungen auch deshalb, weil die Sehnen als brady-
trophes, d. h. gering durchblutetes Gewebe nur eine langsame Heilungstendenz zeigen. Als Komplikationsmöglichkeit kommt die Neigung der
Sehnen, mit ihrem umliegenden Gleitgewebe zu verkleben und zu verwachsen (Adhäsionen), hinzu. Sie verlieren damit ihre Gleitfähigkeit.

Wenn Schmerzen an Sehnenansätzen auftreten, kann der Sportler nach
der eindeutigen ärztlichen Diagnose auf verschiedenen Wegen vorbeugend tätig werden. Als erstes folgt die Analyse der Trainings- und Wett-
kampfbedingungen, der technischen Bewegungsabläufe, des Materials
(Schläger, Schuhwerk etc.) und der Umgebungsbedingungen wie die Bo-
denbeschaffenheit. Eine Änderung in diesen Bereichen kann zu wesentlich herabgesetzten Belastungen für den zur Verletzung neigenden Bereich führen. Beispielsweise kann bei einem Tennisspieler die anatomisch
korrekte Anpassung der Griffstärke und der Wechsel von einer harten zu
einer weichen Bespannung für seinen Ellbogen eine spürbare Entlastung
bringen.

Der Wechsel des Bodenbelags von Asphalt auf Waldboden mit entsprechend gedämpften Schuhen kann für den Läufer mit Schmerzen an den
Achillessehnen bzw. an den Ansatzstellen der Schienbeinmuskulatur
ebenfalls eine Entlastung der schmerzhaften Bereiche bedeuten.

Nach Belastung sollten die gefährdeten Bereiche sofort *gekühlt* werden,
weitere Anwendungen können vom Physiotherapeuten vorgenommen
werden. Es bieten sich hier neben der Ruhigstellung verschiedene Verbandstechniken an, Massage, Hydro- und Elektrotherapie mit medika-
mentösen Infiltrationen. Orthopädische Hilfsmittel wie Schuheinlagen
und Absatzerhöhungen müssen im Einzelfall diskutiert werden.

Als vorbeugende und wiederherstellende Maßnahmen kommen neben
den sofortigen Kälteanwendungen nach Belastung aktive *Dehn- und Kräf-
tigungstechniken* zum Einsatz. Die gefährdeten Bereiche werden durch
Dehn-, Lockerungs- und Koordinationsübungen «gepflegt».

Knochenbrüche

Sichere Zeichen für Knochenbrüche sind Verformung (Deformation), abnorme Beweglichkeit und Knochenreiben (Crepitationen). Unsichere
Zeichen für einen Knochenbruch sind Schmerz, gestörte Funktion,
Schwellung und Verfärbung durch Bluterguß (HINRICHS 1986). Es wird an
dieser Stelle nicht auf die Maßnahmen der Ersten Hilfe eingegangen, vielmehr aber auf die vorbeugende Einwirkung und der nachfolgenden Wiederaufnahme des Trainings nach einem Knochenbruch.

Knochenbrüche werden durch einmalige Gewalteinwirkung oder durch dauernde Über- und Fehlbelastungen verursacht (Ermüdungsfraktur, Stressfraktur). Frakturen müssen, falls die Knochenbruchenden verlagert sind, gerichtet werden. Unbedingt notwendig ist die Ruhigstellung in einem Gipsverband bei vollständigen Frakturen ohne Dislokationen der Knochenbruchenden. Bei operativ versorgten Knochenbrüchen ist zwischen übungs- und belastungsstabilen Fixationsformen zu unterscheiden (Marknagelung, Verplattung). In jedem Fall darf die Bruchstelle vor vollständiger Heilung nicht beansprucht werden. Der knöcherne Durchbau der Fraktur ist nur röntgenologisch nachweisbar, er ist die Voraussetzung zur Wiederaufnahme des Trainings. Bei Ermüdungsbrüchen kann je nach Einzelfall auf eine Gipsbehandlung verzichtet werden.

Bei allen Frakturen muß zuerst die Frage nach der Ursache gestellt werden. Handelte es sich um einmalige Gewalteinwirkung, oder war der Bruch das Resultat dauernder Überlastung eines umgrenzten Gebietes? Bei dauernder Überlastung eines umgrenzten Gebietes sind präventive Maßnahmen schon im Vorfeld möglich. Ermüdungsbrüche geschehen nicht aus ‹heiterem Himmel›, sie kündigen sich durch Schmerzen an. Diese sind ernst zu nehmen, es lassen sich vollständige Durchtrennungen des Knochens mit folgenden, langen Trainingspausen vermeiden. Prophylaktische Maßnahmen können Veränderung der Umgebungsbedingungen (Bodenbelagwechsel), der Ausrüstung (sportartgerechtes Schuhwerk), eine Veränderung und Verbesserung der Technik sowie die Anpassung der Trainingsanforderungen auf das vom jeweiligen Skelettsystems tatsächlich tolerierbare Maß sein.

Wenn ein Knochenbruch eingetreten ist, dann können neben den sonstigen, physiotherapeutischen Anwendungen alle nicht betroffenen Gelenke schon während der Ruhigstellung beübt werden. Es treten die gleichen Probleme nach Ruhigstellungen wegen einer Fraktur wie bei Ruhigstellungen aus anderen Gründen auf: insbesondere Atrophie der Muskulatur, Bewegungseinschränkungen der ruhiggestellten Gelenke, muskuläre Verkürzungen, Kapselschrumpfungen, Innervations- und Koordinationsverluste sowie Einbußen in der Herz-Kreislauf-Leistungsfähigkeit.

Nach Gipsabnahme müssen die Trainingsinhalte ebenso wie nach Gelenkruhigstellungen auf die jeweilige Person angepaßt eingesetzt werden.

Verstauchungen, Verrenkungen und Weichteilverletzungen

Distorsionen (Gelenkverstauchungen) entstehen beim kurzzeitigen Überschreiten des normalen Bewegungsausmaßes eines Gelenks. Distorsionen kommen im Sport oft vor. Besonders betroffen sind die Sprung- und Kniegelenke sowie die Fingergelenke. Begleitende Schäden an den gelenkbildenden Knochen- und Knorpelanteilen sind eine häufige Begleiterscheinung von Distorsionen. Nur eine röntgenologische Untersuchung kann Aufschluß über das tatsächliche Ausmaß der durch die Verstauchung ausgelösten Verletzung geben.

Eine Distorsion kann zu einer Kapsel-Band-Zerrung (Überdehnung) mit geringem Stabilitätsverlust bis zur Zerreißung mit meßbarem Stabilitätsverlust führen. Außerdem ist auf Verletzungen der Nerven (Taubheit) sowie der Gefäße zu achten.

Auch bei Distorsionen gelten die Maßnahmen der Ersten Hilfe wie auf S. 112 beschrieben. Zu vermeiden ist in den ersten 24–48 Stunden jegliche Wärmebehandlung sowie Massagen am verletzten Gelenk. Der Arzt entscheidet über die weitere Behandlung, es können frühzeitig isometrische Muskelanspannungen zur Vermeidung von Atrophien eingesetzt werden. Die nicht betroffenen Körperteile können und sollen weiter sportlich beübt werden.

Distorsionen müssen völlig ausgeheilt werden. Immer wiederkehrende Reizungen, oft verbunden mit Schwellungen, beeinträchtigen den Gelenkstoffwechsel negativ, es kann zu weiteren Schädigungen kommen (sekundäre Arthrose).

Luxationen (Verrenkungen) kommen sportarttypisch an Schulter- und Ellbogengelenk sowie der Kniescheibe mit der größten Häufigkeit vor. Bei einer Luxation verläßt der Gelenkkopf die Gelenkpfanne. Manchmal springt er sofort wieder zurück (spontane Reposition). Vor Einrenkungsversuchen von nicht geschultem Personal sei hier gewarnt, bei solchen Versuchen entstehen fast zwangsläufig weitere Schäden. Eine Ausnahme ist die ‹gewohnheitsmäßige› Luxation (habituelle Luxation), deren Einrenkung vom Verletzten selbst durchgeführt werden kann.

Bei jeder Luxation ist der Kapsel-Band-Apparat des betroffenen Gelenks zerrissen, kombinierte Verletzungen von Nerven und Blutgefäßen sind nicht selten. Nach einer solchen Verletzung ist sofort ein Arzt aufzusuchen.

Nach der Ruhigstellung oder der operativen Versorgung gelten die gleichen Belastungsrichtlinien wie auf S. 124, «Schema nach Gelenkruhigstel-

lungen», beschrieben. Zu vermeiden sind Schwungübungen im Anfangs-
stadium des Trainings; alle Übungen werden unter langsamer Bewegungsführung aktiv und kontrolliert ausgeführt. Bewegungsabläufe, die die
Gefahr einer Reluxation bergen, werden erst bei stabilisierter aktiver Ge-
lenkführung in den letzten Phasen der Rehabilitation durchgeführt.

Prellungen und Quetschungen der Muskulatur und der Gelenke werden
als *Kontusion* bezeichnet. Bei Prellungen der Muskulatur kann die Gewalteinwirkung von kurzer, heftiger Schmerzhaftigkeit ohne weitere
Beeinträchtigung der Funktionen begleitet sein sowie von ausgedehnten
Gewebsdefekten mit folgender Hämatombildung (Bluterguß). Auch hier
gelten die Erstversorgungsregeln, die auf S. 112 (RICE) dargelegt sind.
Bei stumpfen Traumen (‹Pferdekuß›) treten die typischen Zeichen «Ca-
lor» (Wärme), «Dolor» (Schmerz), «Rubor» (Rötung durch Blutzufuhr in
das betroffene Gebiet) und «Functio laesa» (durch Schwellung und
Schmerz eingeschränkte Funktion) auf.
Es darf in den ersten 24–48 Stunden keine Wärmeanwendung erfolgen!
Verwenden Sie keine Salben mit gerinnungshemmenden Stoffen. Wärme
führt zur Mehrdurchblutung und damit auch zu unerwünschten Einblutungen in das verletzte Gebiet. Der nachfolgende Bluterguß wird größer
ausgebildet sein und die Heilung und Wiederbelastbarkeit verzögern. Ge-
rinnungshemmende Salben ermöglichen durch ihre Wirkungsweise eine
vermehrte Einblutung in das Gewebe mit den gleichen negativen Folgen.
Sie dürfen erst nach Stillstand der Blutung nach frühestens 24 Stunden zur
Anwendung kommen. Dann erfüllen sie auch ihren tatsächlichen Zweck:
sie ermöglichen eine beschleunigte Auflösung und Resorption des Blutergusses. Massagen im verletzten Bereich sind streng verboten, es besteht
die Gefahr einer Verknöcherung der Weichteile (Myositis ossificans).

Grundschema der Ersten Hilfe bei Weichteilverletzungen
(Kontusionen und Distorsionen)

Eine leicht merkbare Formel, «RICE», beschreibt die vier Grundregeln der Erstversorgung nach Kontusionen und Distorsionen.

R steht für *Rest* (Ruhe). Bei schwereren Prellungen wird mit der Belastung sofort ausgesetzt.

I steht für *Ice* (Kühlung). Es wird großflächig gekühlt, dabei stehen mehrere Verfahren zur Wahl. Bewährt haben sich Abreibungen mit Eisstückchen, aber auch die Vorgehensweise, die verletzte Stelle mit einem kalten Wasserstrahl zu kühlen. Es wird ein Vorgehen in Intervallen vorgeschlagen. Nach 10 Minuten Kühlung erfolgt eine Pause von wenigen Minuten, und es folgen die nächsten 10 Minuten Kühlung. Durch die gefäßverengende Wirkung der Kältereize findet eine Minderdurchblutung des verletzten Bereichs statt, die Kälte wirkt außerdem entzündungshemmend und schmerzlindernd.

C steht für *Compression* (Kompression). Gleichzeitig mit dem Kältereiz wird Druck auf die verletzte Stelle ausgeübt. Der Druck verhindert eine übermäßige Schwellung. Es ist darauf zu achten, daß der Druckverband so angelegt wird, daß Stauungen vermieden werden.

E steht für *Elevation* (Hochlagern). Durch Hochlagerung der verletzten Extremität wird der Rückstrom des Blutes gefördert und der Blutzustrom gehemmt. Einer weiteren Schwellung wird dadurch vorgebeugt.

Die mit «RICE» gekennzeichneten Erstversorgungsregeln sind parallel und sofort nach Verletzungseintritt anzuwenden. Und noch eines: Vermeiden Sie in den ersten 12 Stunden nach Verletzungseintritt jeden Genuß von Alkohol, auch Alkohol wirkt gefäßerweiternd und damit negativ auf die Verletzung.

Anleitungen für die Praxis

Rahmentrainingspläne nach Sportverletzungen

In diesem Kapitel steht weniger die theoretische Behandlung des Themas, als vielmehr praktische Anleitungen im Vordergrund. Bei der Beschreibung der Reha-Trainingsmaßnahmen werden nur Verletzungen besprochen, die durch Ruhigstellung mit oder ohne vorangegangene Operation behandelt wurden. Schäden, die durch krankhaft veränderten Stoffwechsel bedingt sind, können nicht das Thema sein. Die Zeitangaben der Rekonvaleszenz stellen nur vage Anhaltspunkte aufgrund unserer Erfahrungswerte dar. Sie sind auf den Sportler im mittleren Niveau mit entsprechendem Trainingsaufwand abgestimmt. Im Hochleistungsbereich sind die zeitlichen Prognosen durch erhöhten Trainings- und Pflegeaufwand günstiger.

Es werden Rahmentrainingspläne vorgestellt, die grundsätzlich nach muskulären Verletzungen und nach Ruhigstellungen anwendbar sind. Sie müssen mit Inhalten ausgestaltet werden, die der Schwere und Lokalisation der Verletzung sowie dem Sportler und seiner Persönlichkeit gerecht werden. Die Umfänge sind differenziert nach Leistungsgruppen dargestellt. Mögliche Differenzen in den Belastbarkeiten müssen vor Ort herausgefunden werden. Aus Erfahrung sind hochmotivierte Leistungs- und Hochleistungssportler physisch und psychisch belastbarer, dies liegt an ihren mehr leistungsorientierten Motiven sowie an der Gewöhnung an Trainingssituationen und Trainerpersonen.

Es werden unter anderem zwei Rahmenpläne vorgestellt, die sich speziell nach Knie- und Sprunggelenkverletzungen bewährt haben. Diese beiden Gelenke sind am häufigsten von schweren Verletzungen betroffen.

Bei Betrachtung der Diagnosen von Verletzungen fällt der hohe Anteil von Frakturen, Luxationen (Verrenkungen) und Bänderrissen mit 28,3 % aller Diagnosen sowie der Distorsionen (Verstauchungen) mit 35,9 % aller Diagnosen auf. Distorsionen betreffen den Kapsel-Band-Apparat mit. Häufig sind Distorsionen mit Rupturen (Zerreißungen) gekoppelt. Es

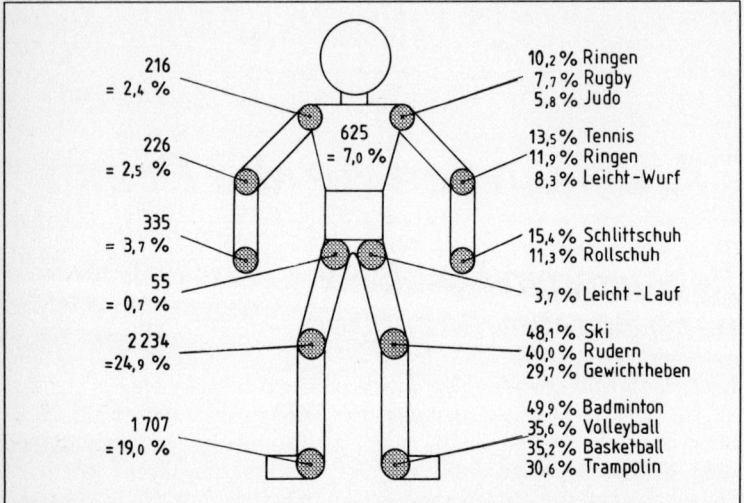

Abbildung 26: Verletzungen und Überlastungsschäden im Bereich großer Gelenke (4773 Läsionen = 53,2 %) (STEINBRUCK / COTTA 1983, 178)

Abbildung 27: Diagnosen der gesamten 8974 Verletzungen bei 8204 Sportlern (STEINBRUCK / COTTA 1983, 180)

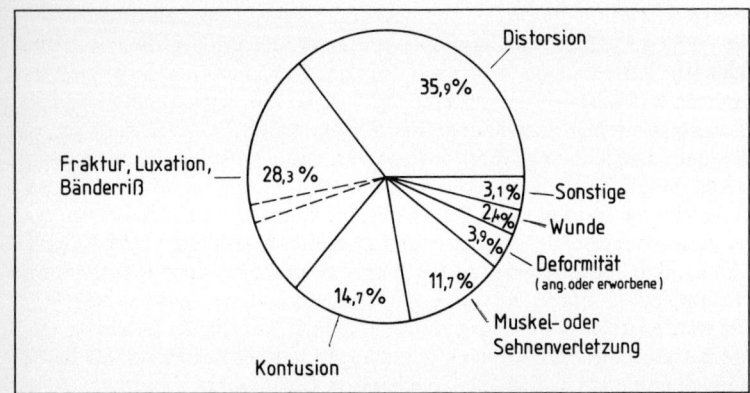

wird die Bedeutung dieser Verletzungsformen und damit der anschließenden rehabilitativen Maßnahmen deutlich.

Der Arzt und der behandelnde Therapeut geben das ‹Startsignal› zum aktiv-funktionellen Aufbautraining. Es kann auf Anweisung direkt nach Verletzungseintritt stattfinden, beispielsweise in Form isometrischer Anspannungen zur Verringerung des Kraftdefizits schon vor der operativen Versorgung der Verletzung.

Das Training kann begleitend zu den üblichen Maßnahmen nach einer Operation auch im Krankenhaus stattfinden. Als Beispiel sei das morgendliche Einüben von krankengymnastischen Übungen noch während des Krankenhausaufenthalts genannt. Über den Tag verteilt, werden diese vorher eingeübten Anspannungen und Bewegungen mehrfach durchgeführt.

Nach Beendigung des Krankenhausaufenthalts wird die krankengymnastische Übungsphase unter Beratung und Kontrolle eines Sportmediziners bzw. eines Krankengymnasten weitergeführt. Es kann mit der unverletzten Seite begonnen werden, anschließend werden die entfernteren Gelenke der verletzten Seite beübt, und schließlich wird auch das von der Verletzung betroffene Gelenk in die Übungen miteinbezogen.

Der Sportler muß *lernen*, sich nicht wie gewohnt an der (früheren) körperlichen Leistungsfähigkeit zu orientieren. Im Vordergrund steht das Wiedergewinnen verlorengegangener Funktion. Angestrebt wird dies mittels Üben und Trainieren.

Der Sportler muß wissen, daß er nicht voll belastbar ist. Die verletzten Strukturen benötigen Zeit, um sich zu regenerieren und zu heilen. Bei Knochen-, Gelenk-, Bänder-, Kapsel- und Sehnenverletzungen benötigt der Wiederherstellungsprozeß Wochen und Monate, bei muskulären Verletzungen geht es meist schneller aufgrund der besseren Regenerationsfähigkeit des Muskelgewebes.

Der Sportler muß wissen, daß der Körper heilt und Medikamente den Heilungsprozeß nur unterstützen können. Das Aufbautraining stellt nur eine Hilfe für die körpereigenen Regenerationskräfte dar.

Er muß lernen, in seinen Körper und in die verletzten Strukturen ‹hineinzufühlen und sie wahrzunehmen›, ohne übersensibel zu sein. Es muß versucht werden, ein autonomes und feines Gespür zu entwickeln, das der Wiederherstellung nützt und vor schädlichen Einwirkungen und Überforderungen schützt. Es darf kein vorgegebener Plan ‹blind und rücksichtslos› kopiert werden. Es ist ein sensibles Durchforsten und individuelles Anwenden der Pläne gefordert.

Üben dient hierbei in erster Linie dem Wiederaufbau von verlorengegangenen nervösen Funktionen, ebenso der Gelenkfunktion (Mobilisation) und der damit eng verbundenen Ernährfunktion sowie der Ausrichtung von Strukturen, die mit dem verletzten Gelenk in funktioneller Beziehung stehen. Beim Üben steht nicht der Aufbau von Muskelmasse oder die vermehrte Ausstattung von am Stoffwechsel beteiligten Substanzen im Vordergrund. Vielmehr wird ein Gewinn an Beweglichkeit, nervöser Kontrolle der Bewegung und die Stimulierung der Ernährfunktionen angestrebt.

Beispiel
Nach einem Eingriff am Schultergelenk werden nach Verbandsabnahme Bewegungen in verschiedenen Ebenen durchgeführt. Der Sportler erwirbt wieder das Gefühl der koordinierten An- und Entspannung der an der Gelenkbewegung beteiligten Muskeln.
Die nervöse Kontrolle (Innervation) wird ‹beübt›, die Bewegungen wirken sich positiv auf die Ernährung der Gelenkstrukturen aus, Stoffwechselprodukte werden durch die aktiven Bewegungen abtransportiert, die Beweglichkeit wird positiv beeinflußt. Die funktionsgerechte Ausrichtung der an der Bewegung beteiligten Strukturen wird stimuliert. Die Intensität der Übungen genügt aber noch nicht den Anforderungen im Sinne eines Muskelkrafttrainings, das eine Muskeldickenzunahme zur Folge hätte.

Bei den *Trainingsmaßnahmen* steht klar eine Verbesserung der Leistungsfähigkeit im Vordergrund. Bewußt werden Muskelgewebe und bradytrophe Strukturen zu einer Zunahme ihrer Masse, ihrer Ausstattung (z. B. Muskelzellbestandteile, Enzymausstattung etc.) und ihrer gerichteten Funktion (Spezifität) stimuliert.

Beispiel
Einige Wochen nach dem Eingriff in das Schultergelenk nach einer Luxation wird mit dem ‹eigentlichen Training› begonnen. Aufbauend auf den durch Übungsdurchführungen positiven Anpassungen in den Bereichen der nervösen Kontrolle, der Ernährung des Gelenks und der Beweglichkeit wird über Umfang- und Intensitätssteigerung der Aufbau von Strukturen initiiert. Einer Kräftigung mittels Wiederstandsübungen und dosiertem Krafttraining mit Geräten in allen Bewegungsebenen folgt die disziplinspezifische Ausrichtung der Trainingsinhalte. Es werden Bewegungsabläufe aus der Hauptsportart in ihren Kraft-Zeit-Verläufen imitiert.

Wie der Name «Rahmentrainingsplan» schon zum Ausdruck bringt, können hier nur Empfehlungen gegeben werden, die auf den jeweiligen Funktionszustand abzustimmen sind. Da jede Verletzung ebenso wie der

Heilungsverlauf individuell verschieden ist, können diese Pläne nur in Absprache mit dem behandelnden Arzt und unter dessen ständiger Kontrolle durchgeführt werden. Es darf nie gegen Schmerz gearbeitet werden, denn Schmerz ist ein natürliches Warnzeichen des Körpers, das beachtet werden muß. Lassen Sie sich Zeit, absolvieren Sie bei Methoden- und Inhaltswechsel immer erst ein ‹Probetraining›. Probieren Sie erst aus, ob der neue Inhalt, die neue Übung, die veränderte Methode beschwerdefrei toleriert wird.

Beispiel
Nach einer Kniegelenkverletzung und beschwerdefrei durchgeführtem Krafttraining wird erstmals eine Laufbelastung absolviert. Obwohl der Sportler beschwerdefrei 15 Min. traben könnte, beendet er das Laufen nach 5 Min. Wenn der Sportler am nächsten Tag sicher ist, die Belastung ohne wesentliche Erwärmung oder Schwellung des Kniegelenks reiz- und ergußfrei toleriert zu haben, dann kann er die Belastung steigern. Es gilt der Grundsatz, zuerst den Übungs- und Trainingsumfang und erst dann die Intensität zu steigern.

Am Ende des Aufbautrainings steht ein sportartspezifischer Ausgangstest. Es darf niemals der Fehler gemacht werden, im Wettkampf, egal welcher Sportart, zu sehen, «ob es schon geht».
Der Ausgangstest setzt sich aus allgemeinen grundmotorischen Inhalten sowie speziellen Wettkampftechniken aus der Spezialdisziplin zusammen. Er zeigt dem Sportler bzw. dem geschulten Beobachter, ob er schon voll belastbar ist. Ein «Probehandeln» stellt die Möglichkeit dar, bei erkannten Defiziten Schäden und Risiken zu vermeiden und die Belastung abzubrechen. Die Trainingsplanung wird anschließend auf das Beheben der erkannten Leistungsdefizite ausgerichtet.

Negativ-Beispiel
Ein verletzt gewesener Fußballspieler schließt die Phase 4 des Aufbautrainings ab.
Er nimmt eine Woche lang (2mal) am Vereinstraining teil. Er fühlt sich fit und will am Sonntag schon in der Bezirksligamannschaft spielen. Während der zweiten Halbzeit verspürt er immer mehr Schmerzen im verletzt gewesenen Kniegelenk und läßt sich auswechseln. Mit den Schmerzen und dem Gefühl der ‹Steife› spürt er die nachlassende Kontrolle über das Gelenk. Damit einhergehend folgt ein zunehmendes Nachziehen des verletzt gewesenen Beines. Am nächsten Tag ist sein Knie dick geschwollen, ein Reizerguß ist die Folge ungenügender Gelenkkontrolle. Er verliert Tage und Wochen bis zu seiner Wiederherstellung durch die vermeidbar gewesene Ergußbildung.

Training nach Muskelverletzungen

Muskuläre Gelenkkontrolle

Die muskuläre Kontrolle über das Gelenk ist von großer Wichtigkeit. Mangelnde Ausbildung der an der Gelenkfunktion beteiligten Muskulatur verringert die Kontrolle über das von ihr abhängige Gelenk. Bei mangelhafter muskulärer Kontrolle ist eine Leistungsminderung und die Erhöhung der Verletzungsgefahr u. a. durch Instabilität die Folge.

Aber nicht nur die Verletzungsgefahr wird durch die Instabilität erhöht, es können langfristig Schäden entstehen. Arthrosebildungen wurden nach unkoordinierten Belastungen mit instabilen Gelenken röntgenologisch nachgewiesen. Instabilitäten können durch die Entfernung der Menisken bei sonst intaktem Bandapparat bedingt sein (GÜSSBACHER 1988). Der ‹ausgewogenen› muskulären Stabilisierung von Gelenken kommt somit eine überragende Bedeutung zu, weil durch eine unharmonische Entwicklung der Muskulatur ebenfalls sekundäre, später folgende Schäden provoziert werden können.

Besonders der Gelenkknorpel ist beim Vorliegen von muskulären Dysbalancen gefährdet. Fällt die ‹mechanische Servoleistung› der muskulären Zuggurtung aus oder ist sie in ihrer Funktion beeinträchtigt, kann es zu Schäden der Knorpelsubstanz kommen. Das Kniegelenk ist besonders stark abhängig vom Zustand der umspannenden Muskulatur (Kraft, koordinative Fähigkeiten). Man bezeichnet diese Tatsache auch als neuromuskuläre Integration eines Gelenks. Ist die äußere Zuggurtung des Kniegelenks ungenügend (insuffizient), verstärkt sich der Druck auf die inneren Gelenkanteile. Es entsteht auf Dauer eine «Varusgonarthrose», eine fortschreitende Zerstörung der inneren Gelenkanteile des Kniegelenks aus vorher völlig korrekten Gelenkverhältnissen. Das Versagen muskulärer Strukturen kann somit für das Entstehen eines (weiteren) Schadens verantwortlich gemacht werden.

Das muskuläre Aufbautraining muß deshalb ausreichend, vielseitig und auf die jeweiligen Gelenkverhältnisse abgestimmt sein. Wichtig ist das ständige Abwechseln von Kräftigung und Dehnung sowie Beugung und Streckung im Sinne einer Harmonisierung der Bewegungsfunktionen.

Wichtig ist ebenfalls die Integration der wiedergewonnenen Funktionen in den Alltag, d. h. die verletzt gewesene Extremität ohne Schon- und Kompensationshaltungen im Alltag wieder vollständig belasten zu können. Der Therapeut kann hierbei Hilfen zur Selbstbeobachtung leisten.

> **Beispiel**
> Während vor einer Verletzung die erste Stufe einer Treppe immer mit
> links genommen wurde, wird nach der operativen Versorgung die
> erste Stufe immer mit dem rechten Bein genommen. Diese Schon-
> haltung ist bei vielen alltäglichen Bewegungsabläufen nach Ver-
> letzungen zu beobachten, ohne daß sie ins Bewußtsein dringen. Der
> Rehabilitant muß sensibilisiert werden. Geschieht dies nicht, dann
> unterhält die Schonhaltung die Atrophie der Muskulatur.

Bewegungsbahnen
Nicht immer ist es sinnvoll, Training mit den maximal möglichen Bewe-
gungsausschlägen im Gelenk durchzuführen. Hier wird folgende Eintei-
lung und Zuordnung der Bewegungsbahnen vorgenommen:
– *Minimale Bewegungsbahn:*
  Aktive Anspannung mit minimalster Bewegung (Isometrie).
– *Kleine Bewegungsbahn:*
  Kleine Bewegungen um die Nullstellung des Gelenkes.
– *Submaximale Bewegungsbahn:*
  Submaximale Bewegungen im schmerzfreien Bereich ohne endgradige
  Bewegungen.
– *Maximale Bewegungsbahn:*
  Maximale, aktive, endgradige Bewegungen.
Durch den Zuwachs an muskulärer Kraft wird die aktive Beweglichkeit
wesentlich verbessert. Durch die Tatsache, daß bei angespannten Syner-
gisten (z. B. Kniestrecker) die Antagonisten (Kniebeuger) weitgehend
entspannt sind, wird auch eine Steigerung der passiven (Gelenk-)Beweg-
lichkeit durch aktives Üben erzielt.
Dehnung wird mittels Stretching in den Phasen zwei bis fünf durchgeführt. In den ersten Phasen der Rehabilitation kann Stretching wegen der
noch eingeschränkten Gelenkbeweglichkeit mit der Gefahr der Überbe-
anspruchung passiver Gelenkstrukturen noch nicht angewandt werden. Es
bieten sich Techniken an, die den Muskel ebenfalls entspannen und somit
zu einer Tonusverminderung führen. Die postisometrische Relaxations-
methode nach LEWITT (1980) hat sich in diesen Phasen sehr bewährt. Der
Sportler spannt die Muskulatur 10–20 Sek. mit maximaler Kraft an. Anschließend erfolgt eine Phase der bewußten Entspannung. Nach 2–3 Sek.
ist eine fühlbare Tonusverminderung gegeben. Die Ausgangsstellungen
für das Anspannen der ‹richtigen› Muskulatur werden vom Therapeuten
gezeigt. Es kommt nicht auf das kritiklose Aneinanderreihen von Übungen an, das ‹Geheimnis› liegt in der Einschätzung der Verletzung und den
daraus resultierenden Anforderungen sowie der Leistungs- und Anpassungsfähigkeit des Sportlers.

Rahmentrainingsplan
nach Muskelüberdehnungen

Phasenteilung – Training nach Muskelüberdehnungen

Zeitpunkte	Ziele des Aufbau-trainings	Trainingsmethoden (Übungsform)	Trainingsinhalte
direkt nach Verletzungseintritt	Tonusminderung (Herabsetzen der erhöhten Spannung) in der betroffenen Muskulatur	Wiederholungsmethode Isometrische Anspannungen	Dehnen (Stretching) der betroffenen Muskulatur
sofort nach Verletzungseintritt			Dosiertes Anspannen der antagonistischen Muskulatur
nächster Tag	Weitere Tonusminderung	Wiederholungsmethode	Dehnen (Stretching)
14–30 Std.	Innervations- und Koordinationsgewinn (Einbinden der verletzten Muskulatur in alltags- und sportmotorische Bewegungsmuskulatur)	Isometrische Anspannungen Dauermethode	Dosiertes Anspannen der betroffenen Muskulatur Anspannen der antagonistischen Muskulatur
ab 3. Tag bis zur völligen Wiederherstellung	Integration in den normalen Trainingsablauf	alle Methoden, mit Einschränkungen die intensive Intervallmethode	wie in Phase 2; es kommen die Inhalte des «normalen Trainings» hinzu

Es schließt sich eine präventive Phase an (vgl. Muskelverletzungen, S. 122/123).

Rahmentrainingsplan nach
Muskelzerrungen (1) und Muskelfaserrissen (2)

Zeitpunkte	Ziele des Aufbau-trainings	Trainingsmethoden (Übungsform)	Trainingsinhalte
direkt nach Verletzungseintritt	keinerlei Übungs- und Trainingsmaßnahmen	–	–

Trainingshäufigkeit / Umfang / Dauer	Trainingsmittel	Besonderheiten und zusätzliche Anwendungen
– individuell; ca. 20 Dehnungen im schmerzfreien Bereich – ca. 10–30 Anspannungen der antagonistischen Muskulatur – täglich	Matte	Eismassagen der betroffenen Muskulatur Andere Anwendungen, z. B. Elektrotherapie; Procainbehandlungen können vom Arzt / Physiotherapeuten zum Einsatz gebracht werden Keine Massage!
– individuelles Dehnen, bis Schmerzfreiheit besteht – kein großer Trainingsumfang wegen der Gefahr der erneuten Verspannung – täglich	Matte Trainingsgelände Ergometer	Konsequente Anwendung der physiotherapeutischen Möglichkeiten Wärmebehandlung (Wannenbad) Reihenfolge der Trainingsinhalte: Dehnen–Laufen (schmerzfrei)– Dehnen–Anspannungen– Dehnen
– je nach Leistungsklasse (Individualisierung) – Dehnen (Stretching) täglich – der Umfang- und die Intensität der ersten Muskeldehnungen sollten etwas geringer sein	Matte spezielle Kraftmaschinen (isokinetisch) Ergometer Trainingsgelände	Vorsicht bei intensiven Trainingsmethoden und bei explosiven sowie reaktiven Krafteinsätzen Schmerzgrenze beachten!

Trainingshäufigkeit / Umfang / Dauer	Trainingsmittel	Besonderheiten und zusätzliche Anwendungen
–	–	Konsequente Einhaltung des Erstbehandlungsschemas «RICE» (vgl. Text). Eventuell medikamentöse Therapie (Arzt befragen)

→

Rahmentrainingsplan nach Muskelzerrungen (1) und Muskelfaserrissen (2)

Zeitpunkte	Ziele des Aufbautrainings	Trainingsmethoden (Übungsform)	Trainingsinhalte
1. Phase 1. nach 2. Tag 2. nach 4.–8. Tag	Innervation (Koordination) Beschleunigung des Heilprozesses Ausrichtung der Funktionen (Proliferations–Reparationsphase), Erhalt der Leistungsfähigkeit der nicht verletzten Körperteile	Wiederholungsmethode Isometrische Anspannungen	Dehnung (Stretching) Dosiertes Anspannen der antagonistischen Muskulatur
2. Phase 1. ab 3./4. Tag 2. ab 2. Wo.	Koordinationsgewinn (Innervation) Beschleunigung des Heilprozesses Anpassung (Ausrichtung) der Strukturen an die Funktion (Reparative Phase), Erhalt der Leistungsfähigkeit der nicht verletzten Körperteile	Wiederholungsmethode Isometrisches und dynamisches Krafttraining Dauermethode	Dehnung Dosiertes Anspannen der betroffenen Muskulatur Krafttraining («um das verletzte Gebiet herum») Antagonistentraining Fahrradfahren Laufen (Traben)
3. Phase 1. ab 5./9. Tag 2. ab 10./14. Tag	Koordination (Einbinden der verletzten Muskulatur in alltags- und sportmotorische Bewegungsmuster), Erhalt und Entwicklung der grundmotorischen Eigenschaften Beschleunigung des Heilprozesses und Ausrichtung der Strukturen	Wiederholungsmethode Dynamisches und isometrisches Muskelkrafttraining Dauermethode (Extensive Intervallmethode)	Stretching (Dehnung) Koordinationsübungen Dosiertes Krafttraining (isometrisch und dynamisch) der betroffenen Muskulatur Komplexgymnastik Antagonistentraining
4. Phase 1. ab 10./15. Tag 2. ab 3. Wo.	Sportartspezifischer Leistungsaufbau (Integration) Erreichen der ursprünglichen Leistungsfähigkeit Psychische Stabilisierung	Wiederholungsmethode Dynamisches und isometrisches Muskelkrafttraining Extensive Intervallmethode (Intensive Intervallmethode) Dauermethode	Stretching (Dehnung), Krafttraining (Antagonistentraining), Fahrradfahren, Lauftraining, Komplexgymnastik, Sportartspezifisches Training (dosierte Kraftschnelligkeit und verringerter Umfang)
5. Phase	Spezifische Prävention (Nachversorgungsphase)	Wiederholungsmethode (Alte Methoden)	Stretching (Dehnen) Ausgiebiges Warmmachen sowie planmäßiges Abkühlen

Trainingshäufigkeit / Umfang / Dauer	Trainingsmittel	Besonderheiten und zusätzliche Anwendungen
Täglich	Matte / Bank Ergometer	Phase 1 setzt je nach Schwere der Verletzung nach dem 1. (leichte Zerrung) und dem 8. Tag (Muskelfaserriß) ein. Anwendung physiotherapeutischer Möglichkeiten (Kälte) Medikamente (Antiphlogistika) – Arzt befragen Taping (Stützverbände)
Täglich	Matte / Bank Spezielle Krafttrainingsgeräte Ergometer	Physiotherapeutische Anwendungen: Massage um das verletzte Gebiet herum, Elektrotherapie, Wärme (Eis) Taping Medikamente (Arzt) Laufen nur im schmerzfreien Bereich und nicht zu umfangreich wg. der Gefahr reaktiver Verspannungen
1) Freizeitsportler 2–3 × Wo. 2) Leistungssportler 3 × Wo. 3) Hochleistungssportler täglich	Matte / Bank Spezielle Krafttrainingsgeräte Ergometer Trainingsgelände	Physiotherapeutische Anwendungen wie in Phase 2 Taping Medikamente (Arzt) Lauftraining ohne Starts und Stopps PNF-Training: Propriorezeptive Neuromuskuläre Fazilitation
1) Freizeitsportler 2–3 × Wo. 2) Leistungssportler 3 × Wo. 3) Hochleistungssportler täglich	Matte Spezielle Krafttrainingsgeräte Ergometer Trainingsgelände Wettkampfgeräte	Physiotherapie (vgl. Phase 2 u. 3) PNF (vgl. Phase 3) Taping (präventiv) Psychische Stabilisierung – der Sportler soll keine «Angst» haben und daraus resultierend Schon- und Kompensationshaltungen eingehen
Für jeden Leistungsbereich: Jeweils vor und nach Training und Wettkampf die Muskulatur durch Dehnen und Lokkern «pflegen»	Trainingsgelände Matte / Bank	Überprüfung der Schuhe, Einlagen und Bodenbeläge; Überprüfung des Ernährungsverhaltens, der Elektrolytzufuhr und -substitution, der sportlichen Technik und der regenerativen Maßnahmen

Training nach Verletzungen mit Gelenkruhigstellungen

Dieses Schema soll dem Sportler eine Orientierung ermöglichen, es muß jedoch individuell auf ihn und seine Verletzung abgestimmt werden. Für Knie- und Sprunggelenkverletzungen wird jeweils ein weiteres Schema spezifischer Rehabilitation vorgestellt (S. 130 und 136), das sich jedoch am allgemeinen Schema nach Gelenkruhigstellungen orientiert.

Die spezielle Rehabilitation der anderen hier nicht aufgeführten Gelenke kann nur individuell geplant und durchgeführt werden, es ist aber auch hier eine Orientierung am folgenden Plan möglich.

Schon während der Ruhigstellung der verletzten Extremität ist Training möglich. Es bieten sich Übungen mit der unverletzten Extremität an, um den «Crossing-over»-Effekt zu nutzen. Der Crossing-over-Effekt bezeichnet das Mitinnervieren der verletzten Seite (Extremität) beim Üben mit der gesunden Seite. Der muskuläre und nervöse Funktionsverlust kann durch diese Übungen begrenzt werden. Es kommen isometrische und isotone Übungsformen zum Einsatz, nach Abklingen des Schmerzes kann über die benachbarten Gelenke immer mehr das verletzte Gelenk in die Übungen miteinbezogen werden. Die Übungen dürfen jedoch keine Schmerzen verursachen. Eine weitere Möglichkeit zur Verhinderung bzw. Abmilderung von Atrophien bildet der frühzeitige Einsatz von Schwellströmen (Wymoton).

In den ersten Phasen richten sich die Methoden und Inhalte nur nach der Verletzung und deren speziellen Bedingungen, ab Phase 3 findet eine Spe-

Rahmentrainingsplan nach Verletzungen mit Gelenkruhigstellungen

Zeitpunkte	Ziele des Aufbautrainings	Trainingsmethoden (Übungsform)	Trainingsinhalte
1. Phase	Innervation der Muskulatur (Koordination) Ausrichtung der Muskulatur und des Bindegewebes, Muskelaufbau (statische Sicherung) Physische und psychische Stimulation Angstbewältigung	Isometrisches Muskelkrafttraining Wiederholungsmethode	Gymnastik (komplex) Anspannungs- und Bewegungsübungen (Minustraining)

zialisierung statt. Die Spezialisierung orientiert sich an der Sportart. Der Übergang zu sportartspezifischer Belastung kann nur bei persönlicher Bereitschaft des verletzten Sportlers geschehen, als objektivierende Ergänzung können Muskelumfangs- und Kraftmessungen dienen (vgl. S. 140).

Am Ende der Phase 4 werden ganz auf die spezifischen Bedingungen des Sportlers abgestimmte Trainingsmaßnahmen festgelegt, die der Sportler parallel zum Vereinstraining bzw. zum Freizeitsport durchführt. Sie dienen gleichermaßen der Rehabilitation und der Prävention. Es besteht immer die Gefahr, daß sich der während des Aufbautrainings erworbene muskuläre Zuwachs sowie die wiedergewonnenen nervösen Funktionen wieder zurückbilden. Sie sind noch instabil. Die Instabilität der Anpassungen rührt von der Tatsache her, daß der Wiederaufbau von Strukturen und Funktionen durch das Reha-Training recht kurzfristig angestrebt wird. Kurzfristig erworbene Adaptionen sind jedoch instabiler als mittel- und langfristig erworbene Anpassungen, sie müssen immer wieder durch adäquate Trainingsreize ‹erneuert› werden.

Ein weiterer Grund für die mangelnde Stabilität der Anpassungen sind kaum wahrnehmbare Schon- und Kompensationsbewegungen, die sich erst nach Monaten langsam verlieren. Die mit dem Gelenk funktionell in Verbindung stehende Muskulatur erhält dadurch weniger und nicht genügende Trainingsreize. Sie droht sich zurückzubilden, andere Strukturen kompensieren die mangelnde Funktion und werden dadurch anfällig für Überlastschäden (Reizungen) oder gar Verletzungen. Diesem Mechanismus wirkt die Phase 5 aktiv-funktionell als Phase der spezifischen Prävention entgegen.

In den Phasen 4 und 5 werden immer wieder alltags- und sportspezifische Bewegungsmuster angeboten. Es werden antizipatorische Mechanismen entwickelt und stabilisiert, die einen wesentlichen Faktor der Prävention darstellen.

Trainingshäufigkeit/ Umfang/Dauer	Trainingsmittel	Besonderheiten und zusätzliche Anwendungen
1) Freizeitsportler 2–3 × Wo. 45–60 Min.	Bank	Anspannungsübungen (mit Handfixierung oder anderem Widerstand)
2) Leistungssportler 2–5 × Wo. 45–75 Min.	Matte	
3) Hochleistungssportler tägl. 1–2 × 45–75 Min.	Handfixierung	Bewegungsübungen im schmerzfreien, frei beweglichen Bewegungsraum ohne von außen ansetzende Kräfte («Pendeln des Beines» etc.)
	Eisenschuh/Gewichtmanschetten	
		Ernährung mit erhöhtem Eiweißgehalt (>2g/kg Körpergewicht)

→

Rahmentrainingsplan
nach Verletzungen mit Gelenkruhigstellungen

Zeitpunkte	Ziele des Aufbau-trainings	Trainingsmethoden (Übungsform)	Trainingsinhalte
2. Phase	Koordination (Innervation) Muskelaufbau Lokale Muskelausdauer Zentrale Anpassungen an Kreislaufbelastungen Aktive Beweglichkeit	Isometrisches Muskeltraining (Isokinetisches Muskeltraining) Dauermethode geringer Intensität	Anspannungs- und Bewegungsübungen Gymnastik (komplex) Vorsichtige Gehübungen Minustraining
3. Phase	Muskelaufbau Ausdauerentwicklung (lokal u. zentral) Beweglichkeit (aktive Gelenkbeweglichkeit; Muskelelastizität) Koordination (spezifische Bewegungsmuster)	Isometrisches Muskelkrafttraining Isotonisches Muskelkrafttraining (Isokinetisches Muskelkrafttraining) Extensive Intervallmethode (Intensive Intervallmethode) Spezialübungen	Anspannungs- und Bewegungsübungen Krafttraining an speziellen Geräten Dehnübungen Gehen und Traben Minustraining
4. Phase	Entwicklung des gesamten grundmotorischen Fertigkeitsniveaus Sportartspezifische Harmonisierung des Fertigkeitsniveaus Psychische Stabilisierung Sportarttypische Antizipations-, Reaktions- und Belastungsschulung Volle Belastbarkeit	Isotonisches Muskelkrafttraining (Isokinetisches Muskelkrafttraining) Extensive und intensive Intervalltrainingsmethoden Dauermethode Spezial- und Wettkampfübungen	Spezifisches, dynamisches Krafttraining Simulationsübungen Dehnungen (Stretching) Komplexgymnastik Lauftraining Sportartspezifisches Training (anfangs verminderte Intensität und Umfang) Minustraining
5. Phase	Erhaltung und Stabilisierung des Niveaus der Phase 4 Spezifische Prävention	Dynamisches (spezifisches) Krafttraining (alle Methoden) Isometrisches Training (Stabilisierung des Kraftniveaus) Wiederholungsmethode	Angepaßtes Krafttraining Training der Beweglichkeit (Stretching) Sportartspezifisches Training mit individueller Schwerpunktsetzung

Trainingshäufigkeit/ Umfang/Dauer	Trainingsmittel	Besonderheiten und zusätzliche Anwendungen
1) Freizeitsportler 2–3 × Wo. 45–60 Min. 2) Leistungssportler 2–5 × Wo. 45–75 Min. 3) Hochleistungssportler tägl. 1–2 × 45–75 Min.	Bank Matte Eisenschuh/Gewicht-manschetten Handfixierung Schwimmweste Fahrradergometer Spezielle Krafttrainingsgeräte	Isokinetisches Muskeltraining ist nur mit speziellen Geräten möglich Dauermethode auf Fahrrad nach Knie- und Sprunggelenkverletzungen gering dosiert Ernährung mit erhöhtem Eiweißgehalt (>2,5 g/kg Körpergewicht); Multivitamin- und Elektrolytpräparate werden bei täglichem Training verabreicht
1) Freizeitsportler 2–3 × Wo. 60–80 Min. 2) Leistungssportler 2–5 × Wo. 60–80 Min. 3) Hochleistungssportler tägl. 1–2 × 60–80 Min.	Spezielle Krafttrainingsgeräte Eisenschuh/Gewichtmanschette Matte/Bank Schwimmweste Ergometer Laufband Weichboden/Minitramp Halle/Kraftraum Handfixierung	Das Koordinationstraining wird schon sportartspezifischer gestaltet Spezialübungen mit verminderter Intensität und Umfang zum (Wieder-)Erwerb sportartspezifischer Koordinationsmuster Erste Wettkampfübungen unter dem Aspekt der Zielpräzision ohne Zeitdruck Ernährung vgl. Phase 2
1) Freizeitsportler 2–3 × Wo. 60–85 Min. 2) Leistungssportler 2–5 × Wo. 70–90 Min. 3) Hochleistungssportler tägl. 1–2 × 70–80 Min.	Spezielle Krafttrainingsgeräte Eisenschuh/Gewichtmanschette Schwimmweste Trainingsgelände Ergometer Laufband Weichboden/Minitramp Matte/Bank	Psychische Stabilisierung (Angstbewältigung; Wettkampfstabilität) Isokinetisches u. Isometrisches Training als ergänzende Maßnahme zur Stabilisierung des Muskelzuwachses Ernährung wie in Phase 2 u. 3 Ausgangstest und Festlegung der Inhalte der Phase 5
1) Freizeitsportler 2–3 × Wo. 20–30 Min. 2) Leistungssportler 2 × Wo. 30–45 Min. 3) Hochleistungssportler 3–4 × Woche 30 Min.	Der Zielsetzung (Prävention) angepaßte Auswahl aus den Trainingsmitteln der Phasen 1–4	Es kommen zum Zwecke der sportart- und verletzungstypischen Prävention angepaßte Trainings- und Übungsmethoden und -inhalte zum Einsatz

Training
nach Kniegelenkverletzungen

Das Aufbautraining nach Kniegelenkverletzungen wird von den notwendigen physiotherapeutischen Anwendungen begleitet. Es werden bei Bedarf alle klassischen Anwendungen (Elektro-, Wärme-, Kältetherapie, Taping etc.) eingesetzt. Über den Einsatz von «Außenseitermethoden» wie Lasertherapie oder «Rebox II» wird von Fall zu Fall entschieden. Ebenso ist die Krankengymnastik fester Bestandteil der postoperativen Behandlung; sie kann nur von ausgebildeten und erfahrenen Krankengymnasten durchgeführt werden. Vom Arzt wird trainingsbegleitend über medikamentöse Verabreichungen entschieden. Wenn keine computergestützten Apparaturen (Cybex etc.) zur Messung und Beurteilung des Kraftzuwachses zur Verfügung stehen, können Muskelumfangsmessungen zur Objektivierung des Trainingserfolgs einen Beitrag zur Beurteilung des (bisherigen) Reha-Erfolgs liefern. Sie werden immer vom gleichen Behandler oder dem Sportler selbst 5/10/20 cm oberhalb des inneren Kniegelenkspalts sowie an der dicksten Stelle der Wade vorgenommen (vgl. S. 140).

Wichtig ist besonders bei der vorderen Kreuzbandverletzung ein anfängliches Begrenzen der (meist nicht durchführbaren) vollständigen Streckung auf ca. minus 20 Grad und der Beugung auf ca. 70 Grad. Ein verletztes oder gerissenes vorderes Kreuzband, das operativ versorgt wurde, wird in der Streckung gedehnt, es kann keine vollständige Heilung erfolgen. Begonnen wird nach einer vorderen Kreuzbandverletzung mit dem Aufbau der Beugemuskulatur, erst später mit der Kniestreckmuskulatur. Bei der Verwendung von Krafttrainingsmaschinen zur Beinstreckung ist auf die Verwendung eines «Dual-Shin-Pads» zu achten, eine Hilfseinrichtung, welche die ‹Schublade› während des Übens einschränkt. Der Kraftansatzpunkt der zum Krafttraining verwendeten Maschine darf nicht am Fuß angebracht sein, es sollte eine Stellung im oberen Drittel des Schienbeins gewählt werden, bei verletztem hinteren Kreuzband gilt das Umgekehrte (vgl. Abb. 10, S. 79).

Die Übungsdurchführungen erfolgen mit Fuß in leichter Pronationsstellung (Fußrand außen angehoben). Ebenso wird bei der postoperativen Behandlung der hinteren Bandverletzung (hinteres Kreuzband) vorgegangen. Hier wird die Beugung (Flexion) anfangs auf ca. 70 Grad begrenzt, die Übungsdurchführungen erfolgen in leichter Supinationsstellung des Fußes (Fußsohlenrand innen leicht angehoben).

Schäden der Kniescheibenrückseite (Chondropathia patellae) scheint eine Kräftigung der rückseitigen Oberschenkelmuskulatur mit kombinierter

Dehnung vorzubeugen (SIEBER 1988). Ist ein solcher Schaden eingetreten, ist auch hier auf ein bevorzugtes Einwirken auf die hintere Oberschenkelmuskulatur zu achten.

Innerhalb der Oberschenkelmuskulatur atrophiert der innere Oberschenkelstrecker am frühesten und am ausgeprägtesten. Dieser Muskel als phasischer Muskel, der nur zwischen 40 und 60 Grad und kurz vor der vollständigen Streckung des Kniegelenks ‹anspringt›, ist in der nachoperativen Zeit nur schwierig zu trainieren. Um einen Trainingseffekt zu erzielen, müssen entweder hohe Bewegungsgeschwindigkeiten oder hohe Lasten eingesetzt werden. Beides ist bei konventioneller Geräteausstattung in dieser Phase nicht möglich.

Bei Bandverletzungen ist zusätzlich in den ersten Phasen der Streck- und Beugewinkel einzuschränken, was ebenfalls den Wiederaufbau des inneren Oberschenkelstreckers verzögern kann. Hier ist Geduld angezeigt und gezieltes Beüben in späteren Phasen der Wiederherstellung, wenn dies ohne Gefahren für andere Strukturen möglich ist.

Trainingsbegleitend muß auf die Zuführung von hochwertigem *Eiweiß* geachtet werden. Fettarme Milchprodukte wie Milch, Joghurt, Quark etc. oder Fertigprodukte aus hochkonzentriertem Eiweiß (teuer, aber gut!) bieten sich an. Die Eiweißzufuhr sollte immer über 2 Gramm pro kg Körpergewicht liegen. Eiweiße sind notwendig als Gerüst- (Strukturproteine) oder Mittlersubstanzen (u. a. Enzyme). Da Muskelgewebe aufgebaut und der Stoffwechsel durch häufiges und intensives Training erhöht ist, ist ausreichende Eiweißzufuhr ein ‹Muß›. Die Eiweiße sollten zur Hälfte bis zwei Drittel tierischer und der Rest pflanzlicher Herkunft sein. Folgen zu geringer Eiweißzufuhr können mangelnder Kraftzuwachs, ungenügender Aufbau der Enzymsysteme (Steuerungsfunktionen), gestörter Gewebeaufbau, Wundheilungsstörungen sowie Konzentrationsmängel sein.

Ebenso ist auf eine ausreichende *Vitamin-* und *Elektrolytzufuhr* zu achten, besonders in den ‹schweißreichen› Phasen 3 und 4. Im Handel befindliche Multivitaminpräparate sowie ebenfalls überall erhältliche Kombinationsgetränke (Vitamine, Elektrolyte) haben sich bewährt.

Das vorgestellte Schema ist für alle Bandverletzungen des Kniegelenks gültig, bei Kreuzbandverletzungen verzögern sich die Wiederherstellungszeiten um ca. 8–16 Wochen gegenüber isolierten Seitenbandverletzungen. Kombinierte Seiten-Kreuzband- und Meniskusverletzungen unterliegen dem gleichen Ablaufschema, Prognosen über die Genesungszeit sind nur individuell möglich.

In Phase 1 wird *Innervationstraining* angesprochen. Es wird zum Rückgewinnen der Möglichkeit, willentlich einzelne Muskeln anzuspannen, eingesetzt. Nach längeren Ruhigstellungen ist diese Fähigkeit eingeschränkt, in schweren Fällen ist ein willentliches Anspannen und Halten der Spannung nicht mehr möglich. Im mehr koordinativ akzentuierten Training wird nun das geordnete Zusammenspiel der an einer Bewegung beteiligten Muskeln (Synergisten) und der Gegenspieler (Antagonisten) geübt. Die Übungen entsprechen in den Bewegungsabläufen (Bewegungsmuster) mit fortschreitender Dauer immer mehr den alltags- und sportmotorischen Mustern.

Während der ersten beiden Phasen sollten die Übungen kombiniert mit Eisbehandlungen zur Vermeidung von Reizergüssen durchgeführt werden. In den Phasen 3 und 4 empfiehlt es sich, eine auf die aktiven Trainingsmaßnahmen folgende Eisbehandlung von max. 20 Min. Dauer durchzuführen.

Angstbewältigung stellt in allen Phasen des Aufbautrainings eine wichtige Zielgröße dar, hier ist individuell zu agieren, jeder Rekonvaleszent reagiert mehr oder weniger sensibel und ängstlich auf die erlittene Verletzung und die erfolgte Funktionseinschränkung.

Muskelaufbau und statische Sicherung: Die Muskulatur des vorderen und hinteren Oberschenkels, aber auch die Muskulatur, die das Sprunggelenk und die Hüfte kontrolliert, muß aufgebaut werden. Durch isometrische Anspannungen wird in erster Linie eine statische Sicherung der Gelenkfunktion erzielt, die dynamische Stabilisierung erfolgt erst während der Phasen, in denen die Beweglichkeit über einen Großteil der Gelenkamplitude möglich ist und das Gelenk dynamische Kraftbelastungen ohne folgende Reizzustände toleriert.

Minustraining bedeutet eine Abnahme von Körpergewicht und damit eine geringere Belastung der verletzten Strukturen. Die Abnahme von Kör-

Rahmentrainingsplan
nach Kapsel-Band-Verletzungen im Kniegelenk

Zeitpunkte	Ziele des Aufbau-trainings	Trainingsmethoden (Übungsform)	Trainingsinhalte
1. Phase	Innervation der Muskulatur (Koordination) Ausrichtung der Muskulatur und des Bindegewebes Muskelaufbau (statische Sicherung) Einüben funktioneller Ausgangsstellungen (Technik) Psychische Stimulation Angstbewältigung	Isometrische Anspannungen Dosiertes Dehnen	Anspannungsübungen Bewegungsübungen Gymnastische Übungen (komplex) Vorsichtige Gehübungen Minustraining

perschwere kann durch den Einsatz der «Wet-West» im Wasser erfolgen. Aufsteigeübungen können durch Handfixierung an der Sprossenwand erleichtert werden. Ebenso kann eine Abnahme der Schwerkraft durch Seilzüge sowie durch das Sitzen (Abnahme der Rumpflast) in Krafttrainingsmaschinen erfolgen.

In Phase 2 wird die *aktive Beweglichkeit* geschult. Allein durch das aktive Üben innerhalb des freigegebenen Bewegungsraumes wird die Beweglichkeit auch über die genutzte Bewegungsamplitude hinaus positiv beeinflußt.

Alle Techniken zur Verbesserung der *passiven Beweglichkeit* gehören in die krankengymnastische Praxis. Wichtig erscheint der Hinweis, daß verletzte Sportler ihre Aufmerksamkeit allzu häufig nur auf die Beweglichkeit in Beugung und Streckung lenken. Erfahrungsgemäß ist ein operiertes Kniegelenk, das anfangs weniger beweglich (hypomobil) erscheint, nach einigen Wochen genauso beweglich und häufig besser gesichert als ein kurz nach der Operation schon äußerst bewegliches Kniegelenk.

Zentrale Anpassungen an die Herz-Kreislauf-Belastung bedeutet das nervöse ‹Einstimmen› auf Belastungen. Die Regulationsfähigkeit (Ruhe–Belastung–Ruhe) des Herz-Kreislauf-Systems wird geschult und hormonelle Anpassungen bewirkt.

Bei *Bandverletzungen* ist die Beweglichkeit (besonders bei Kreuzbandverletzungen) nach der operativen Versorgung mehr eingeschränkt als nach Meniskuseingriffen. Die Rückgewinnung der aktiven Beweglichkeit gewinnt hier an Bedeutung.

Trainingshäufigkeit / Umfang / Dauer	Trainingsmittel	Besonderheiten und zusätzliche Anwendungen
1) Freizeitsportler 3 × Wo. 45–60 Min.	Bank/Matte Handfixierung	Eiweißangereicherte Ernährung (>2 g/kg Körpergewicht)
2) Leistungssportler 4 × Wo. 45–60 Min.	Eisenschuh/Gewichtmanschette nur bei	Multivitaminpräparate
3) Hochleistungssportler 2 × täglich 30–60 Min.	stabilem Gelenk und muskulärer Kontrolle über das Gelenk	Je nach Verletzungstyp den Bewegungsumfang einschränken bzw. Ausgangs- und Endposition festlegen

→

Rahmentrainingsplan
nach Kapsel-Band-Verletzungen im Kniegelenk

Zeitpunkte	Ziele des Aufbau- trainings	Trainingsmethoden (Übungsform)	Trainingsinhalte
2. Phase	Koordination (Innervation), Muskelaufbau (statische Sicherung) Aktive Beweglichkeit Lokale Muskelausdauer Zentrale Anpassungen an Herz-Kreislauf-Belastungen Lernen und Einüben komplexer Bewegungsmuster Angstbewältigung	Isometrisches Muskeltraining (Isotonisches Muskeltraining) (Isokinetisches Muskeltraining) Dauermethode (extensive Intervallmethode) Wiederholungsmethode	Anspannungsübungen Bewegungsübungen Gymnastik Gehübungen Minustraining
3. Phase	Muskelaufbau (statische und dynamische Sicherung) Koordinationsgewinn Aktive Beweglichkeit Muskelausdauer (lokale) Herz-Kreislauf-Training Imitation von alltags- und sportmotorischen Bewegungsmustern Angstbewältigung	Isotonisches Muskeltraining Isometrisches Muskeltraining (Isokinetisches Muskeltraining) Extensive Intervallarbeit Dauermethode Wiederholungsmethode	Bewegungsübungen Anspannungsübungen Komplexgymnastik Krafttraining an speziellen Geräten Dehnübungen Geh- und Trabübungen Minustraining
4. Phase	Entwicklung des gesamten grundmotorischen Fertigkeitenniveaus Sportartspezifische Harmonisierung des Fertigkeitenniveaus Psychische Stabilisierung (ment. Training) Sportarttypische Reaktions- und Belastungsschulung (Antizipation) Alle Ziele der Phase 3 und deren Stabilisierung Volle Belastbarkeit	Dynamisches (spezifisches) Krafttraining unter Anwendung aller Methoden, Wiederholungsmethode Extensives Intervalltraining Intensives Intervalltraining Dauermethode (mentales Training) ideomotorisches und observatives Training Wiederholungsmethode	Spezifisches, dynamisches Krafttraining Sportartspezifisches Training mit anfangs verminderter Intensität und Umfang Simulationsübungen Dehnungen (Stretching) Komplexgymnastik Lauftraining Minustraining
5. Phase	Erhalt und Ausbau des Niveaus der Phase 4 Spezifische Prävention Stabilisierung Kraftniveau, Erhalt und Verbesserung der Beweglichkeit	Dynamisches (spezifisches) Krafttraining (aller Methoden) Isometrisches Training Wiederholungsmethode	Spezifisches Krafttraining mit speziellen Krafttrainingsgeräten Anspannungen Gymnastische Übungen (Stretching)

Trainingshäufigkeit/ Umfang/Dauer	Trainingsmittel	Besonderheiten und zusätzliche Anwendungen
1) Freizeitsportler 2–3 × Wo. 45–75 Min. 2) Leistungssportler 3–4 × Wo. 50–75 Min. 3) Hochleistungssportler 2 × täglich 45–80 Min.	Bank/Matte Eisenschuh/Gewichtmanschette Handfixierung Schwimmweste (Spezielle Krafttrainingsgeräte) Oberkörperergometer (Fahrradergometer)	Bei isokinetischem und isotonischem Training je nach Verletzung den Bewegungsumfang einschränken bzw. Ausgangs- und Endpositionen festlegen Ernährung vgl. Phase 1 UV-Bestrahlung
1) Freizeitsportler 2–3 × Wo. 60–90 Min. 2) Leistungssportler 3–4 × Wo. 70–90 Min. 3) Hochleistungssportler 2 × täglich 60–80 Min.	Spezielle Krafttrainingsgeräte Bank/Matte Eisenschuh/Gewichtmanschette Schwimmweste Oberkörperergometer Fahrradergometer Weichbodenmatte/ Minitramp/Laufband Halle/Trainingsgelände Handfixierung	Lauftraining nur auf Schwingböden oder ebenen und gedämpften Wegen; keinesfalls auf Tartanböden Schuhwerk mit guter Dämpfung und seitlicher Stabilität Ernährung vgl. Phase 1, während «schweißtreibender Phasen» zusätzliche Elektrolyt- und Vitamingaben UV-Bestrahlung
1) Freizeitsportler 2–3 × Wo. 70–80 Min. 2) Leistungssportler 3 × Wo. 70–90 Min. 3) Hochleistungssportler 2 × täglich 60–80 Min.	Spezielle Krafttrainingsgeräte Halle/Trainingsgelände/Wald Schwimmweste Fahrradergometer Laufband/Weichboden Sportgerät (Ball, Speer etc.)	Das dynamische Krafttraining sollte kinematische (Raum-Zeit-Verlauf einer Bewegung) und dynamische (Krafteinsatz) Merkmale der sportlichen Disziplin berücksichtigen Simulationsübungen sind Wettkampf- und Spezialübungen, die in ausgesuchten kinematischen und dynamischen Merkmalen unter Berücksichtigung der Verletzung verändert sind Ernährung wie in den Phasen 1–3 Abschlußtest (volle Belastung) UV-Bestrahlung
1) Freizeitsportler 1–2 × Wo. 20–40 Min. 2) Leistungssportler 2 × Wo. 30–40 Min. 3) Hochleistungssportler 3–4 × Wo. 30 Min.	Der Zielsetzung (Prävention) angepaßte Auswahl aus den Trainingsmitteln der Phasen 1–4	Es kommen zum Zwecke der sportart- und verletzungstypischen Prävention angepaßte Trainings- und Übungsinhalte zum Einsatz

Training
nach Sprunggelenkverletzungen

Die Kapsel-Band-Verletzung ist die häufigste Verletzungsform im Sprunggelenk. Nach den Knieschädigungen stehen die Sprunggelenkverletzungen an zweiter Stelle der Verletzungsstatistiken bei Verletzungen mit Ge-
lenkbeteiligung (STEINBRÜCK / COTTA 1983).
Nach Sportarten betrachtet, stehen diese Verletzungen im Badminton,
Basket- und im Volleyballspiel an erster Stelle (vgl. Abb. 26, S. 114).
Schädigungen des Sprunggelenks durch Fehl- und Überbelastungen sowie
Frakturen von Knochen und Knorpel können an dieser Stelle nicht besprochen werden. Bei diesen Verletzungstypen kann nur individuell vorgegangen werden, bemerkenswert ist jedoch die Tatsache, daß 5–6% der
Bänderrisse kombiniert mit Knochen- und Knorpelverletzungen auftreten.
Noch während der Gipsbehandlung, jedoch auch während der gesamten
Phasen 1–4, ist ein allgemeines Krafttraining möglich und zu empfehlen;
der Anschluß an die Leistungsfähigkeit, wie sie vor der Verletzung be-
stand, ist dadurch leichter zu gewährleisten (vgl. Abb. 28 und 29).
Bis vor wenigen Jahren wurde nach der operativen Versorgung eine mehrwöchige Ruhigstellung im Gipsverband vorgenommen. Heute werden
vielfach Spezialschuhe (Adimed etc.) verwendet, die die ungewollte Ein-
und Auswärtsdrehung des Fußes (Supination und Pronation) einschränken, die Beugung und Streckung ist in verringertem Maße möglich. Vorteile bringt dieser Schuh dadurch, daß er für den Patienten angenehmer
als ein Gips zu tragen ist. Der Patient ist durch diesen Schuh in der Lage,
ein angepaßtes Training zu absolvieren. Nach Abschluß der Ruhigstellung
sind die Funktionseinschränkungen bei Behandlung mit dem Spezialschuh
wesentlich geringer als nach einer vollkommenen Ruhigstellung. Der
Schuh kann außerdem während der ersten Laufeinheiten als stabilisierendes Hilfsmittel eingesetzt werden.
Bei durch *Fehl-* oder *Überbelastung* bedingten Schädigungen ist zu prüfen,
ob diese Schäden überhaupt noch reversibel sind oder als Sportschaden
manifest. Ein Training, welches zur Linderung der Beschwerden beiträgt,
ist nicht unter dem Reha-Aufbautrainingsbegriff einzuordnen.
Bei *Frakturen* der am Gelenkaufbau (Gelenkfläche) beteiligten Strukturen
kommt es in erster Linie auf die genaue Reposition der Bruchstücke (der
Bruchstelle) an, da ansonsten eine folgende Arthrose (Gelenkverschleiß)
zu erwarten ist. Das Aufbautraining nach Knöchelbruch unterscheidet sich
nicht wesentlich von dem hier vorgestellten Schema. Supinations- und Pro-
nationsbewegungen (Fußinnen- und Außenrandhebungen) können jedoch

schon früher in das Training miteinbezogen werden, wenn der Bandapparat von der Schädigung nicht mitbetroffen war.

In *Phase 1* des Aufbautrainings finden nur Bewegungen im oberen Sprunggelenk, also Beugen und Strecken des Fußes, statt. Es sollen aber auch hier keine endgradigen, maximalen Bewegungsausschläge durchgeführt werden. Während der dosierten Bewegungsübungen wird noch kein Zusatzgewicht, sondern nur das eigene Körpergewicht sowie die Handfixierung des Therapeuten eingesetzt. Seitliche Bewegungen, das Fußinnen- und Außenrandheben (Pronation und Supination) sind noch nicht erlaubt.

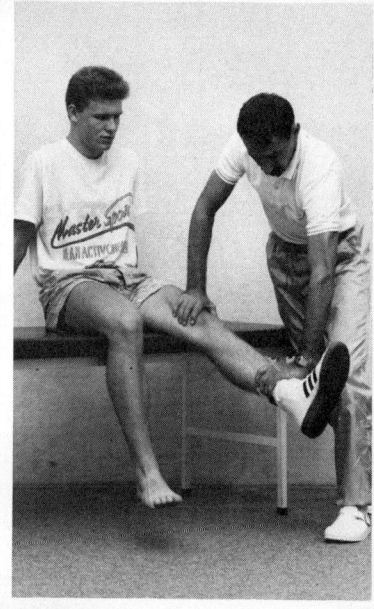

Abb. 28 und *Abb. 29:* Gezieltes Training noch während der Gipsbehandlung

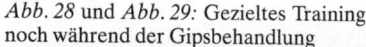

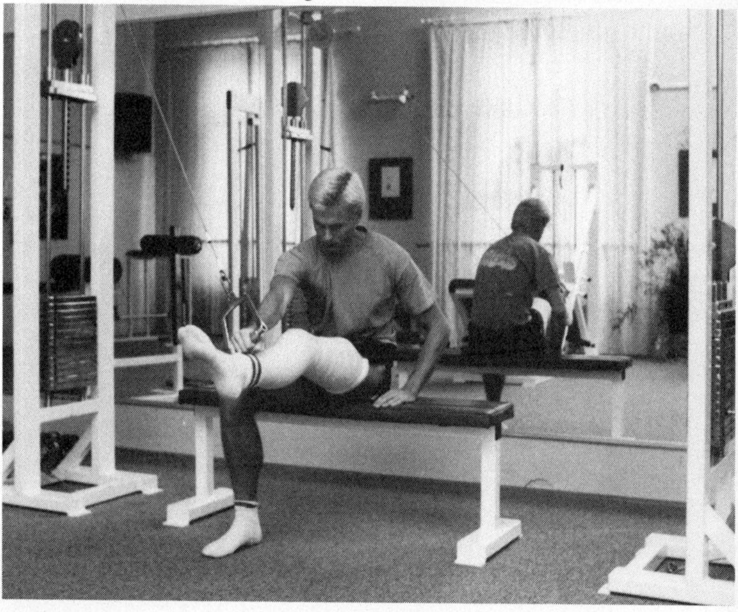

Abb. 30

Herz-Kreislauf-Training ist mit dem Fahrradergometer durchführbar, schon vor Phase 1 kann mit Gips auf dem Fahrradergometer oder auf einem Oberkörperergometer mit Handkurbeln gearbeitet werden. Es wird darauf geachtet, daß der Fuß in Richtung Ferse auf dem Pedal aufsetzt und die Leistung zur Vermeidung von zu großen Druckbelastungen im Sprunggelenk beim Training mit dem Fahrradergometer bis max. 1,2 Watt/kg gesteigert wird (vgl. Abb. 30).

Neben der sonstigen physiotherapeutischen Behandlung kann der Sportler selbst während und nach dem Training eine Eisbehandlung durchführen. Gehübungen sind in dieser Phase nur im Wasser unter Abnahme eines Großteils des Körpergewichts durchzuführen («Wet-West»).

In *Phase 2* wird in allen Bewegungsebenen des oberen und des unteren Sprunggelenks mobilisiert. Im oberen Sprunggelenk mit Handfixierung und Zusatzgewichten, im unteren Sprunggelenk (Supinations- und Pronationsbewegung) nur mit Handfixierung.

Im Muskelaufbautraining werden statische (isometrische) und dynamische Übungen alternierend und kombiniert zum Einsatz gebracht. Sie dienen der statischen (Halten einer Gelenkposition) und dynamischen Sicherung (Bewegungs-Gelenkführung).

Rahmentrainingsplan nach Kapsel-Band-Verletzungen im Sprunggelenk

Zeitpunkte	Ziele des Aufbautrainings	Trainingsmethoden (Übungsform)	Trainingsinhalte
1. Phase	Mobilisation (plantar und dorsal) Muskelaufbau (statische Sicherung) Herz-Kreislauf-Training Innervation (Koordination) Psychische Stimulation	Isometrische Krafttrainingsmethode Dauermethode Extensive Intervalle	Anspannungsübungen Bewegungsübungen Komplexgymnastik Fahrradergometertraining (Oberkörperergometer) Gehübungen Schwimmen/Wassergymnastik Minustraining

Gehübungen zur koordinativen Entwicklung und zur Verbesserung der Gelenkernährung sowie ein forciertes Kreislauftraining zur Entwicklung der Ausdauerleistung ergänzen die Hauptinhalte der Phase 2.

In *Phase 3* kann in allen Bewegungsebenen gearbeitet werden, es werden Handfixierung und Krafttrainingsmaschinen als Trainingsmittel zum Einsatz gebracht.

Es erfolgt der Übergang von der Gehschulung in das Traben und Laufen. Zur Durchführung des Lauftrainings bieten sich ebene Grasböden oder dämpfende Schwingböden an. Zur Unterstützung und Sicherung der Gelenkfunktion kann während der ersten Übungseinheiten ein Tapeverband angelegt werden oder mit dem Adimed-Schuh gelaufen werden. Das Schuhmaterial sollte gut dämpfen, es muß jedoch darauf geachtet werden, daß es nicht zu «weich» ist, da sonst die Seitenführung des Fußes zu sehr eingeschränkt ist.

In *Phase 4* wird auf die Rückkehr in den Freizeit- und Wettkampfsport hingearbeitet. Alle Trainingsmethoden kommen zum Einsatz. Bewegungsabläufe, Umfänge und Intensitäten orientieren sich immer mehr an der betriebenen Sportart.

Phase 5 ist eine prophylaktische ‹Nachversorgungsphase›. Sie dient der Rehabilitation und der Prävention gleichermaßen. Zu achten ist auf die Erhaltung der Funktionsfähigkeit der gesamten Fußmuskulatur sowie auf das funktionelle Gleichgewicht zwischen Schienbein- und Wadenmuskulatur. Von besonderer Wichtigkeit ist die Entwicklung der peronalen (zum Wadenbein gehörenden) Muskulatur. Sie arbeitet dem Wegknicken nach außen (Supinationstrauma) entgegen. Wenn die Muskelgruppe der Fußaußenrandheber ungenügend ausgeprägt und damit insuffizient ist, dann ist die Gefahr (Disposition) einer erneuten und schwerwiegenden Sprunggelenkverletzung recht groß.

Trainingshäufigkeit / Umfang / Dauer	Trainingsmittel	Besonderheiten und zusätzliche Anwendungen
1) Freizeitsportler 3 × Wo. 30–45 Min. 2) Leistungssportler 3–4 × Wo. 30–50 Min. 3) Hochleistungssportler täglich 45–60 Min.	Bank / Matte Handfixierung (Elastikband) (Wasser, Thermal-bad, Hallenbad) Schwimmweste Seile / Bleistifte Fahrradergometer Oberkörperergometer	Krafttraining unter Auslassung des verletzten Areals ist möglich Wenn ein Thermal- oder Hallenbad zur Verfügung steht, bietet sich dort die Durchführung erster Übungen an (schwerkraftnehmender Einfluß des Wassers) Während und nach dem Training Eisbehandlung

→

Rahmentrainingsplan
nach Kapsel-Band-Verletzungen im Sprunggelenk

Zeitpunkte	Ziele des Aufbau-trainings	Trainingsmethoden (Übungsform)	Trainingsinhalte
2. Phase	Mobilisation in allen Bewegungsebenen (inklusive Supination und Pronation) Muskelaufbau Herz-Kreislauf-Training (Grundlagenausdauer) Koordination (Innervation)	Isometrische Krafttrainingsmethode Dynamische Krafttrainingsmethode Wiederholungsmethode Dauermethode (Ergometer) Extensive Intervallmethode (Ergometer)	Anspannungsübungen Bewegungsübungen Gehschulung Koordinationsmuster Radfahren Komplexgymnastik Schwimmen / Wassergymnastik Minustraining
3. Phase	Mobilisation und Kräftigung in allen Bewegungsebenen Muskelaufbau Herz-Kreislauf-Training (Grundlagenausdauer) Koordination	Dynamisches Muskelkrafttraining Extensive Intervallmethode Isometrisches Krafttraining Wiederholungsmethode Dauermethode (Ergometer)	Dynamische Krafttrainingsinhalte (vgl. Tr.-Mittel und Text) Radfahren Schwimmen Geh- und Trabübungen Dehnübungen (Stretching) Komplexgymnastik
4. Phase	Entwicklung und Harmonisierung des gesamten grundmotorischen Fertigkeitsniveaus Sportartspezifische Reaktions- und Belastungsschulung Volle Belastbarkeit (physisch und psychisch) Alle Trainingsziele von 3. Phase und deren Stabilisierung	Dynamisches Muskelkrafttraining Extensive Intervallmethode Intensive Intervallmethode Wiederholungsmethode Dauermethode Isometrisches Krafttraining	Dynamische Krafttrainingsinhalte (Übungen am Gerät; vgl. Phase 3) Traben – Laufen (Fahrradfahren) Dehnung (Stretching) Komplexgymnastik Übungen aus der Spezialdisziplin Spezial- und Wettkampfübungen
5. Phase	Präventivphase (spezielle Prävention) Erhalt und Ausbau des Niveaus der Phase 4	Isometrisches Krafttraining Dynamische Bewegungsübungen und Krafttraining	Individuell standardisierte Trainingsinhalte (vgl. Text)

Trainingshäufigkeit/ Umfang/Dauer	Trainingsmittel	Besonderheiten und zusätzliche Anwendungen
1) Freizeitsportler 2–3 × Wo. 45–60 Min. 2) Leistungssportler 3 × Wo. 50–70 Min. 3) Hochleistungssportler täglich 50–70 Min.	Bank/Matte Handfixierung Seile/Bleistifte «Kante»/Elastikband Spezielle Krafttrainingsgeräte Schwimmweste «Erbsentopf» Medizinball Fahrradergometer Oberkörperergometer	Dynamisches Krafttraining nur im oberen Sprunggelenk (Flexion u. Extension in mittleren Bewegungsbahnen ohne endgradige Positionen mit leichten Lasten [Handfixierung]) Supinations- und Pronationsübungen ohne zusätzliche Belastung durchführen Im Koordinationstraining wird die Wiederholmethode zum Einsatz gebracht (Gehübungen – Abrollen: Ferse – Mittelfuß – Zehen)
1) Freizeitsportler 2–3 × Wo. 60–70 Min. 2) Leistungssportler 3–4 × Wo. 60–80 Min. 3) Hochleistungssportler täglich 60–80 Min.	Beinstrecker/Beinbeuger/Beinpresse Hüfttrainer Ergometer «Kante» Bank/Matte Laufband Eisenschuh/ Gehmanschette Handfixierung Erbsentopf Trainingsgelände Schwimmweste Medizinball	In Supination und Pronation kommen leichte bis mittlere Lasten, anfangs durch Handfixierung kontrolliert, zum Einsatz Es wird begleitend ein Krafttraining für den gesamten Körper unter Berücksichtigung der betriebenen Sportart durchgeführt Extensive Methoden besonders zur Entwicklung der lokalen Muskelkraftausdauer einsetzen Auf Schuhwerk achten Zu Beginn der Laufarbeit hat sich Tapen sehr bewährt
1) Freizeitsportler 2–4 × Wo. 60–80 Min. 2) Leistungssportler 3–5 × Wo. 70–80 Min. 3) Hochleistungssportler täglich 2 × 60–90 Min.	Spezielle Krafttrainingsgeräte (vgl. Phase 3) Trainingsgelände Matte/Bank Eisenschuh/Gewichtmanschette Laufband/Ergometer Handfixierung Elastikband	Begleitend wird ein sportartspezifisches Krafttraining durchgeführt Die Wiederholungsmethode wird zum Reaktions- und Schnelligkeitstraining eingesetzt Taping (vgl. Phase 3) (Adimed etc.)
1) Freizeitsportler 1–2 × Wo. 20–30 Min. 2) Leistungssportler 2 × Wo. ca. 30 Min. 3) Hochleistungssportler 2–4 × Wo. ca. 30 Min.	Bank/Matte Stuhl/Tisch Elastikschlaufe Spezielle Krafttrainingsgeräte	In dieser Phase kommen zu den Reizen der sportlichen Disziplin zusätzliche, spezifisch präventive Trainingsreize außerhalb des Vereinstrainings hinzu

Erfolgskontrolle –
Messungen und Ausgangstest

Messungen dienen der Objektivierung des Aufbautrainings. Sie lassen Schlüsse auf die Funktion zu. Geräte zur Kraftmessung (z. B. Cybex) stellen eine wichtige diagnostische Ergänzung dar, sind jedoch nicht unproblematisch. Es werden nur Daten über eine eingelenkige (z. B. Kniegelenk) und zweidimensionale Bewegung (z. B. Strecken und Beugen) erhoben. Die Funktion ganzer Bewegungsketten ist damit nicht zu bewerten, die erhobenen Daten erlauben nur begrenzte, wenn auch wertvolle Rückschlüsse auf den tatsächlichen Rehabilitationserfolg. Es ist kein Verzicht auf das subjektive Urteil des Sportlers und auf die qualitativen Aussagen der Betreuer (Expertenrating) möglich.

Dem Sportler stehen einfache Tests zur Beurteilung seiner Leistungsfähigkeit zur Verfügung:
– die Messung des Muskelumfangs
– der Ausgangstest.

Die *Messung* ermöglicht eine Aussage über die quantitative muskuläre Wiederherstellung. Da eine enge Beziehung zwischen muskulärem Umfang und Kraft besteht, kann die Umfangsmessung zur groben Abschätzung mitverwendet werden. Sie kann ebenso als trainingssteuerndes Element eingesetzt werden. Als Beispiel sei hier der Beginn des Lauftrainings genannt. Das Lauftraining sollte vorsichtig und dosiert erst aufgenommen werden, wenn die Umfangsdifferenzen der beiden Oberschenkel nicht mehr als 1 cm betragen. Im Bereich der Wade sollte diese Differenz nicht mehr als 0,8 cm betragen. Gemessen wird der Oberschenkelumfang 10 und 20 cm über dem inneren Kniegelenkspalt, es kann eine weitere Messung bei 5 cm vorgenommen werden. Der Umfang der Wade wird am Punkt ihres größten Durchmessers bestimmt.

Der *Ausgangstest* ist ein Test, der das Aufbautraining vorläufig abschließt. Mittels sportartspezifischer Belastungen wird die Leistungsfähigkeit beurteilt. Der Ausgangstest kann vom Sportler selbst durchgeführt werden oder unter Mitwirkung des Aufbautrainers. Wenn alle sportartspezifischen Techniken ohne Schon- und Kompensationshaltungen durchgeführt werden können, ist das eigentliche Aufbautraining abgeschlossen. Es schließt sich dann eine nachversorgende Phase an (Phase 5).

Mobilisation und Stabilisierung der Wirbelsäule

Die Rumpfmuskulatur, die in engem Zusammenhang mit der Funktionstüchtigkeit der Wirbelsäule steht, soll entsprechend ihrer Funktion in Alltag und Sport beübt werden. Der Rumpf stellt Ausgangspositionen zur Verfügung, aus denen heraus die zielmotorischen Bewegungen der Extremitäten erfolgen. Die Rumpfmuskulatur hat somit eine überwiegend statische Funktion.

Rückschließend auf die Trainingsplanung wird die Rumpfmuskulatur überwiegend statisch beübt. Das Üben erfolgt mit kleinen Bewegungsausschlägen und langsamen Geschwindigkeiten. Alle Übungen müssen schmerzfrei möglich sein, es wird aus einer schmerzfreien Ausgangsposition in eine schmerzfreie Endposition gearbeitet.

Die folgenden Übungsanleitungen sind keinesfalls dazu gedacht, die Wirbelsäule unkritisch zu beüben. Bei Schmerzen erfolgt zuerst die fundierte ärztliche Diagnose und erst anschließend das ärztlich überwachte Training.

Zu achten ist auf eine korrekte Ausführung der Bewegungsabläufe, geübt wird zuerst mit geringerem Gewicht. Erst anschließend werden die eingesetzten Gewichte erhöht, jedoch nur so weit, daß eine korrekte Übungstechnik möglich ist.

Bei hypermobilen Wirbelsäulensegmenten steht das Stabilisieren im Vordergrund, es wird mit betont geringem Bewegungsausschlag geübt, die hypermobilen Segmente werden aktiv stabilisiert, Rotationsbewegungen werden nur sehr vorsichtig eingebaut.

Im Übungsteil werden problembezogene, sinnvolle und recht leicht durchzuführende Übungen gezeigt. Es können keine Maßstäbe der Krankengymnastik angelegt werden. Die Übungen sind nicht zur befundlosen Selbsttherapie einzusetzen. Übungen aus stabiler Rücken- und Bauchlage sowie Übungen mit z. B. durch eine Bank fixierter Wirbelsäule sind besonders für Sportler geeignet, die nach langer Verletzungszeit und Ruhigstellung ein Rückentraining aufnehmen und noch nicht in der Lage sind, stabile Ausgangs- und Endstellungen im Seilzug ohne äußere Hilfen einzugehen.

Diese Ausgangslagen eignen sich ebenso für alle mit einem Haltungs-, Stellungs- oder Formfehler belasteten Sportler.

Es wird immer aus einer schmerzfreien Position heraus in eine schmerzfreie Position hinein geübt, beim Auftreten von Schmerzen wird die Übung abgebrochen.

Während des Übens ist die Kopfhaltung aktiv zu kontrollieren. Sie hat eine Führungsfunktion und ist durch ein leichtes Heranziehen des Kinns in Richtung Brust gekennzeichnet.

Die Übungen orientieren sich an mehrdimensionalen Bewegungsmustern. Alltags- und Sportbewegungen finden fast ausschließlich in allen drei Raumebenen unter Einbeziehung mehrerer Gelenke statt. Je nach Bewegung stabilisieren einige Muskeln den Rumpf durch isometrische Spannungsentwicklung, andere, besonders die Muskeln der Extremitäten, führen die Bewegung dynamisch aus. Entsprechend der muskulären Veranlagung des Menschen wird geübt. Die Muskulatur ist diagonal und spiralig angeordnet und arbeitet in sogenannten Muskelschlingen zusammen. Unter Beachtung des Grundsatzes der Herstellung der Funktion durch Funktion orientieren sich die Übungen an alltags- und sportmotorischen Bewegungsabläufen, die alle Raumebenen miteinbeziehen.

(Für den weitergehend Interessierten sei hier auf Dr. H. Kabat aus den USA verwiesen, der auf der Basis neurophysiologischer Studien die Methode PNF [Propriozeptive Neuromuskuläre Fazilitation] entwickelte, die inzwischen ein fester Bestandteil der modernen Krankengymnastik geworden ist. Ebenso sei die Lektüre der Klappschen Kriechmethode empfohlen, eine Methode zur Beübung der Wirbelsäule bei gleichzeitiger maximal möglicher Entlastung.)

Die vorgestellten Übungen (S. 152–187) haben in allen Wirbelsäulenabschnitten autostabilisierende Wirkungen. Alle Übungen werden mit ‹festgestellter› Hals- und Lendenwirbelsäule durchgeführt. Bei vielen Übungen finden primäre Belastungen in der Extremitätenmuskulatur statt, jedoch sind sekundäre Übungsgewinne im Bereich der Rumpfmuskulatur zu verzeichnen. Durch ‹Feststellen› der Wirbelsäule wird überhaupt erst eine zielgenaue Bewegung der Extremitäten(-muskulatur) erreicht. Die Rumpfmuskulatur wird somit in ihrer eigentlichen Funktion als Haltemuskulatur beansprucht und entwickelt.

Bei allen Übungen werden weder Intensität und Umfang noch die Gewichte benannt. Die individuelle Situation läßt keine generalisierende Beschreibung oder gar Anweisung zu. Das Gewicht ist dann zu hoch, wenn die angestrebte Technik nicht korrekt ausgeführt werden kann. Der Umfang ist dann zu hoch, wenn nach einigen ausgeführten Übungen die technische Durchführung unsauber wird.

Einseitiges Seilzugtraining in diagonaler Richtung eignet sich nach genauer Bewegungsanalyse und Begutachtung der individuellen Situation als Ausgleich für alle durch Beruf oder Sportart körperlich einseitig beanspruchten Sportler.

Praxisteil

Wirbelsäule

Übungen zur Mobilisation (Beweglichkeit)

Übungsziel: Automobilisation der Wirbelsäule in der Seitneigung

Trainingsmittel: Kurzhantel (2–10 kg)
Übungsbeschreibung: Die Hantel wird in einer Hand dicht am Körper gehalten. Durch Seitneigung des Rumpfes wird die Kurzhantel an der Außenseite des Oberschenkels maximal weit nach unten geführt. Nur der Oberkörper bewegt sich, das Becken bleibt stabil.
Hauptwirkung: Mobilisation der Wirbelsäule
Nebenwirkung: Dehnung der seitlichen Rumpfmuskulatur
Variationen: Diese Übung kann auch im Sitzen durchgeführt werden.

Übungsziel: Automobilisation für die Links- und Rechtsneigung mit kombinierter Rotation (Foto rechts)

Trainingsmittel: Stange
Übungsbeschreibung: Der Sportler sitzt auf der Trainingsbank mit der Stange im Nacken. Er dreht und beugt seinen Oberkörper nach links; anschließend dreht und streckt er seinen Oberkörper nach rechts. Der Kopf zeigt immer in die Bewegungsrichtung.
Hauptwirkung: Mobilisation der Wirbelsäule in Seitneigung und Rotation
Nebenwirkung: Dehnung und Kräftigung der Rumpfmuskulatur

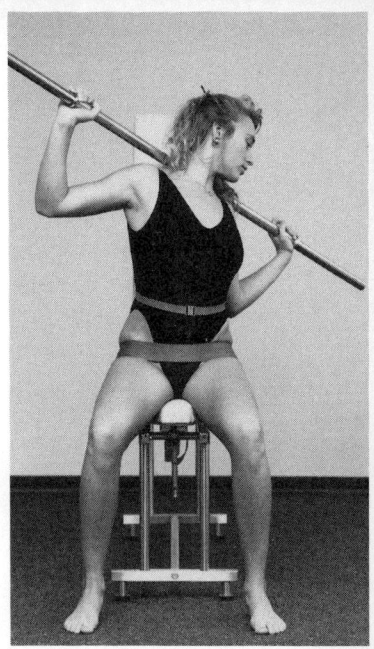

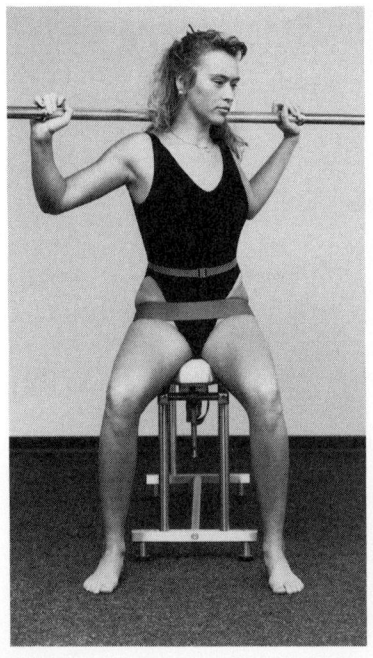

Übungsziel: Automobilisation für die Links- und Rechtsrotation

Trainingsmittel: Stange
Übungsbeschreibung: Mit dem Oberkörper werden in langsamer und gleichmäßiger Bewegungsgeschwindigkeit seitliche Wendungen durchgeführt.
Hauptwirkung: Mobilisation in der Rotationsebene
Nebenwirkung: Dehnung der seitlichen Rumpfmuskulatur
Achtung: Keine schwunghaften Bewegungen
Anmerkung: Das Becken kann durch einen Gurt zusätzlich stabilisiert werden.

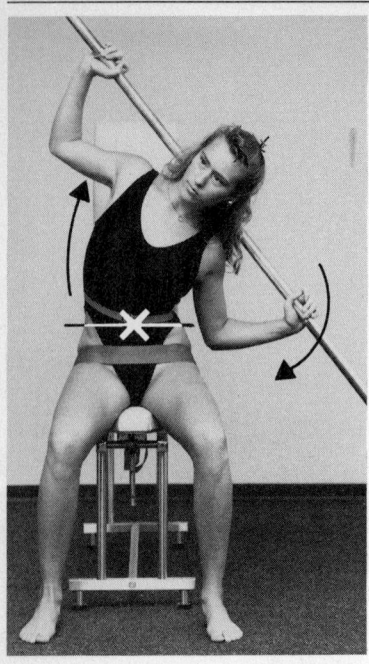

Übungsziel: Automobilisation für die Linksseitneigung

Trainingsmittel: Stange
Übungsbeschreibung: Maximales Seitneigen nach links bei stabilem Becken
Hauptwirkung: Mobilisation der Wirbelsäule
Nebenwirkung: Dehnung der seitlichen Rumpfmuskulatur
Anmerkung: Das Becken kann mit einem Gurt zusätzlich fixiert werden.

Übungsziel: Automobilisation der Wirbelsäule in Rechtsseitneigung

Trainingsmittel: Unterlegkeil
Nebenwirkung: Dehnung der seitlichen Rumpfmuskulatur

Übungsziel: Automobilisation der Wirbelsäule

Trainingsmittel: Matte

Übungsbeschreibung: Aus dem Kniestand wird im langsamen und gleichmäßigen Bewegungstempo in die ‹Katzenbuckelposition› und von dort in die ‹Hohlkreuzposition› gegangen.

Hauptwirkung: Mobilisation der Wirbelsäule

Nebenwirkung: Kräftigung der Rumpfmuskulatur

Achtung: Bei hypermobilen Wirbelsäulensegmenten

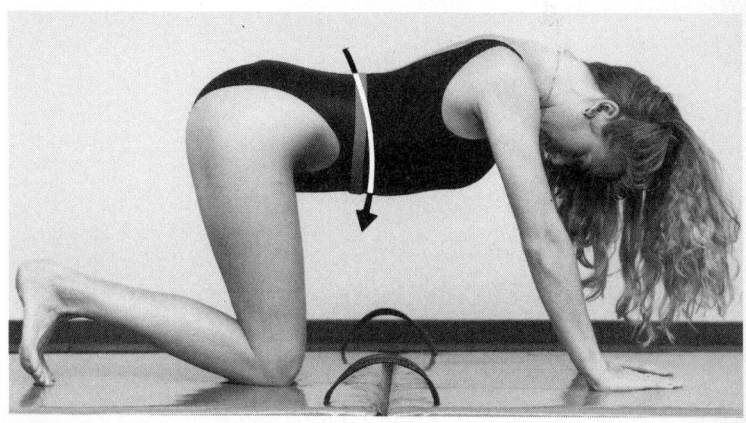

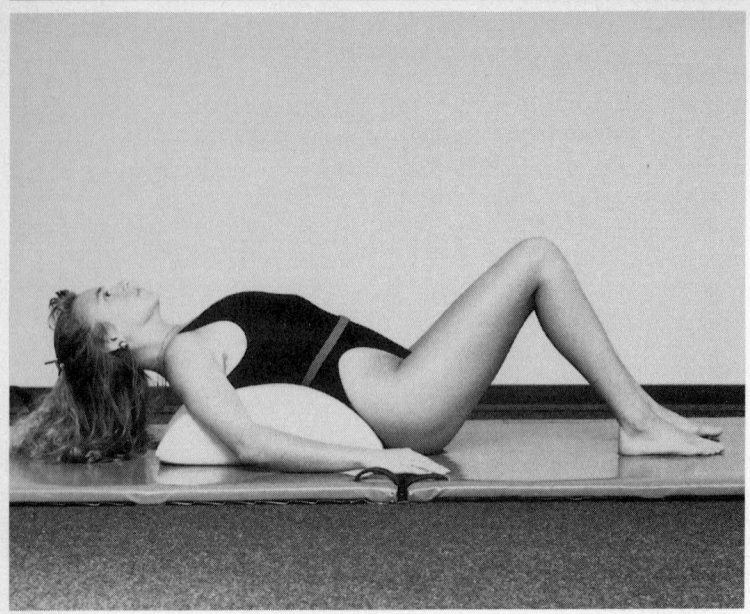

Übungsziel: Automobilisation der Brustwirbelsäule

Trainingsmittel: Unterlegkeil (Medizinball)
Hauptwirkung: Mobilisation der Brustwirbelsäule, Dehnung der Zwischenrippenmuskulatur
Variationen: Mit Medizinball als Unterlage
Achtung: Halswirbelsäule aktiv stabilisieren.

Übungsziel: Automobilisation des Lendenwirbelsäulenbereichs
(Fotos rechts)

Trainingsmittel: Matte
Übungsbeschreibung: In Rückenlage werden die Oberschenkel möglichst nahe an den Rumpf gezogen, anschließend der Kopf gehoben und das Kinn in Richtung Brust gebracht.
Hauptwirkung: Automobilisation des LWS-Bereichs; Dehnung der tiefen Rücken- und der Gesäßmuskulatur

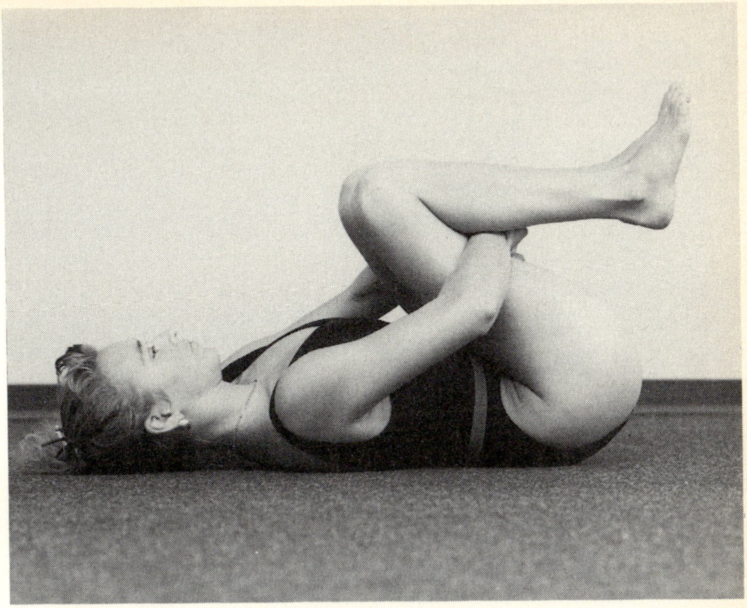

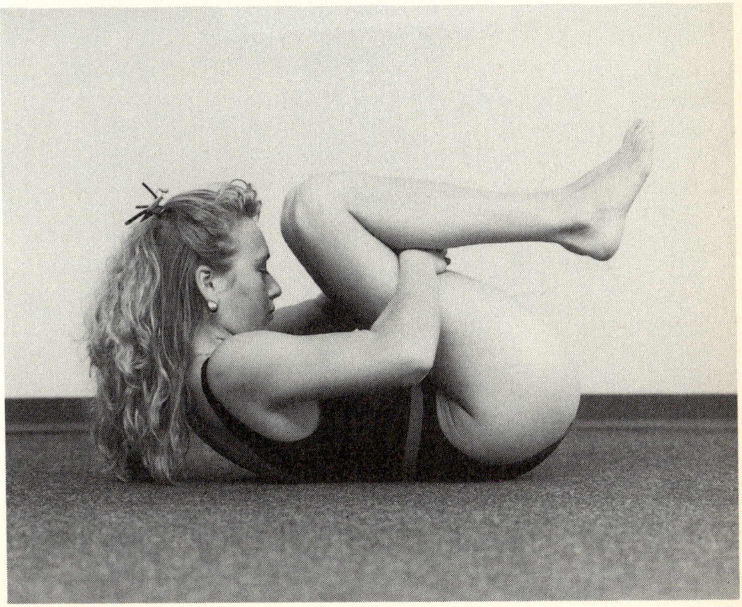

Übungsziel: Dehnung und Automobilisation

Übungsbeschreibung: Die rechte Hand zieht den Kopf in Seitneigung, der linke Arm wird zum Boden gedrückt.
Hauptwirkung: Dehnung der seitlichen Hals- und Nackenmuskulatur
Achtung: Bei instabilen HWS-Segmenten

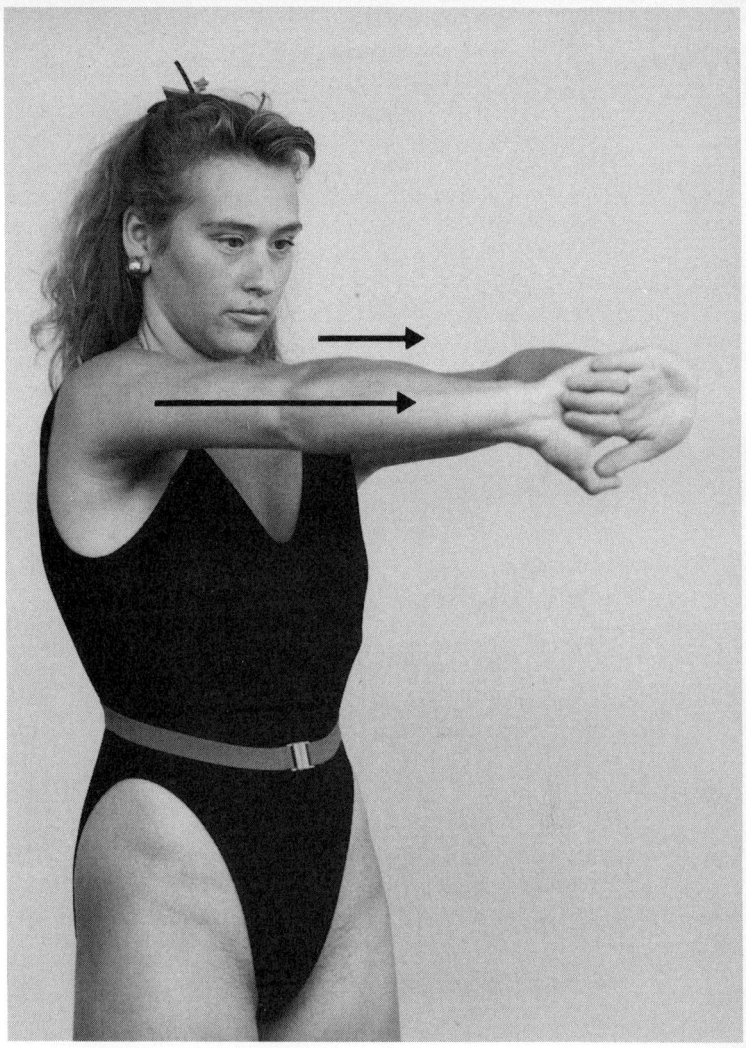

Übungsziel: Automobilisation

Übungsbeschreibung: Beide Arme werden bis zur völligen Streckung der Ellbogen nach vorn geschoben.
Hauptwirkung: Dehnung der Schulterblattmuskulatur

Übungen zur Stabilisierung (Kräftigung)

Übungsziel: Kräftigung der Rücken- und Schultermuskulatur

Trainingsmittel: Matte

Übungsbeschreibung: Aus dem Kniestand mit beiden Händen nach vorne auf die Matte abgelegt, wird ein Arm mit dem Daumen nach oben abgehoben und für einige Sekunden gehalten.

Übungsziel: Kräftigung der Rücken-, Schulter- und Gesäßmuskulatur

Trainingsmittel: Matte

Übungsbeschreibung: Linker Arm und rechtes Bein bis zur Waagerechten strecken.

Nebenwirkung: Mobilisation der Wirbelsäule in der Ausgangsstellung

Achtung: In der Streckung das gestreckte Bein nicht nach außen rotieren und die Hüfte nicht «aufdrehen».

Übungsziel: Kräftigung der geraden Rückenmuskulatur

Trainingsmittel: Matte
Übungsbeschreibung: Aus dem Kniestand wird der Oberkörper in die Waagerechte angehoben und in dieser Position einige Sekunden gehalten.
Nebenwirkung: Kräftigung der interscapulären Muskulatur
Achtung: Kopf nicht überstrecken.

Übungsziel: Kräftigung der Rückenmuskulatur (Fotos rechts)

Trainingsmittel: Matte
Übungsbeschreibung: Aus dem entspannten Hocksitz wird der Oberkörper maximal aufgerichtet.
Nebenwirkung: Mobilisation der Wirbelsäule
Achtung: Den Kopf nicht überstrecken.

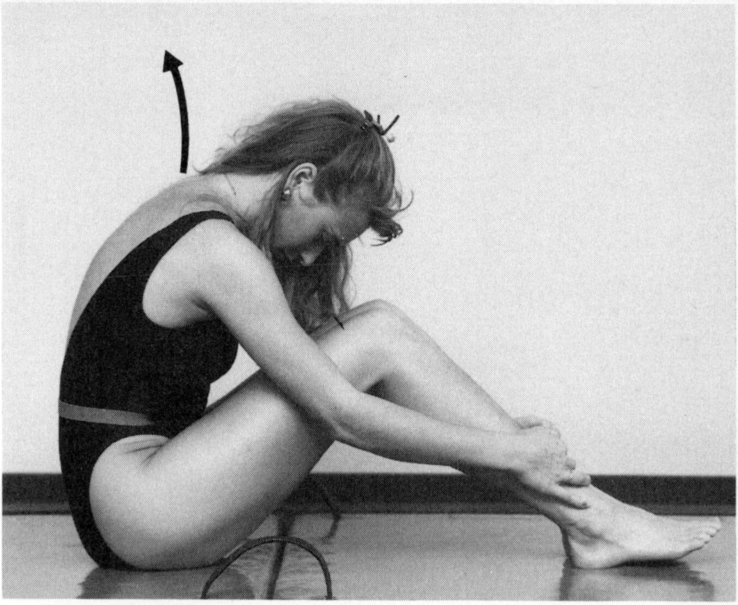

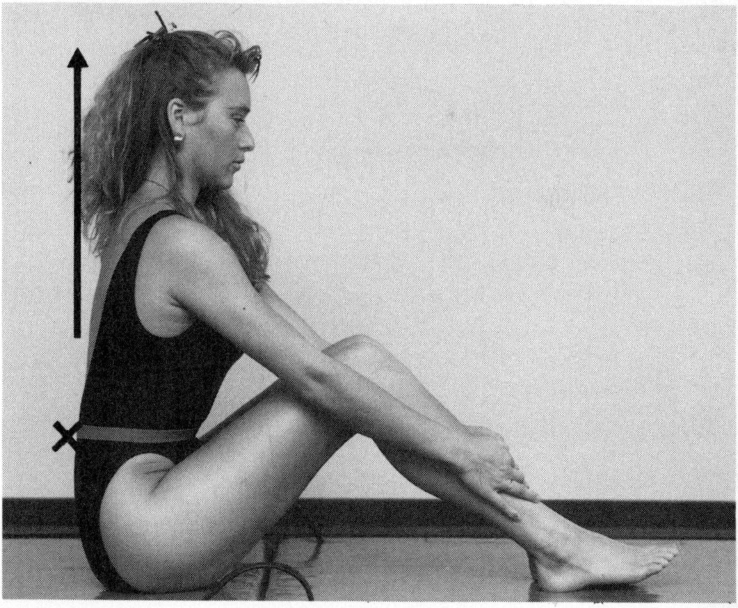

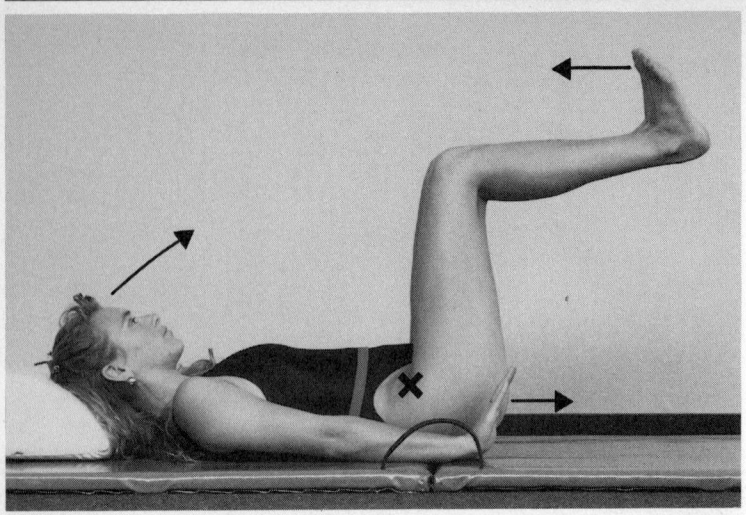

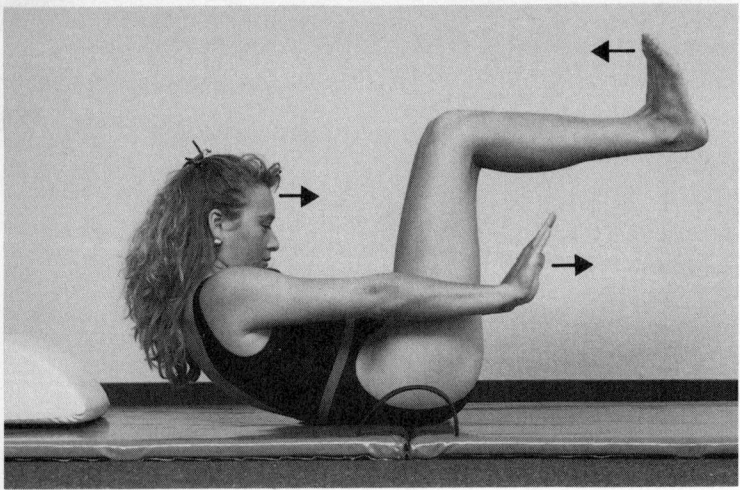

Übungsziel: Kräftigung der geraden Bauchmuskulatur

Trainingsmittel: Matte
Übungsbeschreibung: Der Rumpf wird ‹eingerollt›.
Nebenwirkung: Mobilisation der Wirbelsäule
Anmerkung: Langsame und kontrollierte Bewegungsführung

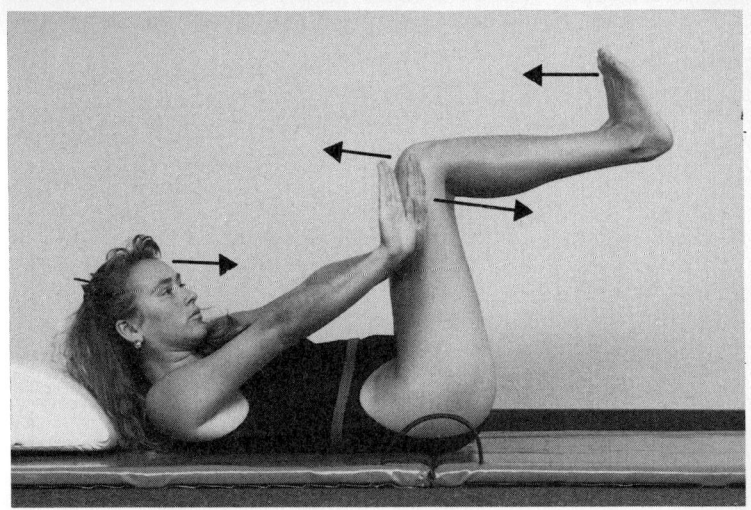

Übungsziel: Kräftigung der schrägen Bauchmuskulatur

Trainingsmittel: Matte
Übungsbeschreibung: Die parallel geführten Hände werden in diagonaler Verwringung neben den Oberschenkeln vorbeigeführt.
Nebenwirkung: Mobilisation der Wirbelsäule
Anmerkung: Langsame und kontrollierte Bewegungsführung

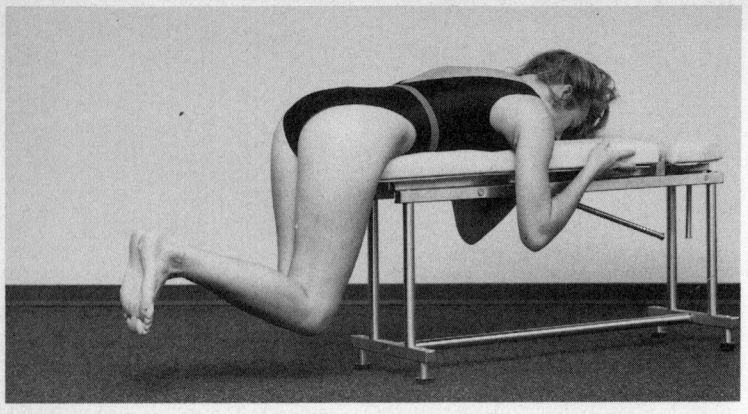

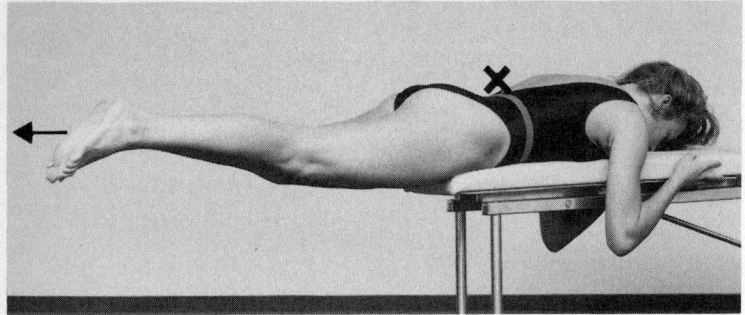

Übungsziel: Kräftigung der tiefen Rückenstrecker und Gesäßmuskulatur

Trainingsmittel: Trainingsbank
Übungsbeschreibung: Bei fest fixiertem Oberkörper werden die Beine aus der Beugung in die Streckung (Waagerechte) gebracht und einige Sekunden in dieser Position gehalten.
Achtung: LWS-Bereich bewußt fixieren.

Übungsziel: Autostabilisation der Wirbelsäule (in Flexion) (Fotos rechts)

Trainingsmittel: Kasten
Übungsbeschreibung: Der Sportler fixiert sein Becken und kommt dann zuerst durch Kopfeinrollen und dann durch Rumpfeinrollen langsam und gleichmäßig nach oben/vorn.
Hauptwirkung: Kräftigung der geraden Bauchmuskulatur
Variationen: Endposition wie drittes Foto rechts; Endposition wie in Foto unten rechts; kurzes Halten des Oberkörpers in abgehobener Position

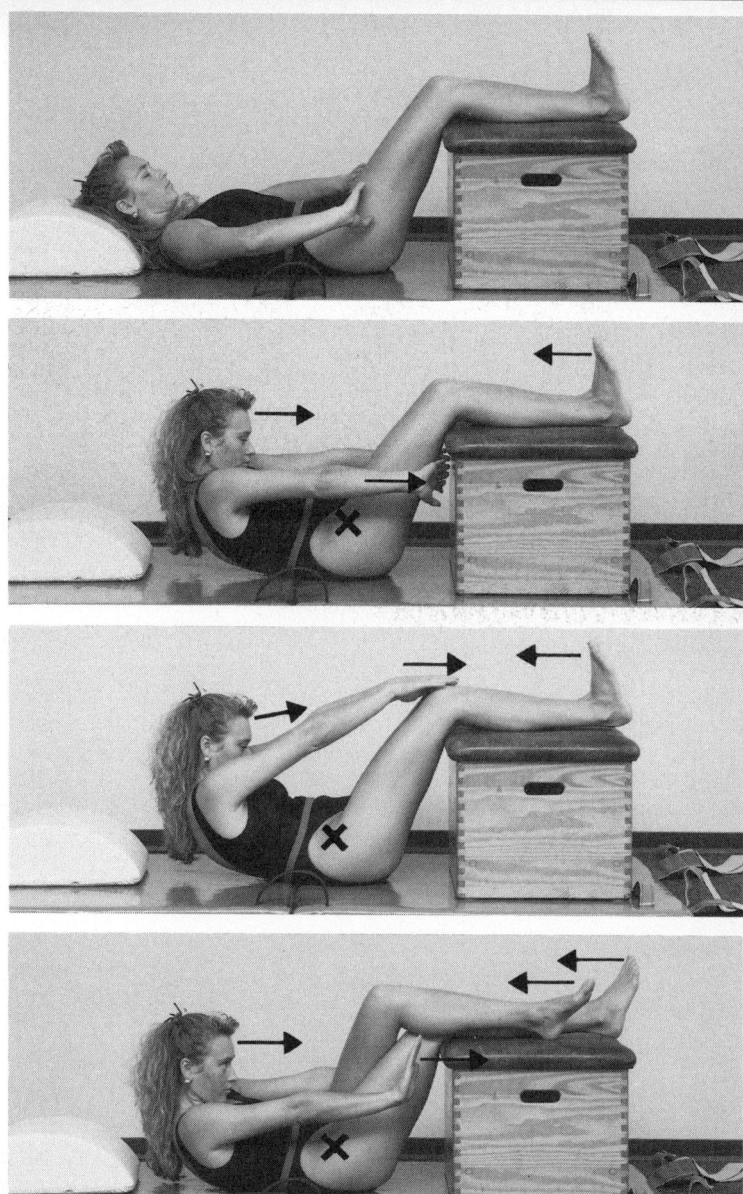

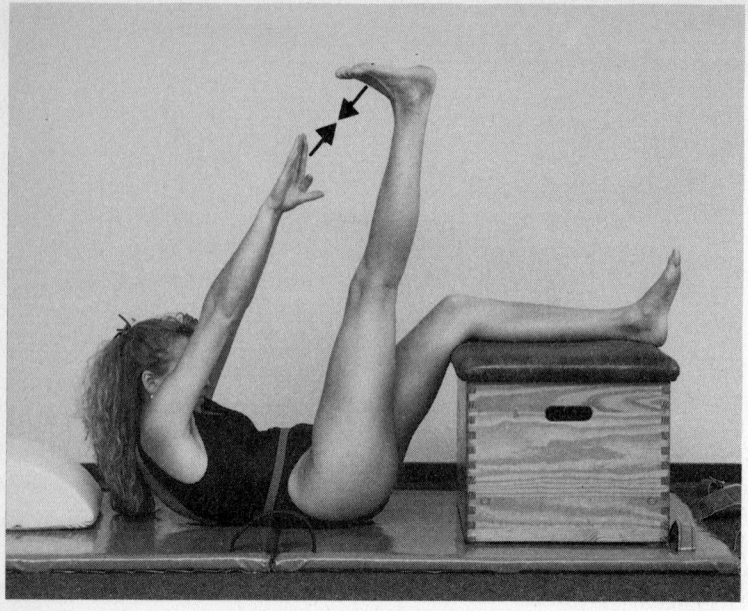

Übungsziel: Autostabilisation der Wirbelsäule (in Flexion)

Trainingsmittel: Kasten
Übungsbeschreibung: Der Sportler fixiert sein Becken und kommt zuerst durch Kopfeinrollen und dann durch Rumpfeinrollen langsam und gleichmäßig nach oben/vorn in Richtung Fußspitze.
Hauptwirkung: Kräftigung der geraden Bauchmuskulatur
Nebenwirkung: Kräftigung des Oberschenkelstreckers, bes. rektus Femoris und des Hüftbeugers
Achtung: Bei Ischiasbeschwerden

Übungsziel: Autostabilisation der Wirbelsäule (in Rotation) (Fotos rechts)

Trainingsmittel: Matte, Partnerhilfe
Übungsbeschreibung: Der Sportler rollt zuerst seinen Kopf, dann seinen Körper in diagonaler Richtung ein und arbeitet gegen den dosierten Widerstand des Partners.
Hauptwirkung: Kräftigung der schrägen Bauchmuskulatur

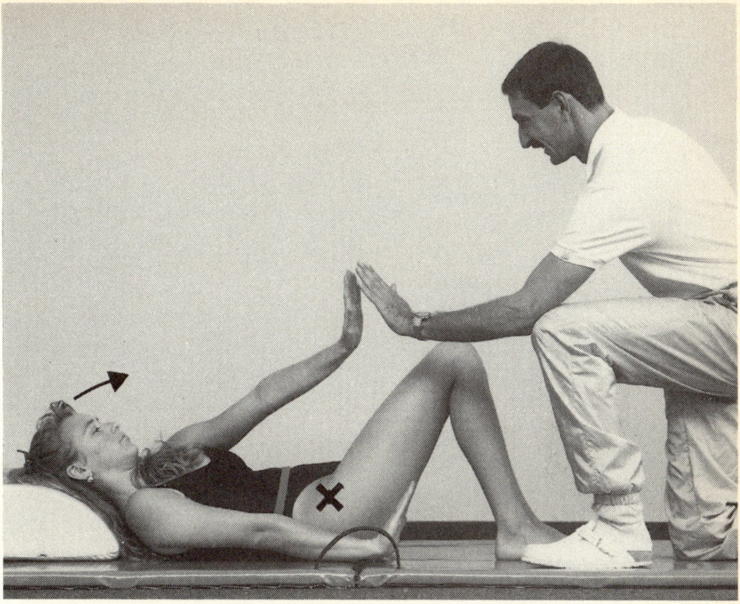

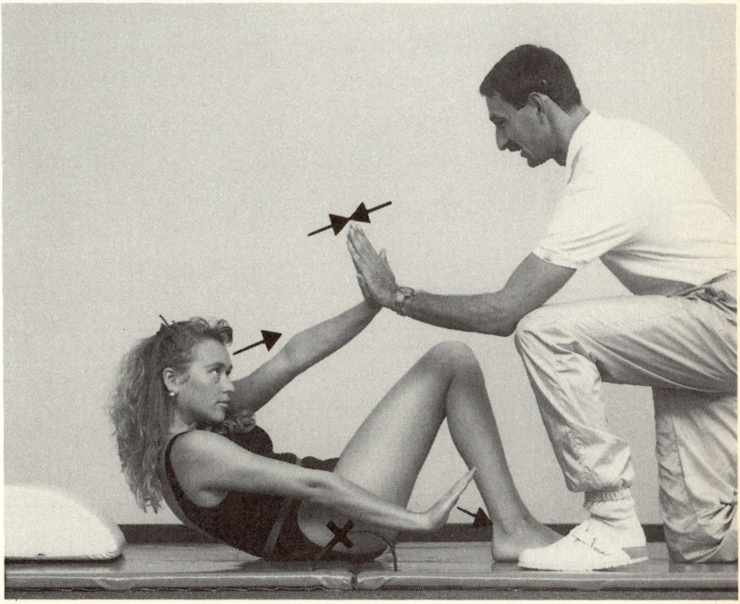

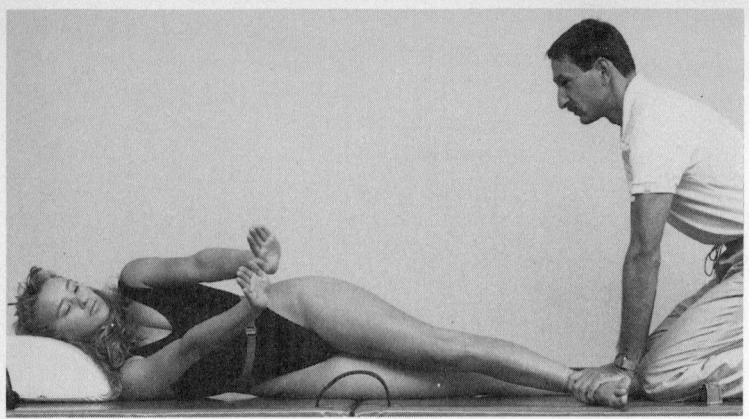

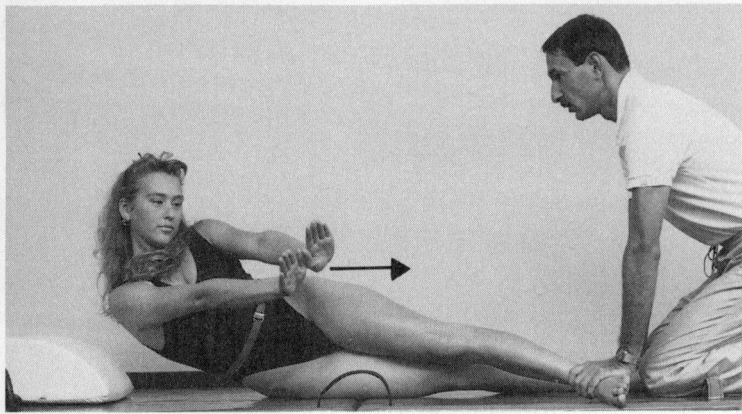

Übungsziel: Autostabilisation der Wirbelsäule (in Rotation)

Trainingsmittel: Matte, Partnerhilfe
Übungsbeschreibung: Der Sportler hebt seinen Rumpf seitlich ab.
Hauptwirkung: Kräftigung der seitlichen Rumpf- und der schrägen
Bauchmuskulatur
Variationen: Rotation des Rumpfes nach Abheben

Übungsziel: Autostabilisation der Wirbelsäule (Fotos rechts)

Trainingsmittel: Schrägbrett
Übungsbeschreibung: Der Sportler hebt und senkt in langsamem Bewegungstempo das Becken.

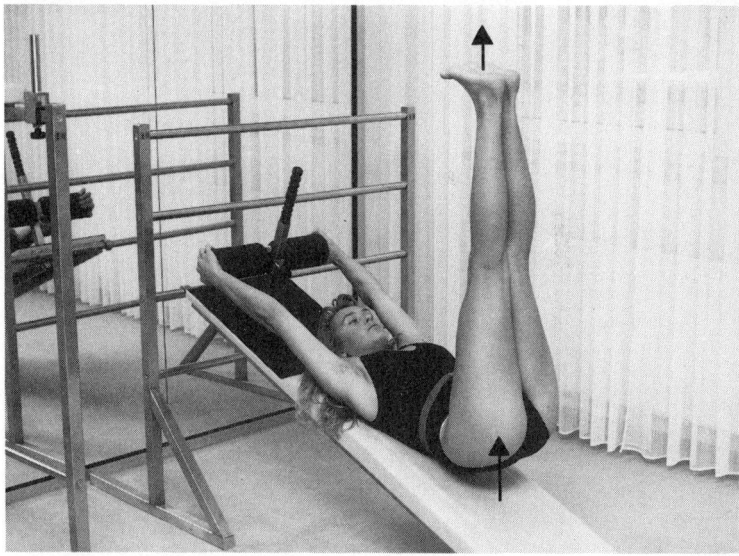

Hauptwirkung: Kräftigung der geraden Bauchmuskulatur
Nebenwirkung: Kräftigung der Rückenmuskulatur
Variationen: Das Brett kann in der Schräge variiert werden.

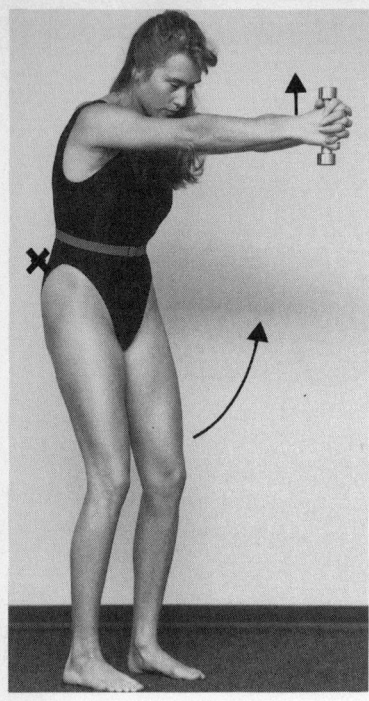

Übungsziel: Stabilisierung der Wirbelsäule

Trainingsmittel: Kurzhantel (1–4 kg), Gewichtsmanschette

Übungsbeschreibung: Aus dem schulterbreiten Stand wird die von den Händen umfaßte Hantel nach vorn in die Waagerechte gebracht. Nun wird das linke Bein bei stabil fixierter Wirbelsäule abgehoben.

Nebenwirkung: Kräftigung des Schultergürtels und der Hüftbeuger; Gleichgewichtsschulung

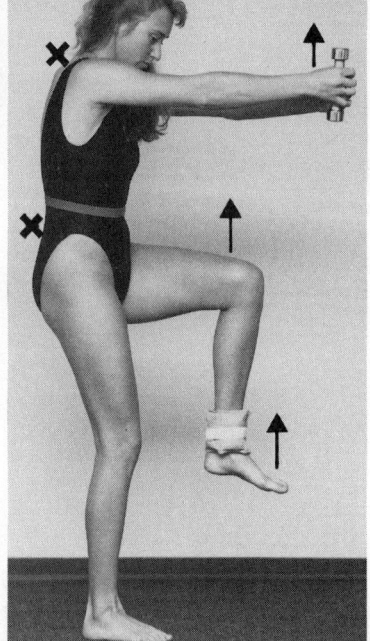

Variationen: Zur Erschwerung der Übung kann eine Gewichtsmanschette am Fuß angebracht werden.

Übungsziel: Stabilisierung des
Schultergürtels

Trainingsmittel: Kurzhantel
(1–3 kg)
Übungsbeschreibung: Im schulterbreiten Stand wird die Hantel nach
außen geführt.
Hauptwirkung: Stabilisierung des
Schultergürtels; indirekte Stabilisierung des Lendenwirbelsäulenbereichs

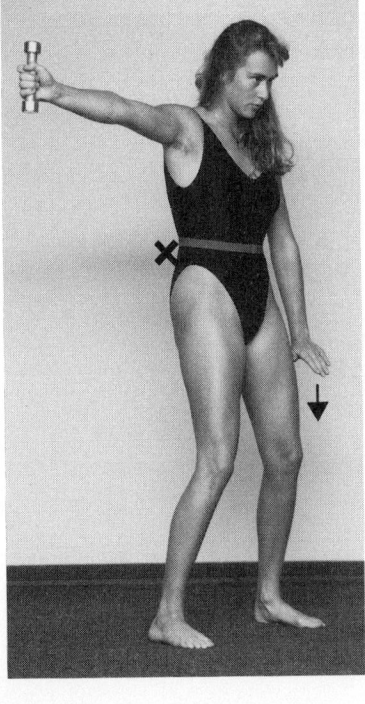

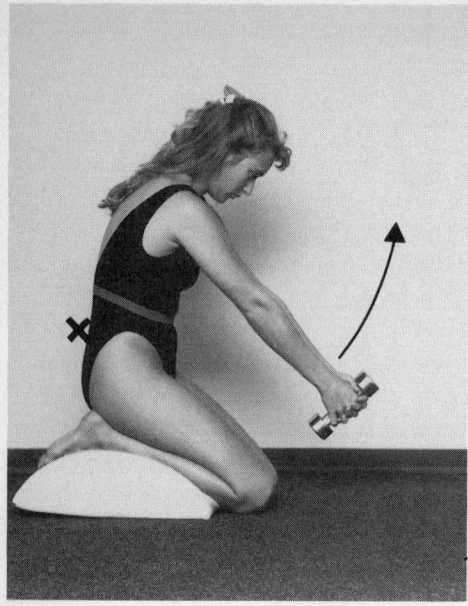

Übungsziel: Stabilisierung der Lendenwirbelsäule

Trainingsmittel:
Kurzhantel (1–6 kg)

Übungsbeschreibung:
Aus dem Kniestand wird die mit beiden Händen umfaßte Kurzhantel in langsamer Bewegungsführung in die Waagerechte vor den Körper gebracht und dort einige Sekunden gehalten.

Hauptwirkung: Indirekte Stabilisierung der Lendenwirbelsäule; Stabilisierung der Halswirbelsäule; Kräftigung der Schultergürtelmuskulatur

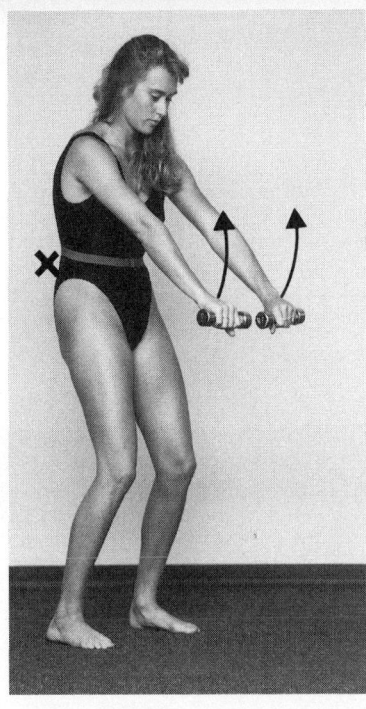

Übungsziel: Stabilisierung der Lendenwirbelsäule

Trainingsmittel: Kurzhantel (1–4 kg)

Übungsbeschreibung: Aus dem schulterbreiten Stand mit leicht gebeugten Hüft- und Kniegelenken werden die Arme vor dem Körper langsam in die Waagerechte geführt und dort einige Sekunden gehalten.

Hauptwirkung: Indirekte Stabilisierung der Lendenwirbelsäule; Stabilisierung der Halswirbelsäule; Kräftigung der Schultergürtelmuskulatur

Achtung: Auf stabilisierten Rücken achten, niemals mit gestreckten Hüft- und Kniegelenken durchführen.

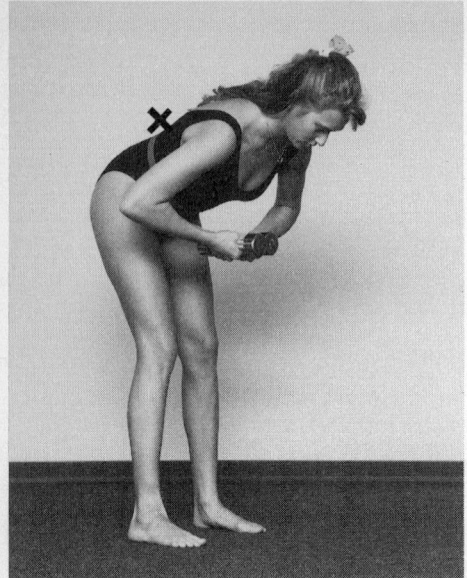

Übungsziel: Kräftigung der interscapulären Muskulatur und Autostabilisation der Lendenwirbelsäule

Trainingsmittel: Kurzhanteln (1–4 kg)
Übungsbeschreibung: Ausgangsstellung im schulterbreiten Stand mit leicht gebeugten Hüft- und Kniegelenken; die Arme werden nach seitlich oben gebracht.
Nebenwirkung: Kräftigung der Armstrecker

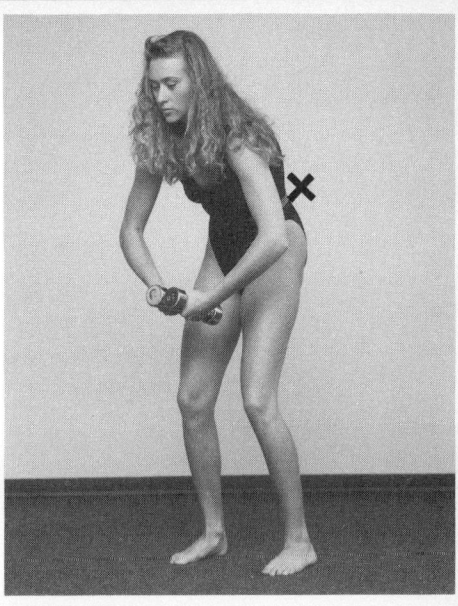

Übungsziel: Kräftigung der Schulter- und Nacken- muskulatur

Trainingsmittel: Kurzhanteln (1–4 kg)

Übungsbeschreibung: Aus dem schulterbreiten Stand mit leicht gebeugtem Hüft- und Kniegelenk werden die Kurzhanteln nach seitlich oben geführt.

Nebenwirkung: Autostabi- lisation der Lendenwirbel- säule (statisch); Kräftigung der Armstrecker

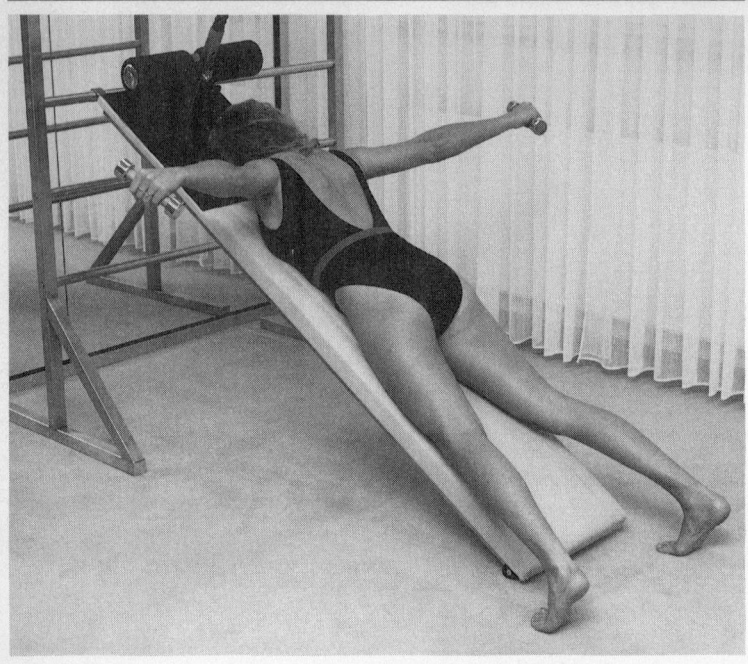

Übungsziel: Kräftigung der Rückenmuskulatur (interscapuläre Muskulatur)

Trainingsmittel: Schrägbank, Kurzhanteln (1–4 kg)
Übungsbeschreibung: Aus der Bauchlage mit auf der Unterlage aufliegender Stirn werden die Arme nach hinten oben gebracht.
Nebenwirkung: Kräftigung der Armstrecker
Variationen: Das Schrägbrett mit verschiedenen Steigungen einsetzen.

Übungsziel: Kräftigung der Schultergürtel- und Nackenmuskulatur

Trainingsmittel: SZ-Stange
Übungsbeschreibung: Aus dem schulterbreiten Stand wird die SZ-Stange bei leicht gebeugten Knie- und Hüftgelenken dicht vor dem Körper ‹hochgezogen›.
Nebenwirkung: Autostabilisation der Lendenwirbelsäule (statisch); bei höherem Gewicht zusätzliche Kräftigung der Armbeuger und der Schultergürtelmuskulatur

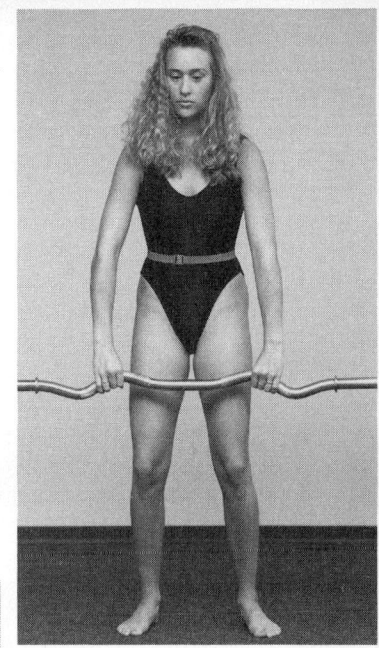

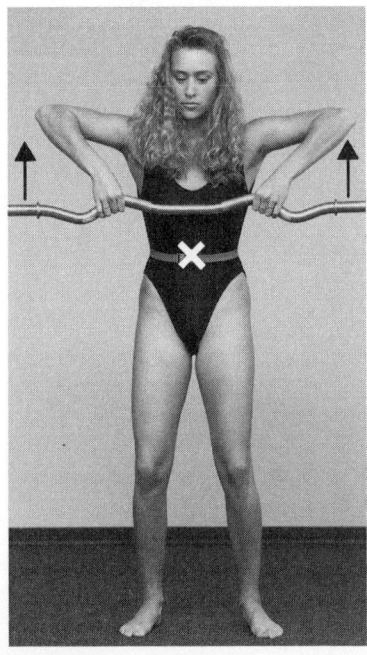

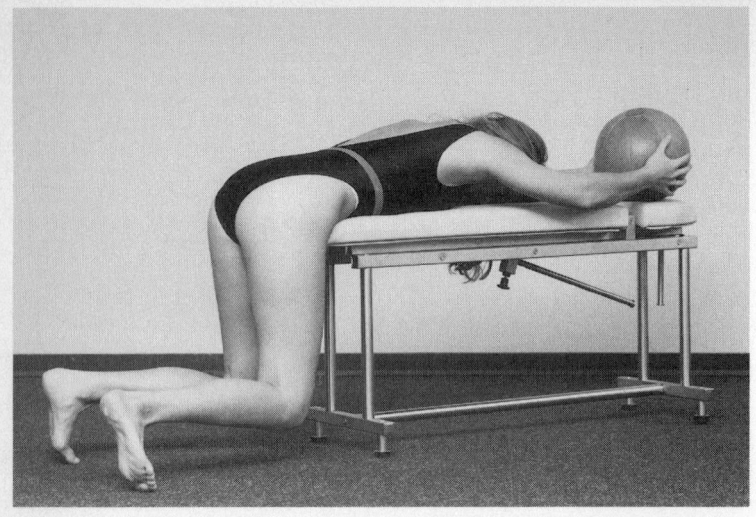

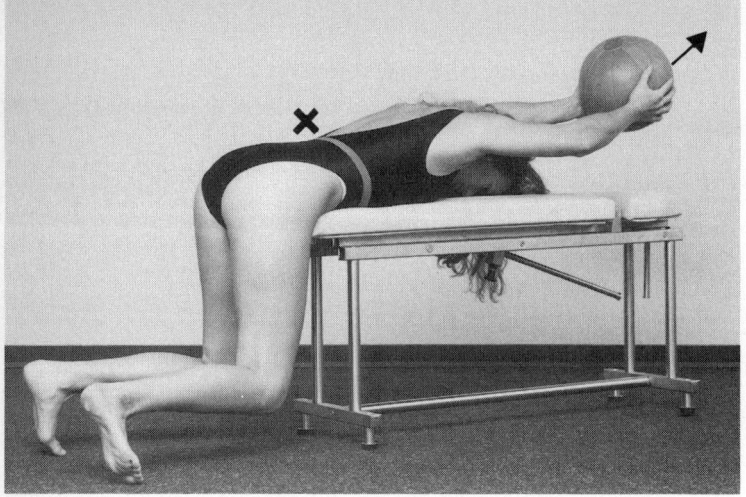

Übungsziel: Kräftigung der Schultergürtel- und Rückenmuskulatur

Trainingsmittel: Trainingsbank; Medizinball
Übungsbeschreibung: Aus Ausgangsposition den Medizinball abheben.
Nebenwirkung: Kräftigung der Armbeuger
Variationen: Der gesamte Oberkörper wird abgehoben.

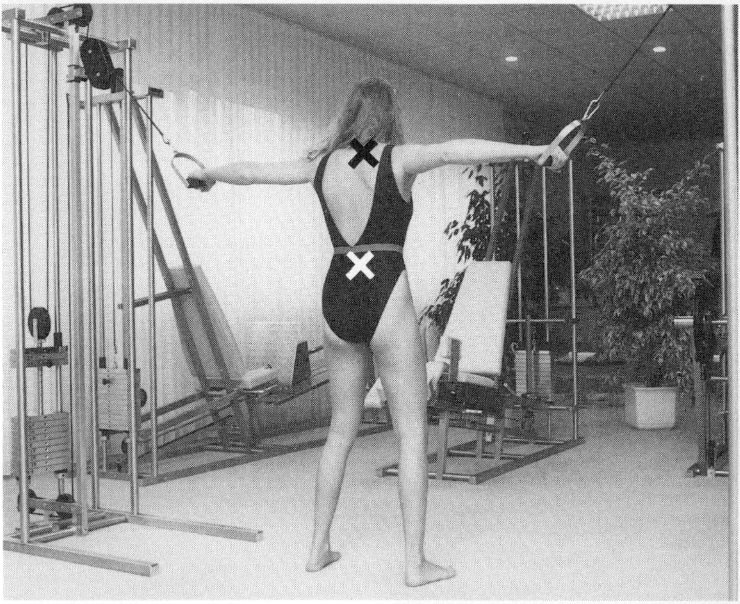

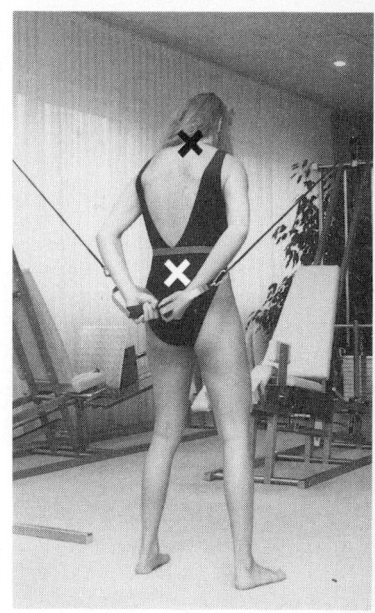

Übungsziel: Autostabilisation der Wirbelsäule

Trainingsmittel: Doppelseilzug
Übungsbeschreibung: Der Sportler steht zwischen den Seilzügen und bringt mit leicht gebeugten Ellbogen die Arme hinter dem Rükken zusammen.
Hauptwirkung: Kräftigung des Latissimus und der interscapulären Muskulatur
Nebenwirkung: Indirekte Stabilisierung der Wirbelsäule
Anmerkung: Leichte Gewichte verwenden.

Übungsziel: Autostabilisation der Wirbelsäule
und des Schultergürtels

Trainingsmittel: Doppelseilzug
Übungsbeschreibung:
Der Sportler steht mit
leicht gebeugten Hüft-
und Kniegelenken
zwischen den Seilzügen
und bringt die Arme seit-
lich nach oben.
Hauptwirkung: Kräfti-
gung des Schultergürtels;
indirekte Stabilisierung
der Wirbelsäule
Variationen: Schrittstellung; Arme anbeugen.
Anmerkung: Nur leichte
Gewichte verwenden.

Übungsziel: Autostabilisation der Wirbelsäule

Trainingsmittel: Seilzug
Übungsbeschreibung:
Aus der leichten Schrittstellung werden bei stabilem Rumpf die Arme leicht gebeugt nach vorne gebracht.
Hauptwirkung: Stabilisation der Wirbelsäule
Nebenwirkung: Kräftigung der Armbeuger; Brustmuskulatur; Bauchmuskulatur (statisch)
Anmerkung: Nur leichte Gewichte verwenden.

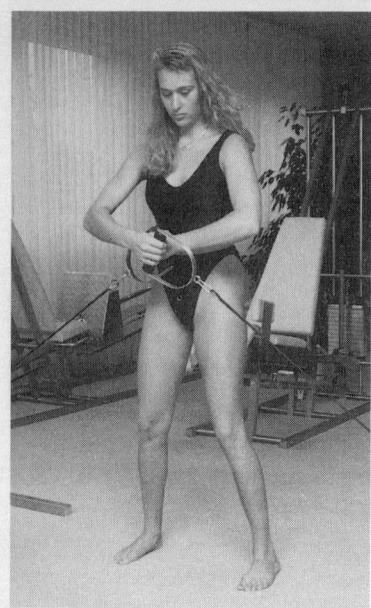

Übungsziel: Autostabilisation der Wirbelsäule

Trainingsmittel: Doppelseilzug
Übungsbeschreibung: Der Sportler steht mit leicht gebeugten Hüft- und Kniegelenken zwischen den Seilzügen und bringt die Arme aus gebeugter Position in die Streckung in Schulterhöhe.
Hauptwirkung: Stabilisation der Wirbelsäule
Nebenwirkung: Kräftigung der Schultergürtel- und Armstreckmuskulatur
Anmerkung: Nur leichte Gewichte verwenden.

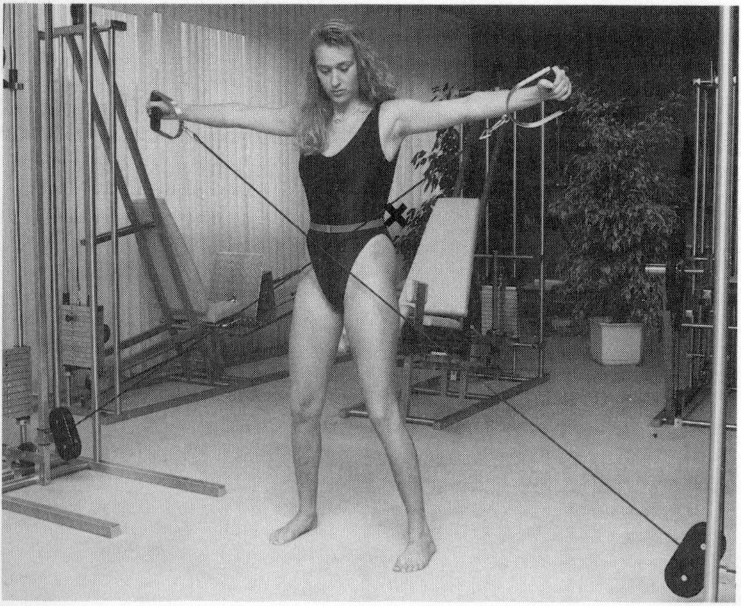

Übungsziel: Autostabilisation der Wirbelsäule

Trainingsmittel: Doppelseilzug
Übungsbeschreibung: Der Sportler steht mit leicht gebeugten Hüft- und Kniegelenken in 90 Grad Beugung zwischen den Seilzügen und bringt die Arme aus gebeugter Position in die Streckung in Schulterhöhe.
Hauptwirkung: Stabilisierung der Wirbelsäule
Nebenwirkung: Kräftigung der interscapulären Muskulatur und der Armstrecker
Anmerkung: Nur leichte Gewichte verwenden.

 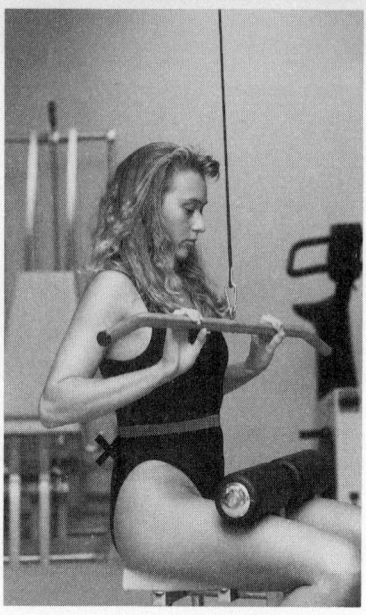

Übungsziel: Stabilisierung der Wirbelsäule

Trainingsmittel: Seilzug
Übungsbeschreibung: Aus dem stabilen Sitz wird die Stange schulterbreit umfaßt und nach unten gezogen.
Hauptwirkung: Indirekte Stabilisierung der Wirbelsäule
Nebenwirkung: Kräftigung des Latissimus
Variationen: Verschiedene Handfassungen (vgl. Fotos unten)

Übungsziel: Stabilisierung des
Schultergürtels

Trainingsmittel: Seilzug, Trainingsschrägbank

Übungsbeschreibung: Auf der
Schrägbank sitzend, mit der Stirn an
der Bank fixiert, werden die Seilzüge in Schulterhöhe nach hinten
gebracht.

Hauptwirkung: Kräftigung der
interscapulären Muskulatur

Nebenwirkung: Kräftigung der
Armstrecker, Stabilisierung des
Halswirbelsäulenbereichs

Variationen: Nach hinten oben
ziehen; nach hinten unten ziehen.

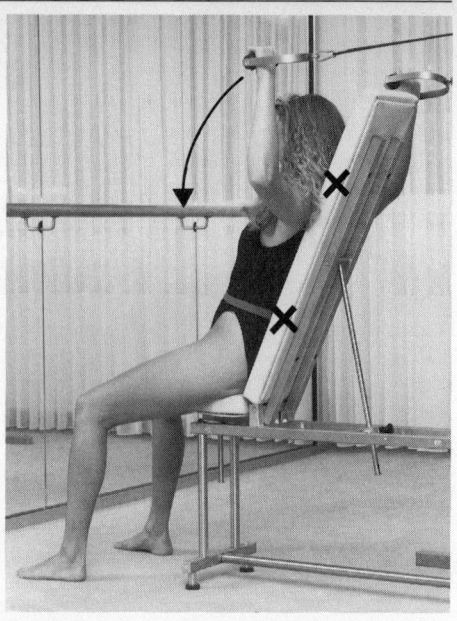

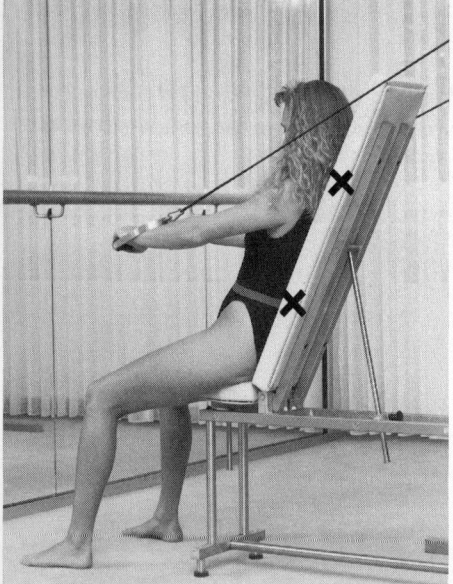

Übungsziel: Stabilisierung des Schultergürtels

Trainingsmittel: Seilzug, Trainingsschrägbank

Übungsbeschreibung: Auf der Schrägbank sitzend wird der Seilzug nach vorn gebracht, und die Arme werden gestreckt.

Nebenwirkung: Kräftigung des Armstreckers; Dehnung der Brustmuskulatur in der Ausgangsstellung; Kräftigung der Brustmuskulatur in der Endstellung.

Variationen: Schräge der Rückenlehne

Achtung: Bei habituellen Schulterluxationen

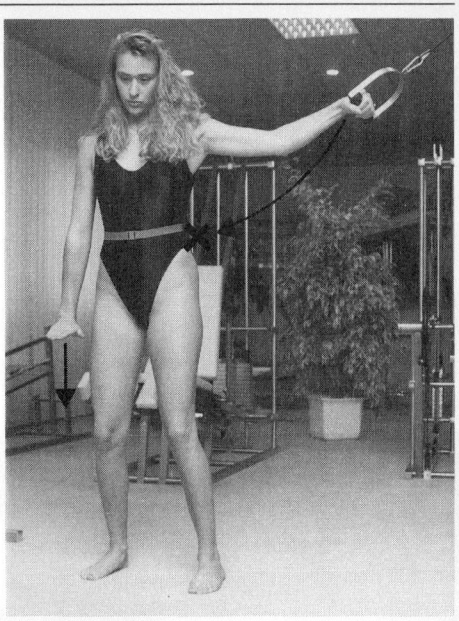

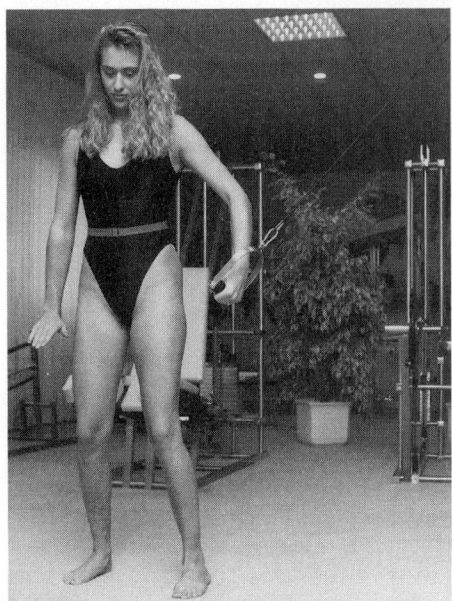

Übungsziel: Autostabilisation der Wirbelsäule

Trainingsmittel: Seilzug
Übungsbeschreibung:
Der Sportler steht im schulterbreiten Stand mit leicht gebeugten Hüft- und Kniegelenken seitlich am Seilzug. Er führt den Griff seitlich an den Körper.
Nebenwirkung: Kräftigung des Latissimus und des Brustmuskels
Anmerkung: Nur leichte Gewichte verwenden.

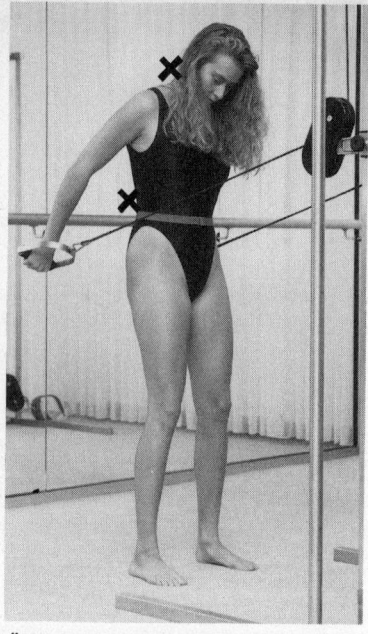

Übungsziel: Autostabilisation der Wirbelsäule

Trainingsmittel: Doppelseilzug
Übungsbeschreibung: Der Sportler steht mit leicht gebeugten Hüft- und Kniegelenken vor dem Doppelseilzug und bringt beide Arme gleichzeitig nach hinten.
Nebenwirkung: Kräftigung des Latissimus, der Armstrecker, der langen Rückenstrecker
Variationen: Schrittstellung (vgl. Foto links)
Anmerkung: Nur leichte Gewichte verwenden.

Übungsziel: Autostabilisation der Wirbelsäule

Trainingsmittel: Seilzug
Übungsbeschreibung: Der Sportler steht mit leicht gebeugten Hüft- und Kniegelenken vor dem Seilzug und bringt die Arme nach vorn oben.
Hauptwirkung: Indirekte Kräftigung der Wirbelsäulenstrecker; Kräftigung der Schultergürtelmuskulatur
Nebenwirkung: Kräftigung der Armstrecker
Variationen: Schrittstellung; Arme nicht nach oben bringen, sondern nur in den Ellbogen abwinkeln (vgl. Foto rechts).
Anmerkung: Nur leichte Gewichte verwenden.

Übungsziel: Autostabilisation der Wirbelsäule in Extension und Rotation

Trainingsmittel: Seilzug

Übungsbeschreibung: Der Sportler steht in Schrittstellung im schulterbreiten Stand am Seilzug. Er beugt sich links unten mit geradem und stabilem Rücken und führt eine Bewegung nach außen oben durch.

Nebenwirkung: Kräftigung der Schultergürtelmuskulatur und der Armstrecker

Achtung: Erst ohne Gewicht die Bewegung einüben.

Anmerkung: Nur leichte Gewichte verwenden.

Übungsziel: Autostabilisation der Wirbelsäule in Beugung und Innenrotation

Trainingsmittel: Seilzug
Übungsbeschreibung: Der Sportler steht in Schrittstellung und schulterbreitem Stand seitlich am Seilzug. Er führt den Griff von links oben nach rechts unten.
Nebenwirkung: Kräftigung der schrägen Bauchmuskulatur
Achtung: Nur leichte Gewichte verwenden.

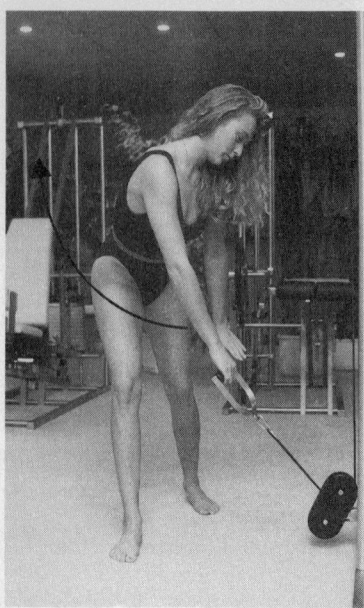

Übungsziel: Autostabilisation der Wirbelsäule in Extension und Außenrotation

Trainingsmittel: Seilzug
Übungsbeschreibung: Der Sportler steht in Schrittstellung und schulterbreitem Stand seitlich am Seilzug. Er führt den Griff von links unten nach rechts oben.
Hauptwirkung: Kräftigung der langen Rückenstrecker und der Schultergürtel-Nackenmuskulatur
Nebenwirkung: Kräftigung der Armstrecker
Achtung: Bewegung erst ohne Gewichtsbelastung einüben.
Anmerkung: Nur leichte Gewichte verwenden.

Übungsziel: Autostabilisation der Wirbelsäule in Flexion und Innenrotation

Trainingsmittel: Seilzug

Übungsbeschreibung: Der Sportler steht in Schrittstellung und schulterbreitem Stand seitlich am Seilzug. Er führt den Griff von links oben langsam und gleichmäßig nach rechts unten.

Hauptwirkung: Kräftigung der schrägen Bauchmuskulatur

Nebenwirkung: Kräftigung des Brustmuskels

Variationen: Die Armbeugung kann variiert werden.

Anmerkung: Nur leichte Gewichte verwenden.

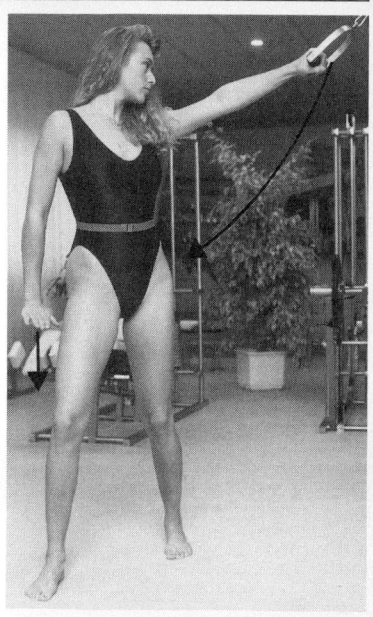

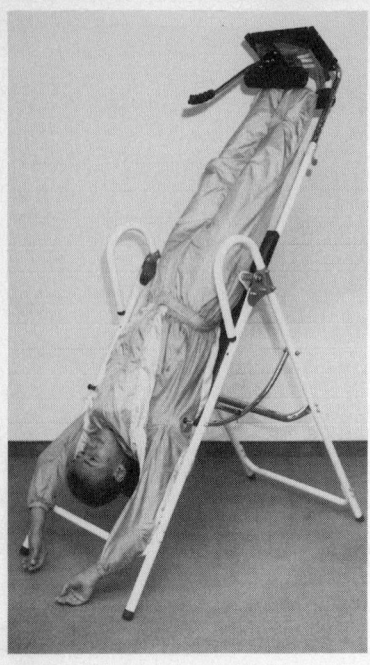

Übungen zur Entspannung

Übungsziel: Entlastung der Wirbelsäule

Trainingsmittel: Hängeextender
Variationen: Die Steilheit des Extenders kann variiert werden.
Achtung: Bei Herz-Kreislauf-Instabilität

Übungsziel: Dehnung der Lendenwirbelsäule; Entspannung (Foto unten)

Trainingsmittel: Kasten, Unterkeilung
Übungsbeschreibung: Der Sportler liegt vor einem Kasten mit hochgelagerten Beinen. Er versucht sich ‹bewußt› zu entspannen.
Anmerkung: Besonders wirksam bei Ischiasbeschwerden

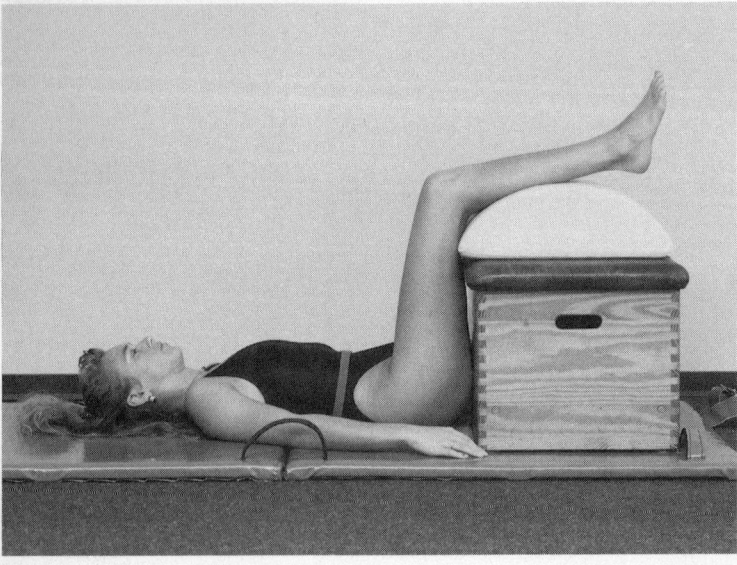

Untere Extremitäten

Übungen zur Dehnung

Übungsziel: Dehnung der Hüftge-
lenkbeuger und der Kniestrecker

Trainingsmittel: Matte, Handtuch
Übungsbeschreibung: Aus dem
Schrittkniestand wird die Hüfte
nach vorn geschoben und dabei die
Ferse in Richtung Gesäß gezogen.
Achtung: Wegen starker Druckbelastung des Kniescheibengelenks
soll die Übung nur auf einer Matte
(o. ä.) durchgeführt werden.
Anmerkung: Bei eingeschränkter
Beweglichkeit, z. B. nach Operationen, kann ein Dehnen mit dem
Handtuch im Stand durchgeführt
werden (Foto rechts). Dabei sehr
vorsichtig und nur in Absprache mit
dem Arzt bzw. Therapeuten vorgehen.

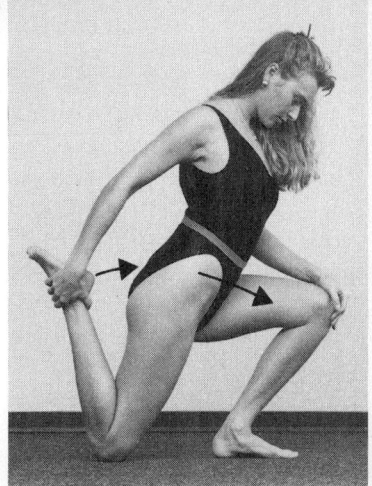

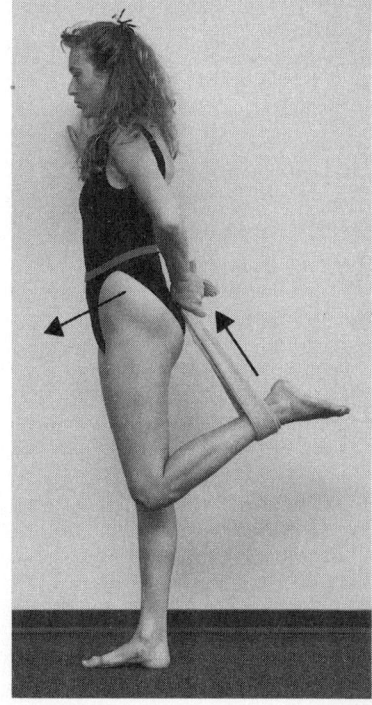

Übungsziel: Dehnung der Gesäß- und Rückenmuskulatur

Trainingsmittel: Matte
Übungsbeschreibung: Im Sitz mit übergeschlagenem Bein werden der
Kopf und Rumpf gegengleich verwrungen.
Nebenwirkung: Mobilisierung der Wirbelsäule

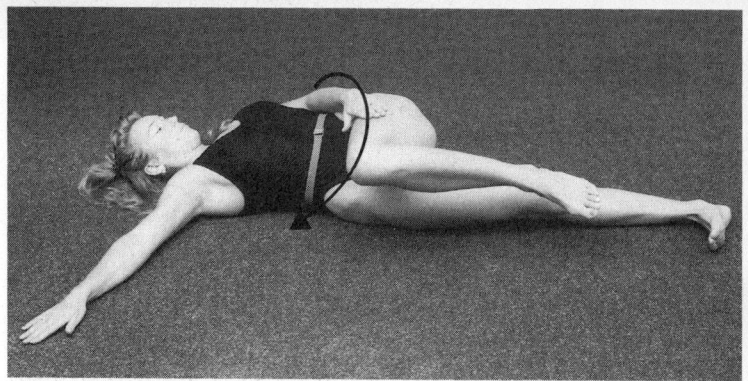

Übungsziel: Dehnung der Gesäßmuskulatur

Trainingsmittel: Matte
Übungsbeschreibung: Das linke Bein wird ca. 90 Grad gebeugt und
über den Körper gebracht. Der Oberkörper bleibt vollständig auf der
Unterlage.
Nebenwirkung: Dehnung der tiefen Rückenmuskeln; Mobilisation des
Lendenwirbelsäulenbereichs

Übungsziel: Dehnung der Gesäßmuskulatur und der Hüftbeuger

Trainingsmittel: Matte
Übungsbeschreibung: In der Rückenlage wird ein Bein zum Körper angezogen, das andere aktiv gestreckt und auf der Unterlage gehalten.
Variationen: Die Fußspitze des gestreckten Beines wird zum Körper
angezogen.

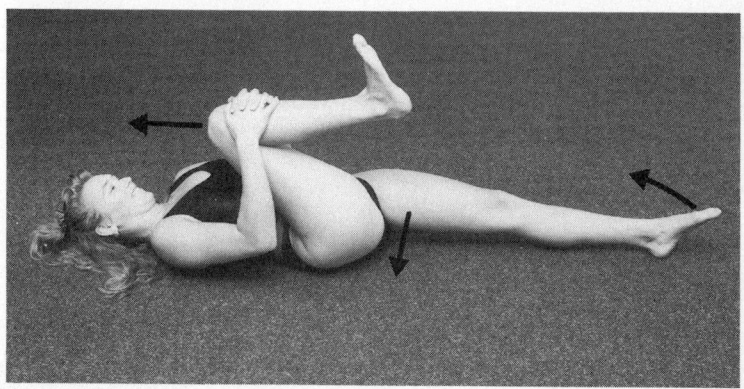

Übungsziel: Dehnung der Kniegelenkbeuger

Trainingsmittel: Matte

Übungsbeschreibung: In der Rückenlage versucht der Sportler das am hinteren Oberschenkel umfaßte Bein zu strecken.

Nebenwirkung: Dehnung der Hüftbeuger (aufliegendes Bein)

Variationen: Fußspitze des umfaßten Beins zum Körper anziehen (Dehnung des zweigelenkigen Wadenmuskels).

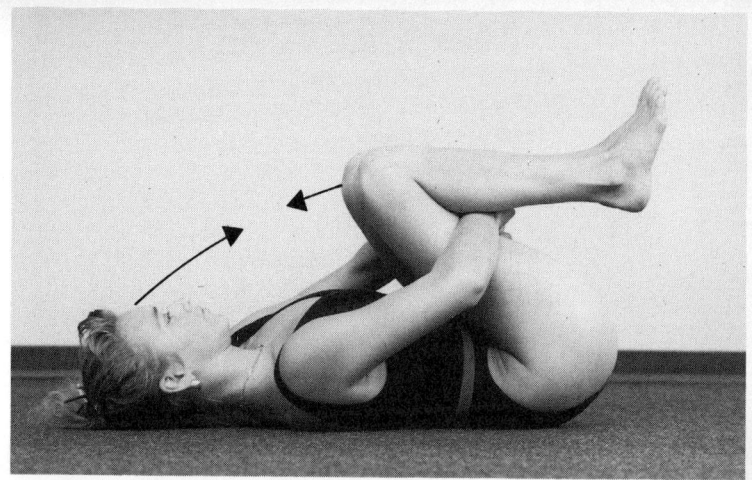

Übungsziel: Aktive Dehnung der Gesäß- und tiefen Rückenmuskulatur

Trainingsmittel: Matte

Übungsbeschreibung: Der Sportler zieht die Beine in Richtung Brust, anschließend wird der Kopf angehoben und in Richtung Knie gebracht.

Nebenwirkung: Mobilisation der Wirbelsäule; Kräftigung der Bauchmuskulatur

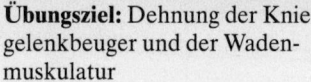

Übungsziel: Dehnung der Kniegelenkbeuger und der Wadenmuskulatur

Übungsbeschreibung:
Der Sportler umfaßt im vorderen
Ausfallschritt mit beiden Händen
den Knöchel des vorderen gebeugten Beines. Das Bein wird
durchgestreckt und die Fußspitze
zum Körper angezogen.

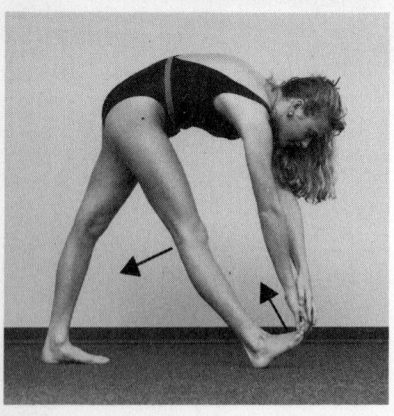

Übungsziel: Dehnung der Adduktoren

Übungsbeschreibung:
Der Sportler verlagert sein Gewicht im Grätschstand auf ein Bein und geht in die Beugung, die Fußspitze des gestreckten Beines zeigt nach vorne.
Hauptwirkung: Dehnung der Adduktorengruppe
Variationen: Das gestreckte Bein wird innen- und außenrotiert.

Übungsziel: Dehnung der Adduktoren

Übungsbeschreibung: Im Sitzen werden die Knie mit Druckunterstützung der Ellbogen nach außen unten gedrückt.
Hauptwirkung: Dehnung der Adduktoren in Hüfgelenkbeugestellung

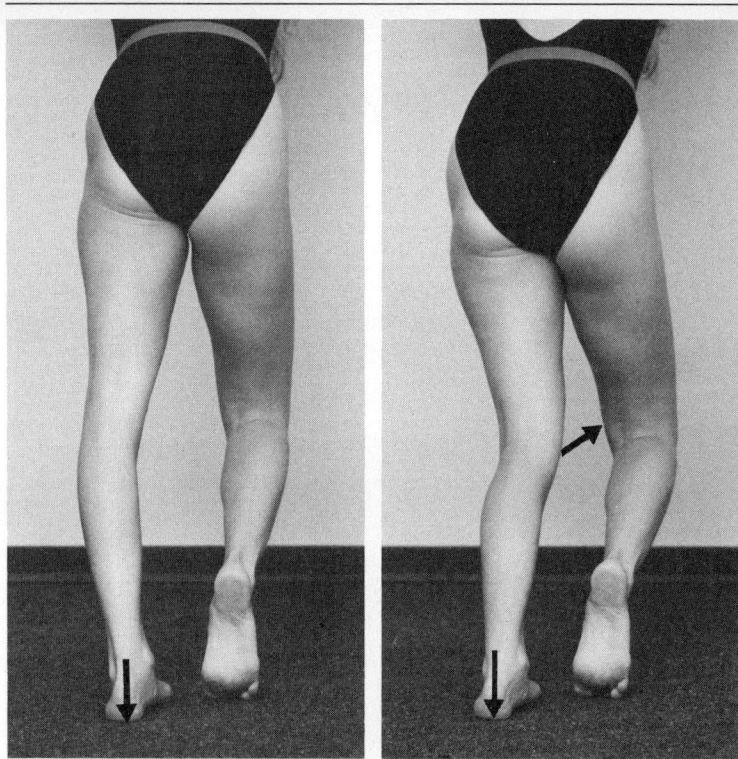

Übungsziel: Dehnung der Wadenmuskulatur

Trainingsmittel: Wand

Übungsbeschreibung: Der Sportler stützt sich an der Wand ab, das Becken wird im Ausfallschritt nach vorne geschoben, die Ferse des hinteren Fußes bleibt in Bodenkontakt.

Hauptwirkung: Dehnung der Wadenmuskulatur (m. gastrocnemius)

Variationen: Bei Beugung des Kniegelenks wird insbesondere der tiefer gelegene m. soleus gedehnt (Foto rechts oben).

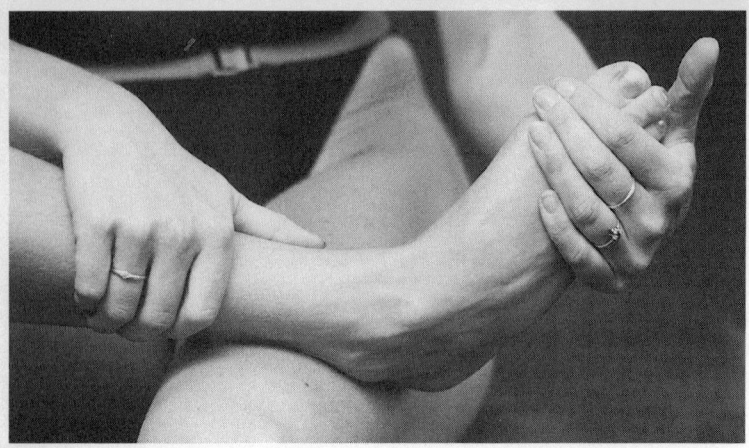

Übungsziel: Dehnung der Supinatoren und der Dorsalflektoren

Übungsbeschreibung: Der Sportler sitzt mit übereinandergeschlagenen Beinen und zieht mit der Hand seinen Fuß nach innen unten.
Achtung: Nicht bei verletztem Sprunggelenk durchführen.

Übungsziel: Dehnung der Pronatoren

Übungsbeschreibung: Der Sportler sitzt mit übereinandergeschlagenen Beinen und zieht mit der Hand seinen Fuß nach außen oben.
Achtung: Nicht bei verletztem Sprunggelenk durchführen.

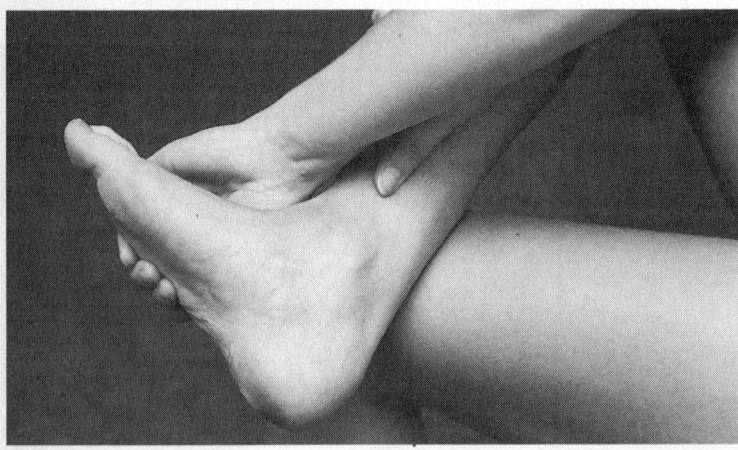

Knie- und Sprunggelenke (KG, SG)
(Angaben zu den Phasen vgl. jeweilige Rahmentrainingspläne)

Übungen zur Prävention und Rehabilitation

Übungsziel: Stabilisierung der Knie- und Sprunggelenke

Trainingsmittel: Matte, Unterlegkeil
Phase: KG 1, SG 1
Übungsbeschreibung: In der Rückenlage wird der Oberschenkelmuskel aktiv angespannt und das Bein abgehoben. Die Fußspitze wird gegen den dosierten Widerstand der Partners angezogen.
Hauptwirkung: Kräftigung des Hüftbeugers, Oberschenkelstreckers und der Fußrückenheber
Nebenwirkung: Kräftigung der Zehenstrecker
Variationen: Durch variierende Handhaltung (in Richtung Fußspitze) können auch die Zehenstrecker gekräftigt werden. Das gegenüberliegende Bein kann auch in 90-Grad-Beugung abgestellt sein.

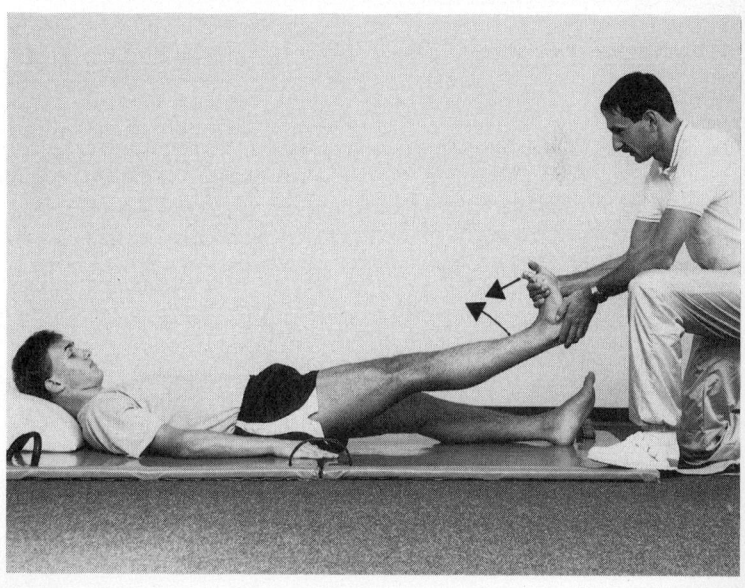

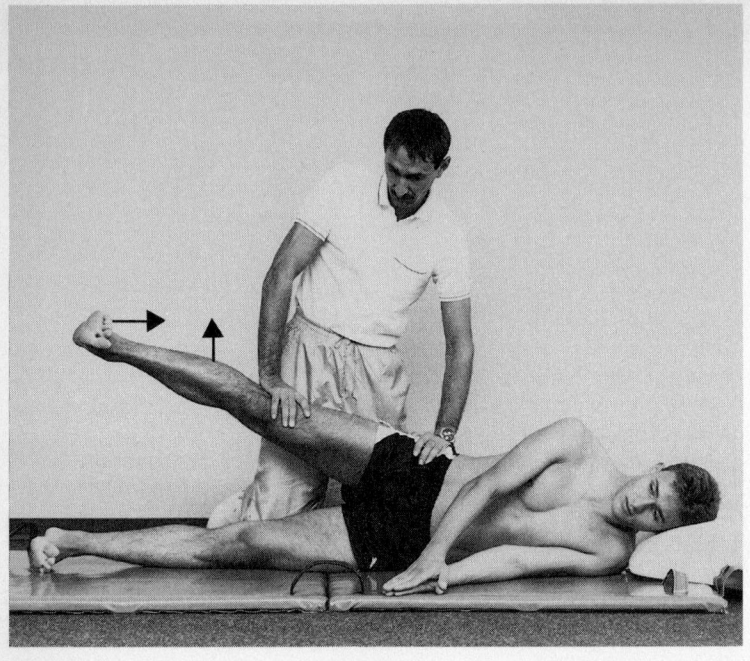

Übungsziel: Kräftigung der Abduktoren

Trainingsmittel: Matte
Phase: KG 1, SG 1
Übungsbeschreibung: Der Sportler befindet sich in Seitlage und spreizt das obere Bein ab, die Fußspitze ist zum Körper hin angezogen.
Hauptwirkung: Kräftigung des kleinen und mittleren Gesäßmuskels und des Schenkelbindenspanners (m. tensor fasciae latae)
Nebenwirkung: Kräftigung der Außenrotatoren (bei gebeugtem Kniegelenk und außenrotatorischer Bewegung)
Variationen: Der Sportler beugt sein Kniegelenk (vorsichtig!).
Achtung: Handfassung immer oberhalb des Kniegelenks

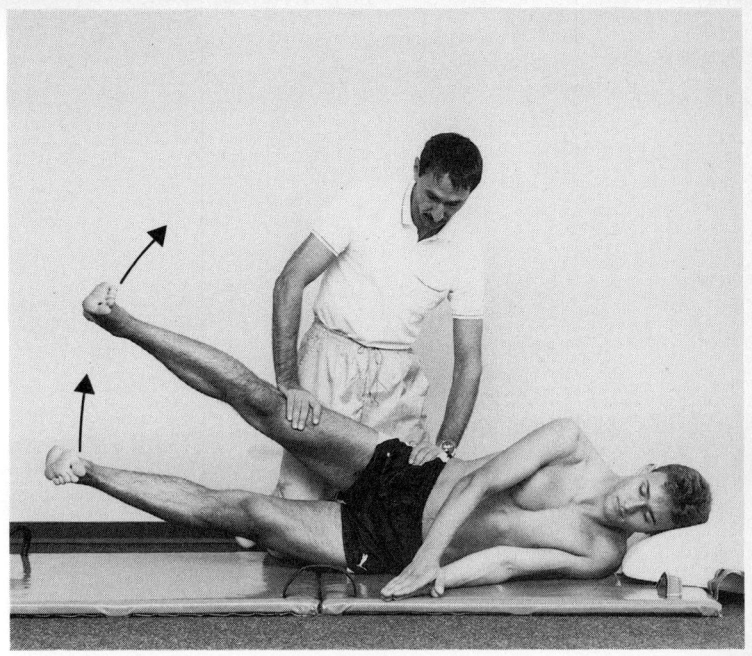

Übungsziel: Wie bei vorheriger Übung zusätzlich die Adduktoren des anderen Beines

Trainingsmittel: Matte
Hauptwirkung: Kräftigung der Abduktoren; Kräftigung der Adduktoren
Nebenwirkung: Kräftigung der Lateralflektoren der Wirbelsäule (schräge Bauchmuskulatur; Quadratus lumborum)

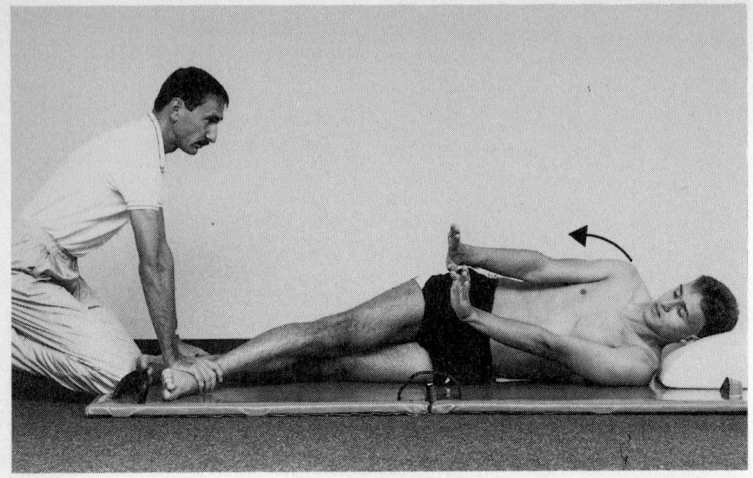

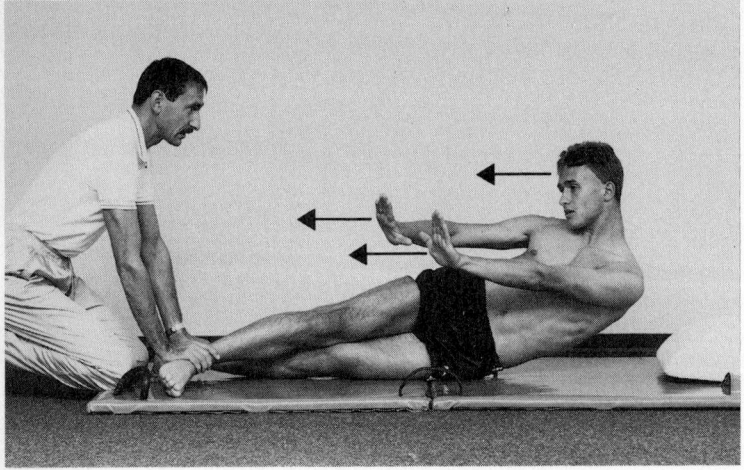

Übungsziel: Kräftigung der schrägen Bauchmuskulatur

Trainingsmittel: Matte
Phase: KG 1, SG 1
Übungsbeschreibung: Der Sportler richtet sich seitlich auf und schiebt seine Hände nach vorn.
Nebenwirkung: Kräftigung der Abduktoren und der Adduktoren
Achtung: Bei Knieverletzungen mit den Händen oberhalb des Kniegelenks fixieren.

Übungsziel: Kräftigung der gesamten rückwärtigen Rumpfmuskulatur (Stabilisierung der Wirbelsäule)

Trainingsmittel: Matte
Phase: KG 1, SG 1
Übungsbeschreibung: Der Sportler streckt den rechten Arm und das linke Bein und hält diese Position für einige Sekunden (Isometrie).
Achtung: Nicht die Hüfte aufdrehen.
Anmerkung: Übung wegen der Kniebelastung nur auf einer weichen Matte durchführen.

Übungsziel: Schonende Kräftigung
ausgewählter Muskelgruppen

Trainingsmittel: «Wet-West»
Phase: SG 1, KG 1
Übungsbeschreibung: Im Wasser
können alle Bewegungen durchgeführt werden (je nach Verletzung).

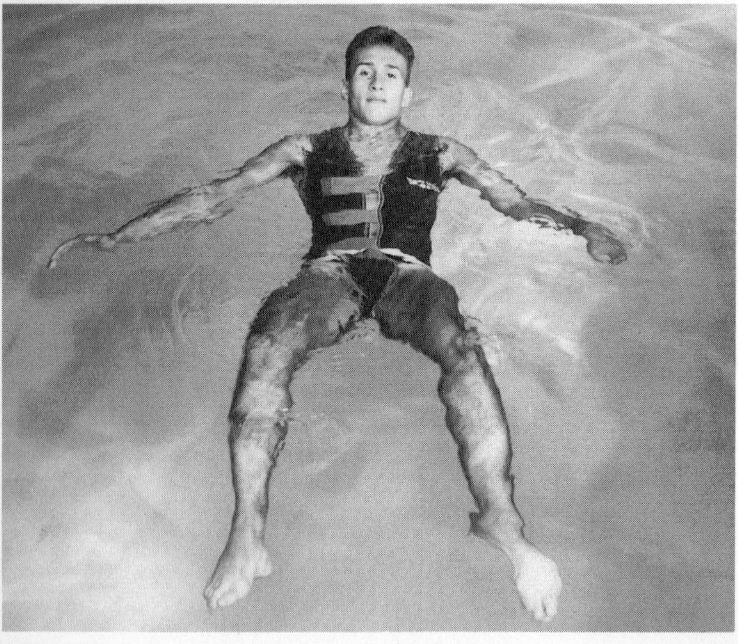

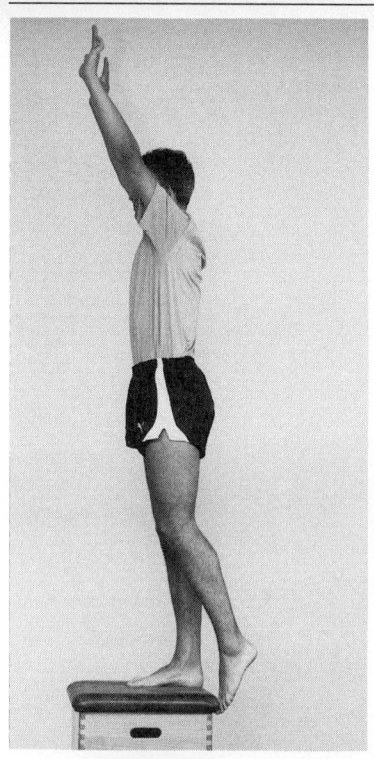

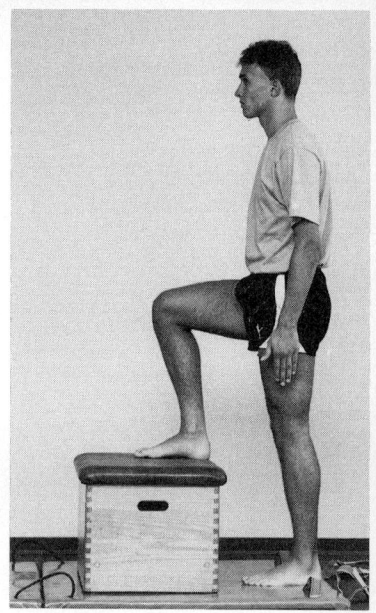

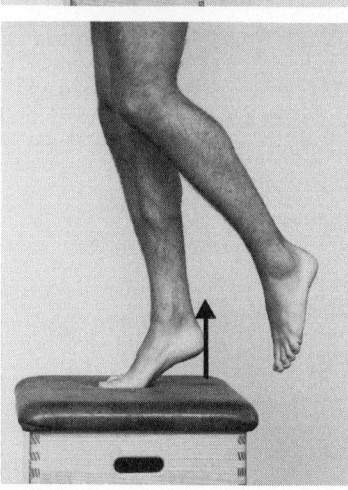

Übungsziel: Kräftigung der Beinstreckschlinge

Trainingsmittel: Kasten
Phase: SG 2, KG 3
Übungsbeschreibung: Der Sportler steht vor dem Kasten, er setzt sein verletztes Bein auf. Nun steigt er auf den Kasten, der ganze Krafteinsatz kommt aus dem verletzten Bein.
Hauptwirkung: Kräftigung der Beinstreckschlinge
Nebenwirkung: Koordinations- und Gleichgewichtsschulung
Variationen: Je nach Schwerpunktsetzung kann das Sprunggelenk in der Endphase der Bewegung gestreckt werden (Foto links).
Anmerkung: Die Kastenhöhe kann variiert werden.

Übungsziel: Kräftigung der
Wadenmuskulatur

Trainingsmittel:
Langhantel
Phase: SG 3, KG 3
Übungsbeschreibung:
Der Sportler steht im
Ausfallschritt. Er hebt und
senkt die Ferse des
vorderen Beines.
Hauptwirkung: Kräftigung
der Wadenmuskulatur,
besonders des m. soleus;
Kräftigung der Beinstreck-
schlinge
Nebenwirkung: Koordina-
tive Schulung

Variationen: Beugewinkel
des Kniegelenks
Achtung: Übung wegen
statischer Belastung des
Kniescheibengelenks nicht
zu lange und nur mit aus-
reichenden Pausen durch-
führen.
Anmerkung: Auf korrekte
Haltung der Wirbelsäule
achten.

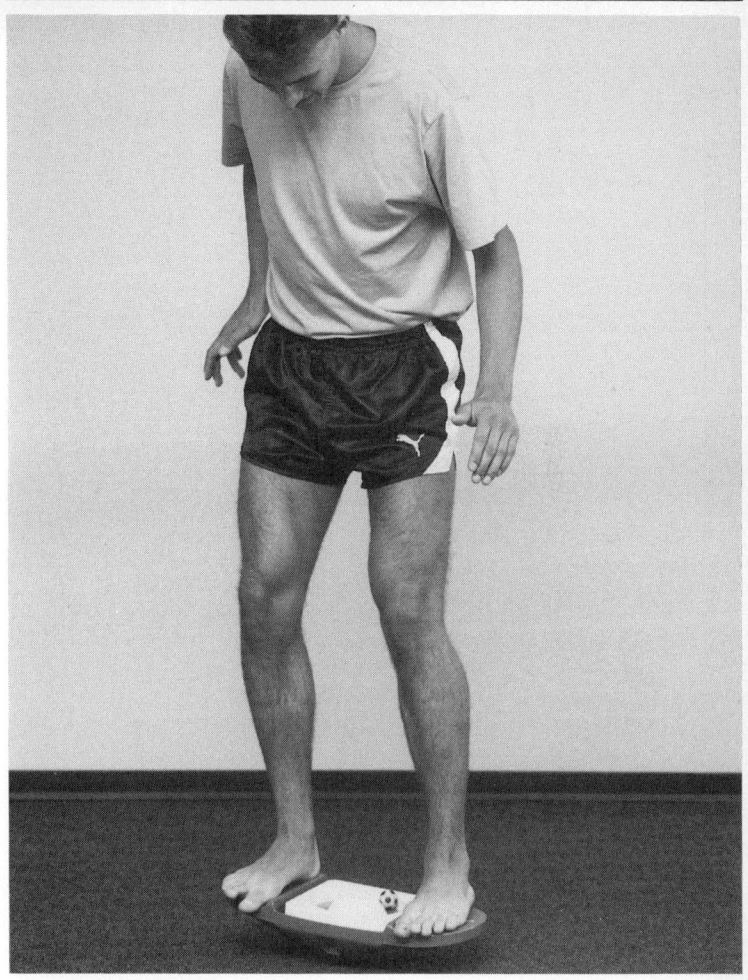

Übungsziel: Koordinationsgewinn

Trainingsmittel: Balancekreisel
Phase: SG 2, KG 3
Übungsbeschreibung: Der Sportler erfüllt durch geschicktes Balancieren eine Bewegungsaufgabe, z. B. den Ball in die Mitte des Kreisels zu plazieren.
Hauptwirkung: Schulung der Koordination
Nebenwirkung: Kräftigung der Fußmuskulatur

Übungsziel: Kräftigung der Adduktoren

Trainingsmittel: Seilzug, Fußschlaufe
Phase: SG 1, KG 2
Übungsbeschreibung: Der Sportler steht seitlich am Gerät und führt das gestreckte Bein mit angezogener Fußspitze nach innen.
Hauptwirkung: Kräftigung der Adduktoren, Stabilisierung des Standbeins
Variationen: Fußspitze zeigt während der gesamten Bewegung nach vorn, nach innen, nach außen.
Achtung: Immer mit vollständig gestrecktem Kniegelenk durchführen. Bei Verletzungen des Kniegelenks im antero-medialen Bereich ist die Schlaufe am Oberschenkel über dem Kniegelenk anzubringen, da sonst zu starke Scherkräfte auf die verletzte Struktur wirken können.

Übungsziel: Kräftigung der Abduktoren

Trainingsmittel: Seilzug, Fußschlaufe
Phase: SG 1, KG 2
Übungsbeschreibung: Der Sportler steht seitlich am Gerät und führt das gestreckte Bein mit angezogener Fußspitze nach außen.
Hauptwirkung: Kräftigung der Abduktoren, Stabilisierung des Standbeins
Variationen: Fußspitze zeigt während der gesamten Bewegung nach vorn, nach innen, nach außen.
Achtung: Immer mit vollständig gestrecktem Kniegelenk durchführen. Bei Verletzungen des Kniegelenks ist die Schlaufe am Oberschenkel über dem Kniegelenk anzubringen, da sonst zu starke Scherkräfte auf die verletzte Struktur wirken können. Nicht mit der Hüfte ‹wegkippen›.

Übungsziel: Kräftigung der Fuß- und Unterschenkelmuskulatur; Schulung der Koordination

Trainingsmittel: Minitrampolin
Phase: SG 4, KG 4
Übungsbeschreibung: Der Sportler führt verschiedene Bewegungen auf dem Minitramp aus (Laufen, Springen etc.).
Variationen: Einbeinige Balance- und Gleichgewichtsübungen durchführen.
Achtung: Diese Übungen nur bei muskulär stabilisierter Beinachse einsetzen.

Übungsziel: Kräftigung
der Beinstreckschlinge

Trainingsmittel:
Zwei Seile
Phase: SG 4, KG 5
Übungsbeschreibung:
Der Sportler hüpft einige
Male innerhalb der
durch die Seile markier-
ten Felder rechts/links
herum.
Hauptwirkung: Kräfti-
gung der Beinstreck-
schlinge, insbesondere
der Waden- und Fuß-
muskulatur
Nebenwirkung: Schu-
lung der Koordination
(Gleichgewicht)
Anmerkung: Möglichst
auf Schwingboden oder
im Sand durchführen;
Übung wegen schneller
Ermüdung nicht zu lange
durchführen (erneute
Verletzungsgefahr).

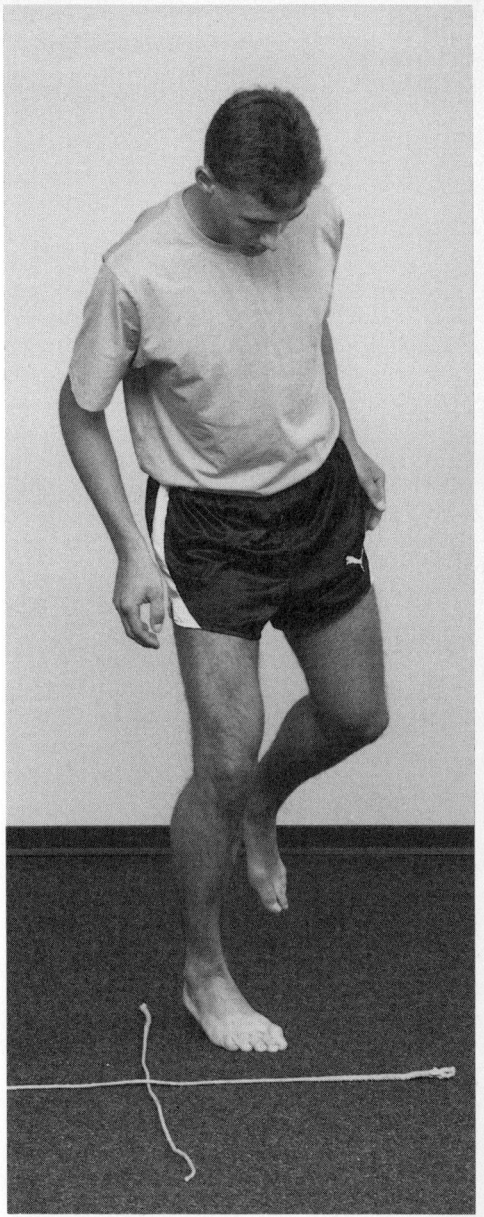

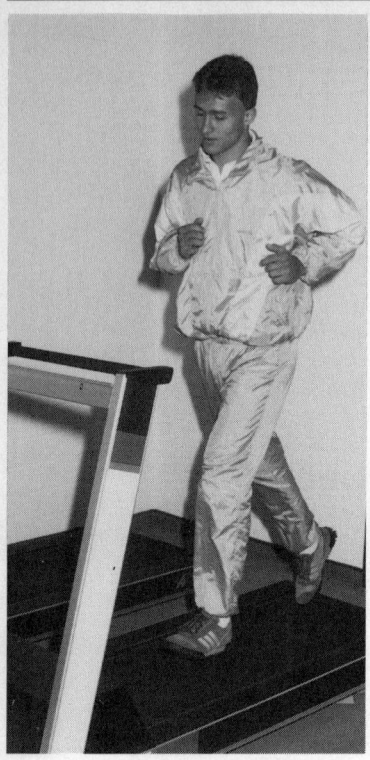

Übungsziel: Entwicklung der Ausdauerleistungsfähigkeit

Trainingsmittel: Laufband
Phase: SG 4 (mit adimed; Taping
etc.), KG 3 (mit Taping)
Variationen: Methodenwechsel zwischen Dauer- und den verschiedenen Intervallmethoden
Achtung: Nur einsetzen, wenn der
Sportler keine Schon- und Kompensationshaltungen mehr eingeht, besser ist das Training außerhalb der
Räume auf dafür geeignetem Untergrund.
Anmerkung: Laufbänder erzeugen
durch ihre eigene Dynamik höhere
Gelenkkräfte als das Laufen auf
‹normalem› Untergrund. Die koordinativen Anforderungen unterscheiden sich ebenfalls gegenüber
Laufanforderungen ohne Laufband-
benutzung.

Übungsziel: Entwicklung von Ausdauer, Kraft und Schnelligkeit;
Reintegration in alltags- und sportmotorische Bewegungsmuster

Trainingsmittel: Sportplatz
Phase: SG 4/5, KG 4/5
Übungsbeschreibung: Es werden verschiedene Laufformen unter Anwen-
dung verschiedener Trainingsmethoden zum Einsatz gebracht.
Es werden Sprünge aus dem verlangsamten Lauf (Fotos oben und unten
rechts) und Wechselsprünge durchgeführt.
Hauptwirkung: Entwicklung grundmotorischer Fähigkeiten (Ausdauer,
Kraft und Schnelligkeit)
Nebenwirkung: Entwicklung der koordinativen Fähigkeiten
Achtung: Bei unsauberer Ausführung durch eintretende Ermüdung wer-
den die Übungen abgebrochen (erneute Verletzungsgefahr!).

Kniegelenke

Übungen zur Prävention und Rehabilitation

Übungsziel: Innervation und Kräftigung der Oberschenkelmuskulatur

Trainingsmittel: Matte
Phase: 1
Übungsbeschreibung: Der Sportler befindet sich in Rückenlage. Er spannt den Oberschenkel an, zieht die Fußspitze an und hebt das Bein ab. Es wird für ca. 10 Sek. gehalten (Isometrie).
Hauptwirkung: Innervation und Kräftigung des Oberschenkelstreckers
Nebenwirkung: Kräftigung des Hüftbeugers und der vorderen Schienbeinmuskulatur
Variationen: In verschiedenen Gelenkwinkeln das Bein abgehoben halten. In abgehobener Position den Fuß beugen und strecken. Das gegenüberliegende Bein kann in 90-Grad-Winkelung abgestellt werden.

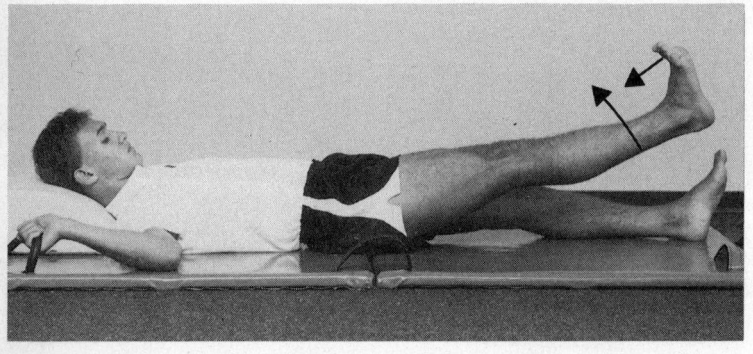

Übungsziel: Innervation und Kräftigung der Abduktoren (Foto oben rechts)

Trainingsmittel: Matte
Phase: 1
Übungsbeschreibung: Der Sportler befindet sich in Seitlage. Das untere Bein ist mit 90 Grad angewinkelt, das obere Bein wird abgespreizt, die Fußspitze ist zum Körper angezogen.
Nebenwirkung: Kräftigung der vorderen Schienbeinmuskulatur

Variationen: Das Bein in abgehobener Position für einige Sekunden halten und den Fuß beugen und strecken.
Das Bein in verschiedenen Abspreizwinkeln für einige Sekunden halten.
Das Bein in verschiedenen Hüftstreckwinkeln abspreizen.

Übungsziel: Innervation und Kräftigung der Adduktoren

Trainingsmittel: Matte
Phase: 1
Übungsbeschreibung: Der Sportler befindet sich in Seitlage, er spannt den Oberschenkel des unteren Beines an, streckt das Kniegelenk und zieht die Fußspitze zum Körper an. Er hebt das Bein ab und hält es einige Sekunden in dieser Position.
Variationen: Während des Abhebens die Fußspitze beugen und strecken.
Das Bein in verschiedenen Hüftstreckwinkeln abheben.
Achtung: Bei Knieverletzungen des anterior-medialen Kompartements (vorderes Kreuzband; inneres Seitenband) diese Übung nicht während der Phase 1 durchführen.

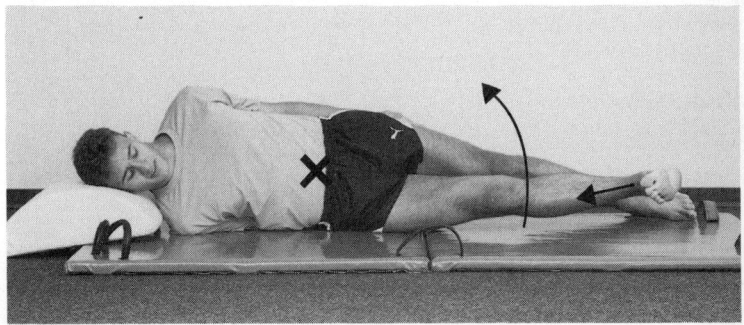

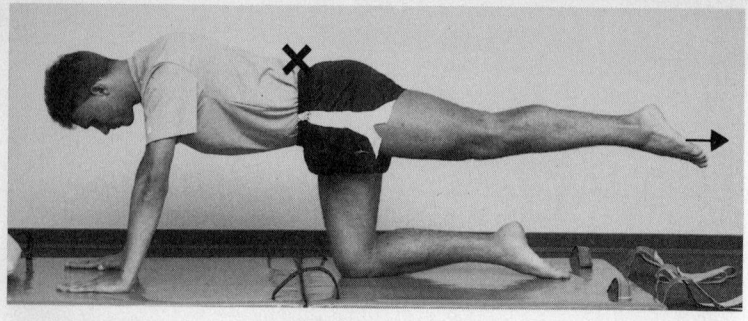

Übungsziel: Kräftigung der Hüftstrecker

Trainingsmittel: Matte
Phase: 1
Übungsbeschreibung: Der Sportler befindet sich im einbeinigen Knie-
stand. Das verletzte Bein und der Fuß sind vollständig gestreckt. Das Bein
wird nach außen und nach innen geführt.
Nebenwirkung: Kräftigung Abduktoren und tiefe Rückenmuskulatur
Anmerkung: Wegen der Belastung des Kniescheibengelenks nur auf wei-
cher Matte durchführen, kein «Wegkippen» des Beckens zulassen.

Übungsziel: Kombinierte Übung zur Kräftigung der Oberschenkelstrek-
ker, der Adduktoren und der Abduktoren (Fotos rechts)

Trainingsmittel: Matte
Phase: 1
Übungsbeschreibung: Der Sportler befindet sich in Rückenlage. Er
spannt die Muskulatur des verletzten Beins an und zieht die Fußspitze
zum Körper. Er hebt das Bein ab und bringt es abwechselnd nach außen
und innen. Während der Übung bleibt das Becken fest auf der Unterlage.

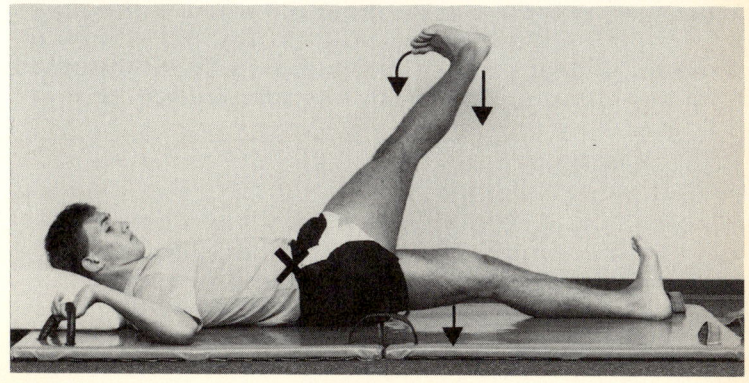

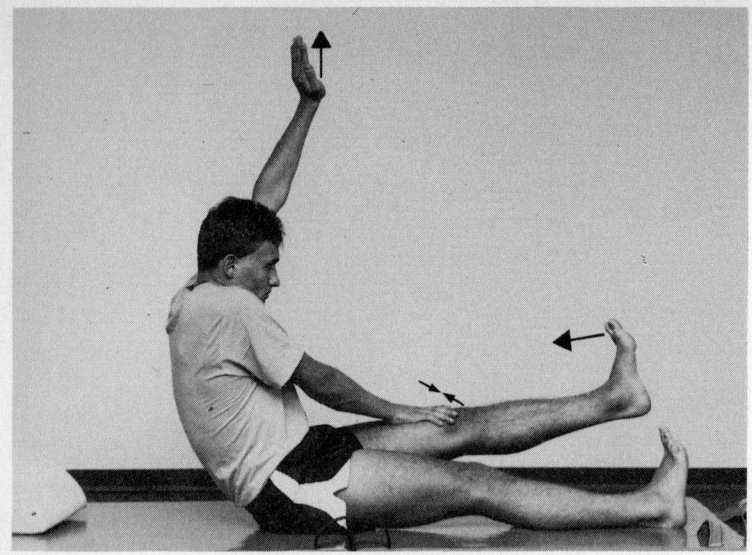

Übungsziel: Kräftigung der Rumpfvorderseite in Rotation

Trainingsmittel: Matte
Phase: 1
Übungsbeschreibung: Der Sportler faßt mit der Hand auf die gegenüber-
liegende Oberschenkelvorderseite und hebt das gestreckte Bein gegen
den Druck der Hand ab. Diese Position für einige Sekunden halten.
Hauptwirkung: Bauchmuskulatur, Hüftbeuger- und Oberschenkelstrecker
Nebenwirkung: Fußbeuger und Zehenstrecker
Variationen: Den Fuß des abgehobenen Beines beugen und strecken.

Übungsziel: Kräftigung der diagonalen Rumpfbeuger, der Hüftbeuger,
des Oberschenkelstreckers und der vorderen Schienbeinmuskulatur
(Foto rechts oben)

Trainingsmittel: Matte
Phase: 1
Übungsbeschreibung: Der Sportler befindet sich in der Rückenlage. Er
spannt den Oberschenkel an, zieht die Fußspitze des verletzten Beines
zum Körper und hebt das Bein und den Oberkörper ab. Hand- und Fuß-
spitze treffen sich über der Körpermitte.
Variationen: In dieser Position für einige Sekunden halten.
Anmerkung: Die beanspruchte Muskulatur anschließend dehnen.

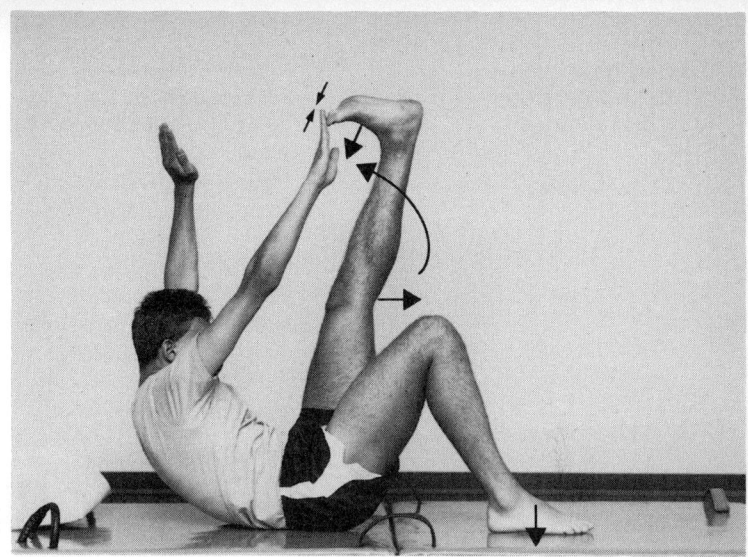

Übungsziel: Kräftigung des Oberschenkelstreckers und des Hüftbeugers (Foto unten)

Trainingsmittel: Matte
Phase: 1/2
Übungsbeschreibung: Der Sportler befindet sich in Rückenlage. Er hebt das gestreckte Bein mit angezogener Fußspitze von der Matte ab und fixiert diese Position gegen den Widerstand der Fußschlaufe.
Variationen: Das abgehobene Bein innen und außen rotieren.
Den Fuß während des Hochhaltens beugen und strecken.

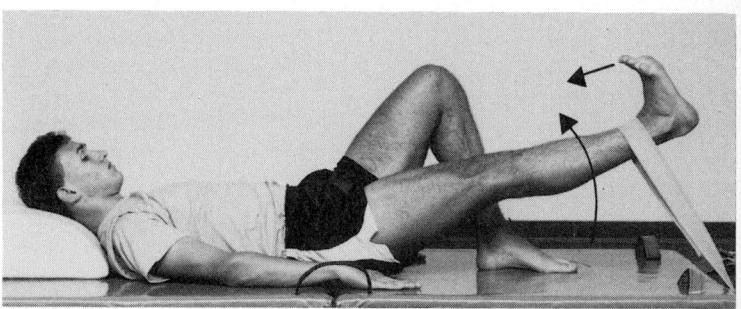

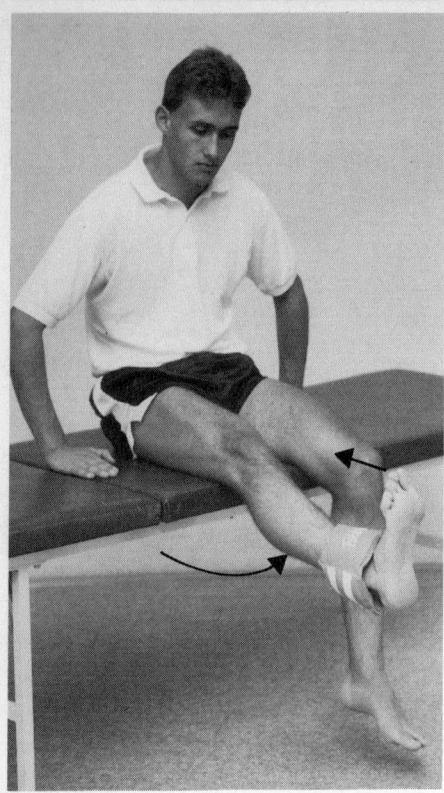

Übungsziel: Kräftigung des Oberschenkelstreckers

Trainingsmittel: Bank, Gewichtsmanschette
Phase: 2
Übungsbeschreibung:
Der Sportler sitzt auf der Bank; der hintere Oberschenkel liegt vollständig auf. Er streckt sein Bein; es wird für einige Sekunden in dieser Position gehalten.
Nebenwirkung: Kräftigung der vorderen Schienbeinmuskulatur
Variationen: Dynamisches (kontrolliertes) Beugen und Strecken.
Bei gestrecktem Kniegelenk wird das Bein innen- und außenrotiert.

Achtung: Diese Übung nur mit wenig Zusatzgewicht durchführen, der Sportler muß soweit sein, daß er die gesamte Bewegung kontrolliert ‹führen› kann.
Anmerkung: Bei Verletzungen des vorderen Kreuzbandes diese Übung erst am Ende des Aufbautrainings mit geringen Gewichten einsetzen (Schubladenphänomen).

Übungsziel: Kräftigung der Hüftbeuger und der Oberschenkelstrecker

Trainingsmittel:
Dipsvorrichtung
Phase: 1/2
Übungsbeschreibung:
Der Sportler befindet sich im Unterarmstütz im Dipsbarren. Er streckt das Bein, zieht die Fußspitze zum Körper und bringt das gestreckte Bein nach vorn.
Nebenwirkung: Kräftigung der Bauchmuskulatur
Variationen: Das Knie in Richtung Brust bringen (m. iliopsoas).
Anmerkung: Unbedingt mit Dehnübungen für die Hüftbeuger kombinieren.

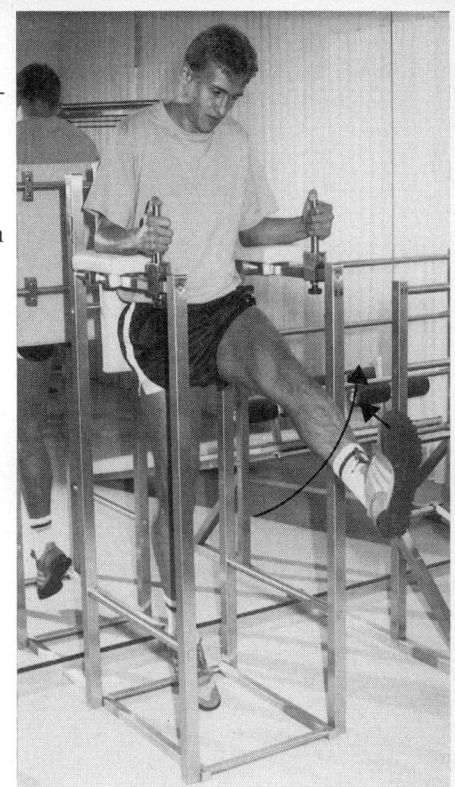

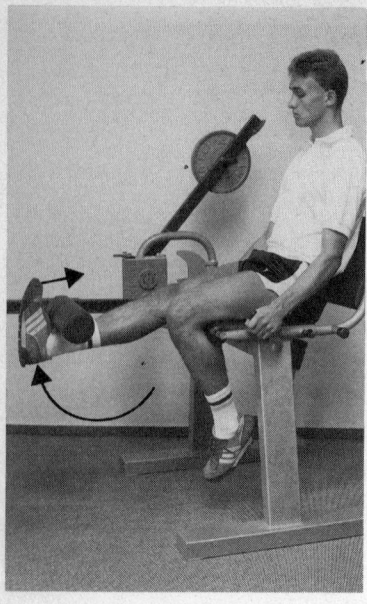

Übungsziel: Kräftigung der Knie-
gelenkstrecker

Trainingsmittel: Beinstrecker
Phase: 2/3
Übungsbeschreibung: Der Sportler
sitzt mit aufrechtem Oberkörper auf
der Beinstreckmaschine und streckt
aus der 90-Grad-Position heraus das
Bein. Während der Bewegung wird
die Fußspitze zum Körper angezogen.

Nebenwirkung: Kräftigung der vorderen Schienbeinmuskulatur und der
Zehenstrecker
Variationen: In der Streckung für einige Sekunden halten (Isometrie).
Während der Streckung den Fuß einige Male beugen und strecken. In ver-
schiedenen Winkeln kurzzeitig halten (Isometrie). Die Umkehrphase der
Bewegung in verschiedenen Winkeln äußerst dynamisch betonen (exzen-
trisch-konzentrisch). Den Oberkörper nach hinten bringen, dadurch wird
verstärkt der m. rektus femoris eingeschaltet.
Achtung: Die Rolle (Kraftansatzpunkt) bei Verletzungen des vorderen
Kreuzbandes niemals am Knöchel anbringen (Schubladeneffekt).
Weichen Sie auf andere Trainingsübungen zur Entwicklung der Kraft der
vorderen Oberschenkelmuskulatur aus.
Auf korrekte Positionierung achten, der Drehpunkt des Kniegelenks und
des Trainingsgeräts müssen übereinstimmen.
Anmerkung: Bei der Nachversorgung der vorderen Kreuzbandläsion stehen die ‹Quadrizepsübungen› nicht im Vordergrund, wichtiger sind Übungen zur Entwicklung der Kniegelenkbeuger. Zwischen den Übungen wird
die beanspruchte Muskulatur immer wieder gedehnt.
Die Bewegungen werden mit beiden Beinen durchgeführt, bei einem
eventuell auftretenden Schmerzpunkt kann das ‹gesunde Bein› die Last
für das kranke Bein abfangen.

Übungsziel: Kräftigung der Kniestrecker und Hüftbeuger

Trainingsmittel: Hüfttrainer
Phase: 2/3
Übungsbeschreibung: Der Sportler bringt das gebeugte Bein von hinten nach vorn und streckt es dabei (Schußbewegung). Das Standbein wird im Sprunggelenk in der Endphase der Bewegung gestreckt.
Nebenwirkung: Kräftigung der Bauchmuskulatur
Variationen: In der Endposition einige Sekunden halten (Isometrie) und die Fußspitze einige Male heben und senken.
Achtung: Auf korrekte Positionierung achten, der Drehpunkt des Hüftgelenks und des Trainingsgerätes müssen übereinstimmen.

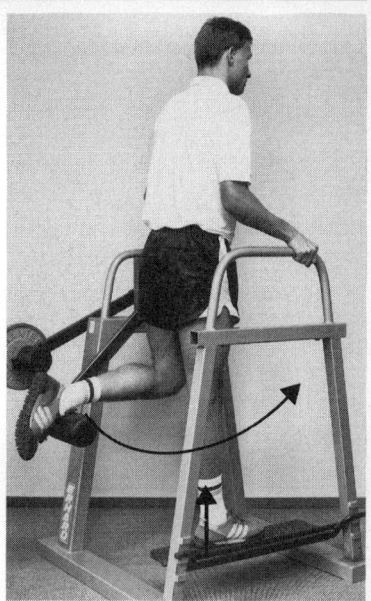

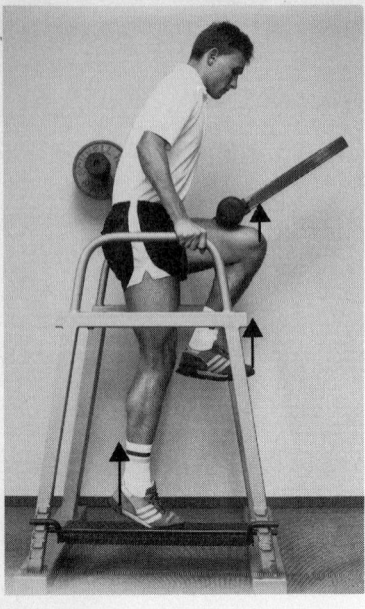

Übungsziel: Kräftigung der Hüftbeuger

Trainingsmittel: Hüfttrainer
Phase: 2/3
Übungsbeschreibung: Der Sportler steht richtig positioniert im Hüft-trainer, die Rolle liegt im unteren Teil des Oberschenkels auf. Der Sportler beugt im Hüftgelenk bis 90 Grad, das Standbein wird im Fußgelenk gestreckt.
Nebenwirkung: Kräftigung der Rumpfmuskulatur und des m. rektus femoris
Variationen: In der Endstellung einige Sekunden halten (Isome-trie) und den Fuß beugen und strecken.
Achtung: Nur vorsichtig einsetzen bei verkürzten Hüftbeugern (m. iliopsoas), während und nach der Übung immer die Hüftbeuger dehnen.

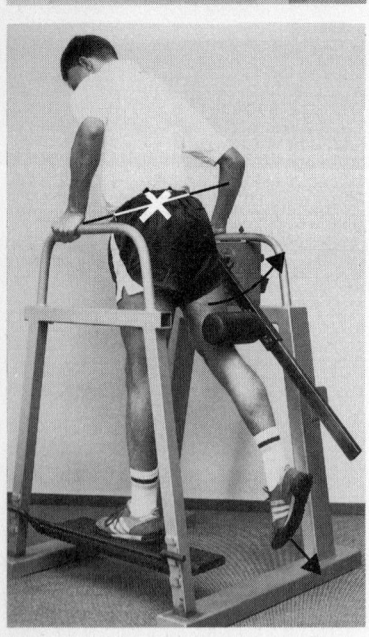

Übungsziel: Kräftigung der Hüftstrecker

Trainingsmittel: Hüfttrainer
Phase: 2
Übungsbeschreibung: Der Sportler steht richtig positioniert im Gerät und streckt das Bein in der Hüfte.
Nebenwirkung: Tiefe Rücken-strecker und Oberschenkelbeuger
Achtung: Die Hüfte nicht ‹aus-drehen›, nicht ins Hohlkreuz arbeiten.

Übungsziel: Kräftigung der Adduktoren (ohne Foto)

Trainingsmittel: Hüfttrainer
Phase: 2/3
Übungsbeschreibung: Der Sportler steht richtig positioniert im Hüfttrainer, die Rolle liegt an der Innenseite des Oberschenkels an. Der Sportler führt eine Adduktionsbewegung durch.
Variationen: In der Endposition einige Sekunden halten. Fußspitze ein- und ausdrehen.

Übungsziel: Kräftigung der Abduktoren (ohne Foto)

Trainingsmittel: Hüfttrainer
Phase: 2/3
Übungsbeschreibung: Der Sportler steht richtig positioniert im Hüfttrainer, die Rolle liegt an der Außenseite des Oberschenkels an. Der Sportler führt eine Abduktionsbewegung durch.
Variationen: In der Endposition einige Sekunden halten. Fußspitze ein- und ausdrehen.

Übungsziel: Kräftigung der Oberschenkelstrecker

Trainingsmittel: Sprossenwand, Keile
Phase: 2
Übungsbeschreibung: Der Sportler fixiert sein Gleichgewicht an der Sprossenwand, geht vorsichtig in die Kniebeugung (maximal 90 Grad) und streckt die Beine wieder.
Hauptwirkung: Kräftigung der Oberschenkel- und Hüftstrecker
Nebenwirkung: Innervations- und Koordinationsgewinn, Kräftigung der Wadenmuskulatur
Achtung: Nicht zu lange in einer Position statisch verharren (Knorpelstoffwechsel!); Dehn- und Lockerungsübungen einflechten.
Anmerkung: Diese Übung kann durch die Kontrolle an der Sprossenwand und die mögliche Abnahme von Körpergewicht schon relativ früh zum Einsatz kommen. Die Keilung entlastet die Achillessehne.

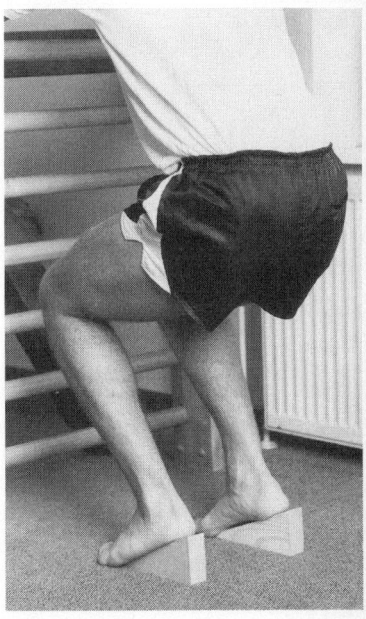

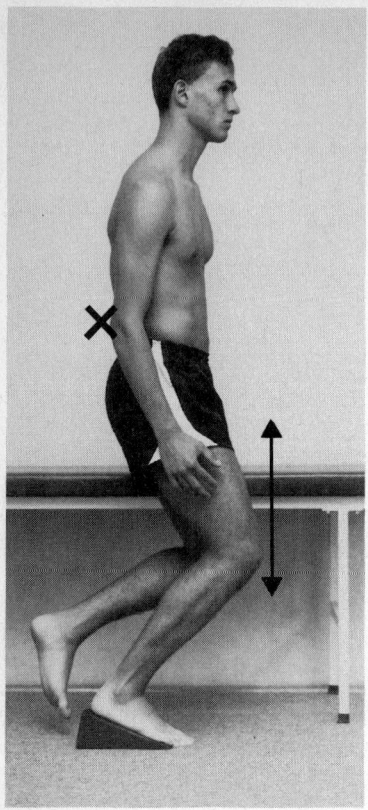

Übungsziel: Kräftigung der Beinstreckschlinge

Trainingsmittel: Bank (Sprossenwand)
Phase: 2/3
Übungsbeschreibung: Der Sportler
steht seitlich an einer Bank und
stützt sich ab. Er geht langsam und
kontrolliert in die Kniebeugung
(maximal 70 Grad) und streckt sein
Bein wieder.
Hauptwirkung: Kräftigung der
Hüft- und Beinstrecker
Nebenwirkung: Innervations- und
Koordinationsgewinn; Kräftigung
der Wadenmuskulatur
Achtung: Nicht zu lange in einer
Position statisch verharren (Knor-
pelstoffwechsel!); Dehn- und Lok-
kerungsübungen einflechten. Nur
bei stabiler Beinachse durchführen
(Autostabilisation).
Anmerkung: Die Keilung entlastet
die Achillessehne.

Übungsziel: Kräftigung der Beinstreckschlinge

Trainingsmittel: Beinpresse
Phase: 2/3
Übungsbeschreibung: Aus der 90-Grad-Beugung werden die Kniegelenke
fast vollständig gestreckt.
Hauptwirkung: Kräftigung der Oberschenkel- und Hüftstrecker
Nebenwirkung: Kräftigung der Wadenmuskulatur
Variationen: Der Kraftansatzpunkt kann unterhalb des Knöchels zum
alleinigen Training der Hüft- und Kniestrecker oder im Vorfußbereich
zum zusätzlichen Training der Wadenmuskulatur gewählt werden.
Achtung: Den Rücken vollständig anlehnen und aktiv fixiert halten; auf
ruhige Atmung achten (keine Preßatmung).

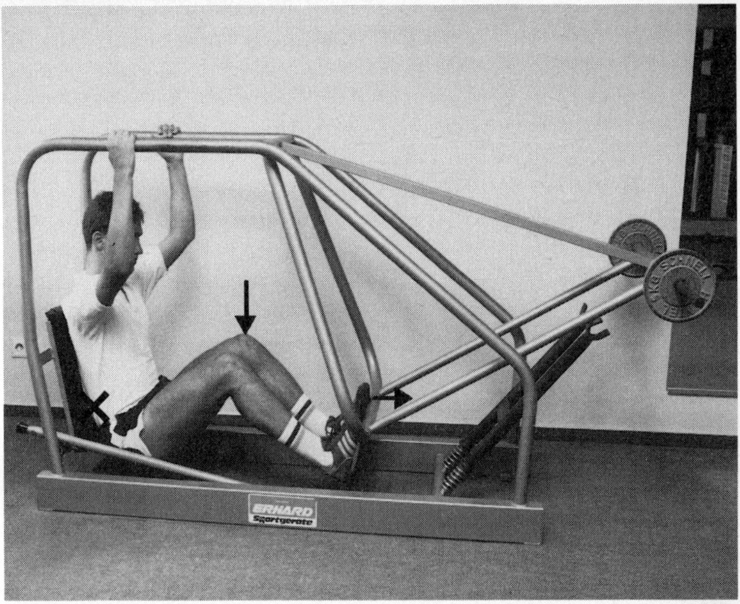
ERHARD
Sportgeräte

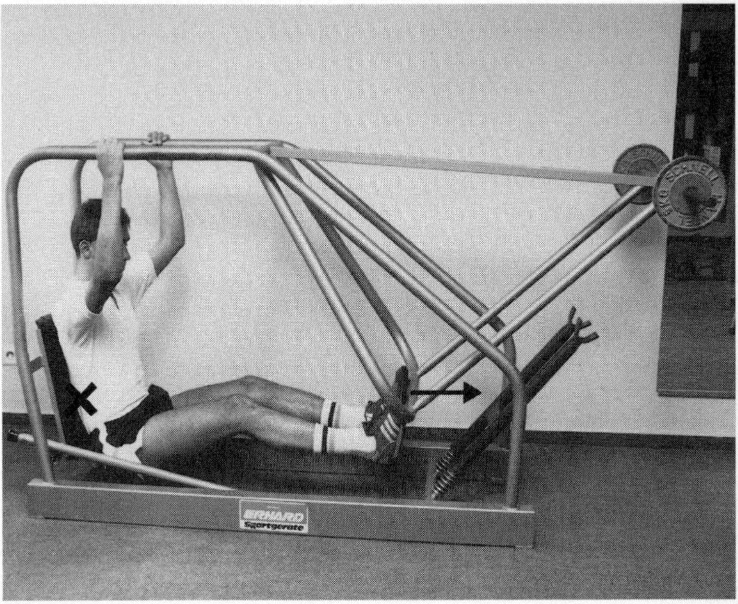
ERHARD
Sportgeräte

Übungsziel: Kräftigung der Beinstreckschlinge

Trainingsmittel: Multipresse
Phase: 3
Übungsbeschreibung: Der Sportler steht im schulterbreiten Stand in der Multipresse, er beugt und streckt die Beine.
Hauptwirkung: Hüft- und Oberschenkelstrecker
Nebenwirkung: Wadenmuskulatur
Variationen: In der Endphase der Kniestreckung aktiv die Sprunggelenke strecken.
Achtung: Dehn- und Lockerungsübungen einfügen.
Anmerkung: Die Keilung entlastet die Achillessehne.

Übungsziel: Kräftigung der Beinstreckschlinge

Trainingsmittel: Multipresse,
Schrägbank
Phase: 3
Übungsbeschreibung: Der Sportler
liegt auf dem Rücken auf einer
Schrägbank, das Hüftgelenk ist ge-
nau unter der Stange plaziert. Die
Beine werden gebeugt (maximal 70
Grad) und gestreckt.
Hauptwirkung: Hüft- und Knie-
strecker
Nebenwirkung: Wadenmuskula-
tur
Variationen: In der Endphase der
Kniestreckung können die Füße zu-
sätzlich gestreckt werden.
Anmerkung: Die Stange kann unter
dem Knöchel oder im Vorfußbe-
reich mit einer verstärkten Wirkung
auf die Wadenmuskulatur ansetzen.
Dehn- und Lockerungsübungen für
die Bein- und Wadenmuskulatur
einflechten.

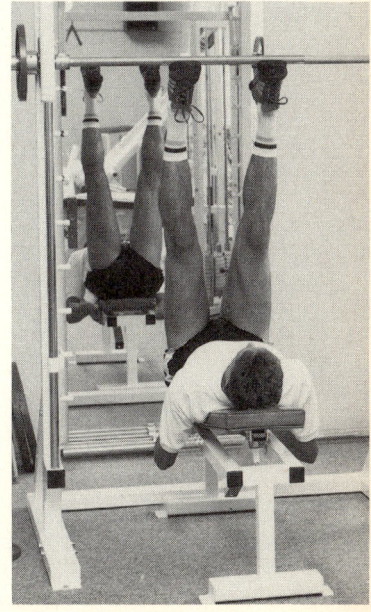

Übungsziel: Kräftigung der Beinstreckschlinge

Trainingsmittel: Langhantel
Phase: 3/4
Übungsbeschreibung: Der Sportler
steht im schulterbreiten Stand, die
Langhantel liegt auf den Schultern
auf. Der Sportler beugt (maximal
70 Grad) und streckt die Knie-
gelenke.
Hauptwirkung: Kräftigung der
Hüft- und Beinstrecker
Anmerkung: Dehn- und Locke-
rungsübungen für die Bein- und
Wadenmuskulatur einflechten. Die
Keilung entlastet die Achilles-
sehne.

Übungsziel: Kräftigung der Beinstreckschlinge

Trainingsmittel: Langhantel mit
Schulteraufsatz
Phase: 3/4
Übungsbeschreibung: Der Sportler
steht im Ausfallschritt, die Hantel
auf den Schultern aufliegend. Er
wippt in dieser Position, das Ge-
wicht lastet überwiegend auf dem
vorderen Bein.
Hauptwirkung: Kräftigung der
Hüft- und Beinstrecker
Anmerkung: Dehn- und Locke-
rungsübungen für die Bein- und
Wadenmuskulatur einflechten.

Übungsziel: Kräftigung der Beinstreckschlinge

Trainingsmittel: Kasten
Phase: 3/4
Übungsbeschreibung: Der Sportler
steht vor dem Kasten, er setzt sein
verletztes Bein auf. Nun steigt er
auf den Kasten, der gesamte Krafteinsatz kommt aus dem verletzten
Bein.
Hauptwirkung: Kräftigung der
Beinstreckschlinge
Nebenwirkung: Koordinations- und
Gleichgewichtsschulung
Variationen: Je nach Schwerpunktsetzung kann das Sprunggelenk in
der Endphase der Bewegung gestreckt werden (Foto unten
rechts).
Anmerkung: Die Kastenhöhe kann
variiert werden.

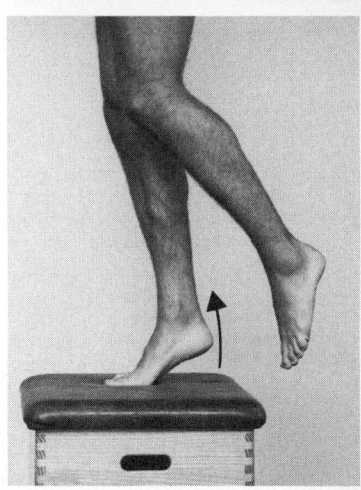

Übungsziel: Kräftigung der Kniestrecker und der Hüftbeuger

Trainingsmittel: Seilzug, Fußschlaufe
Phase: 3
Übungsbeschreibung: Der Sportler bringt den am Fuß befestigten Seilzug aus der Beugung in die Streckung nach vorn. In der Endphase der Bewegung wird der Fuß des Standbeins gestreckt.
Nebenwirkung: Waden- und Hüftmuskulatur des Standbeins
Variationen: Bein während der Bewegung innen- oder außenrotieren.
Achtung: Nur durchführen, wenn Beinachse aktiv zu stabilisieren ist.
Anmerkung: Kombinieren mit Dehnübungen für die Kniestrecker und Hüftbeuger.

Übungsziel: Kräftigung der Hüftstrecker

Trainingsmittel: Seilzug, Fußschlaufe
Übungsbeschreibung: Der Sportler bringt das gestreckte Bein nach hinten.
Nebenwirkung: Kräftigung der langen Rückenstrecker und der Beinbeuger
Variationen: Bein während der Bewegung innen- oder außenrotieren.
Achtung: Nicht in die Hohlkreuzstellung ‹fallen›; die Hüfte wird nicht «ausgedreht».
Anmerkung: Kombinieren mit Dehnübungen für den LWS- und Gesäßbereich.

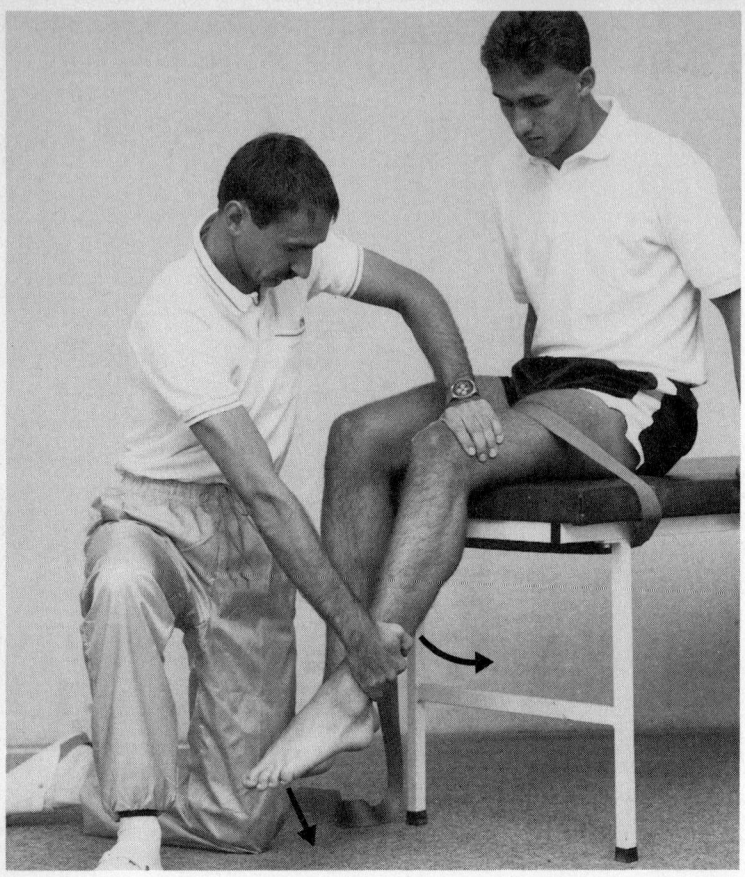

Übungsziel: Kräftigung und Koordination der Kniebeuger

Trainingsmittel: Bank, Partnerhilfe
Phase: 2/3
Übungsbeschreibung: Der Sportler sitzt auf der Trainingsbank, der gesamte hintere Oberschenkel liegt auf. Der Sportler beugt gegen *leichten* Druck das Bein, der Fuß ist gestreckt.
Nebenwirkung: Kräftigung der Fußstrecker und der Wadenmuskulatur
Achtung: Langsame und gleichmäßige Bewegung ohne viel Gegendruck
Anmerkung: Es kann zur Fixierung des Oberschenkels auch ein Gurt eingesetzt werden. Kombinieren mit Dehnungen der Kniegelenkbeuger und Wadenmuskulatur.

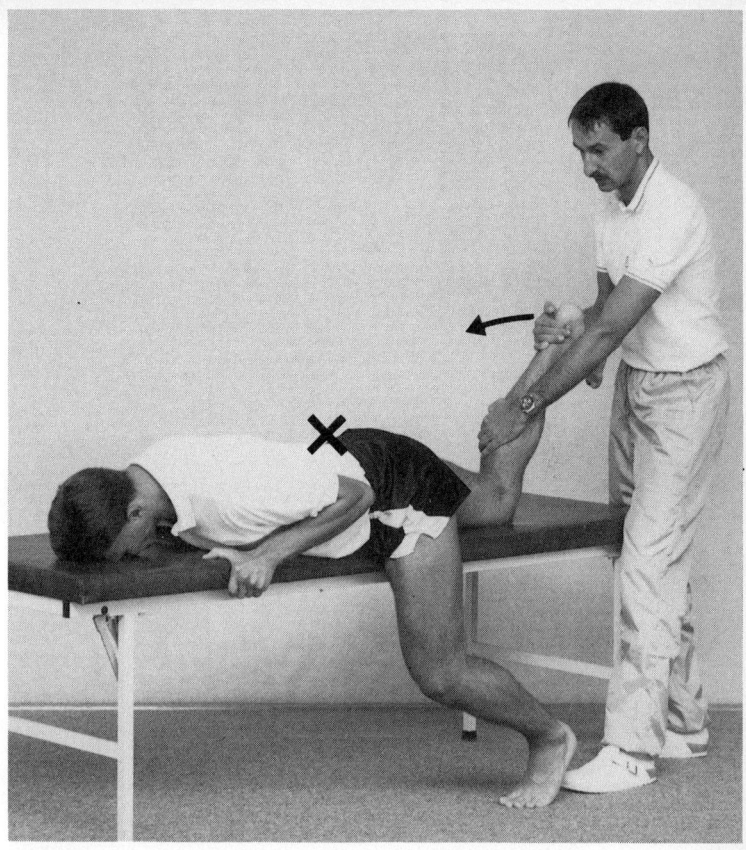

Übungsziel: Kräftigung und Koordination der Kniebeuger

Trainingsmittel: Bank, Partnerhilfe
Phase: 2/3
Übungsbeschreibung: Ausgangslage wie im Foto, der Sportler ‹stemmt›
mit dem linken Bein und beugt das rechte Bein gegen leichten Wider-
stand.
Nebenwirkung: Kräftigung und Innervation der Streckschlinge des stem-
menden Beines
Anmerkung: Kombinieren mit Dehnübungen der Kniegelenkbeuger und
Wadenmuskulatur.

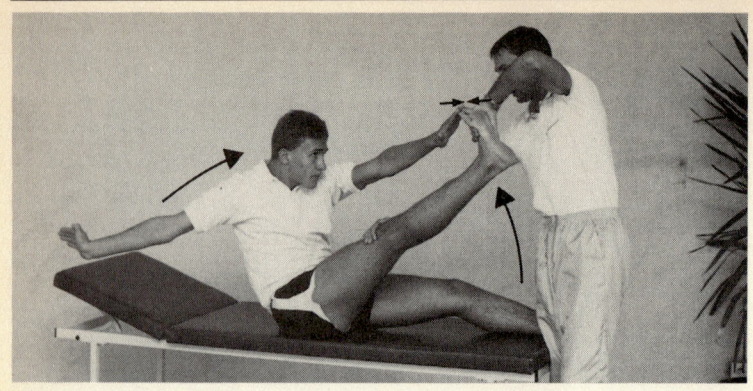

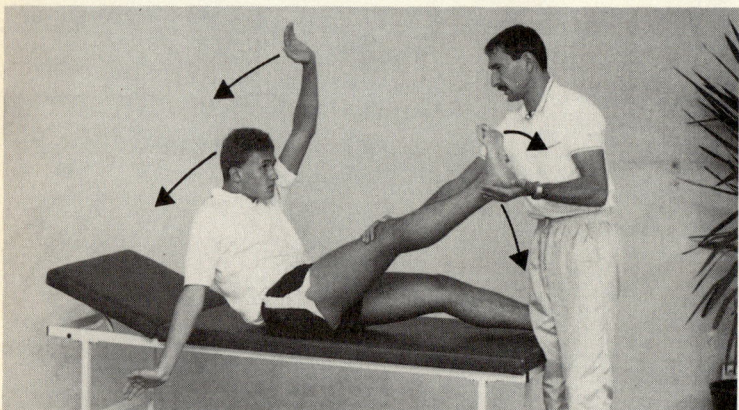

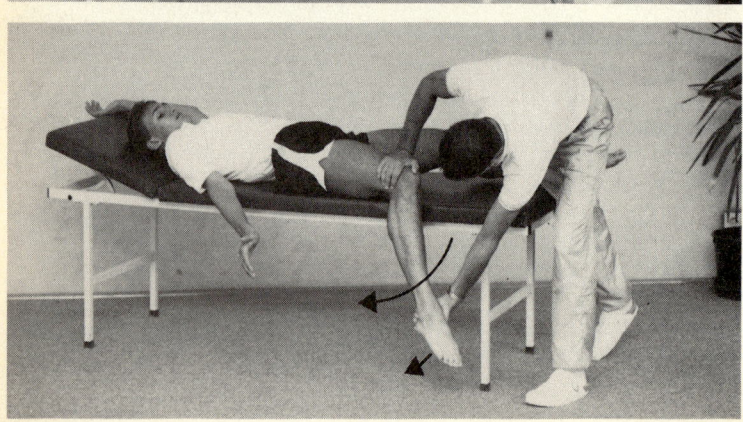

Übungsziel: Komplexe Kräftigung und Innervation (Fotos links)

Trainingsmittel: Bank, Trainingspartner
Phase: 3
Übungsbeschreibung: Der Sportler befindet sich in Rückenlage auf der Bank. Er bringt den linken Arm und die rechte, zum Körper angezogene Fußspitze über dem Körper zusammen. Der Partner faßt an die Ferse, der Oberkörper wird langsam abgelegt. Das rechte Bein wird gegen leichten Widerstand zur Bank nach unten gedrückt und anschließend mit gestrecktem Fuß gebeugt.
Achtung: Beim Beugen des Beines durch die Handhaltung keine seitlichen Kräfte (Scherkräfte) verursachen.

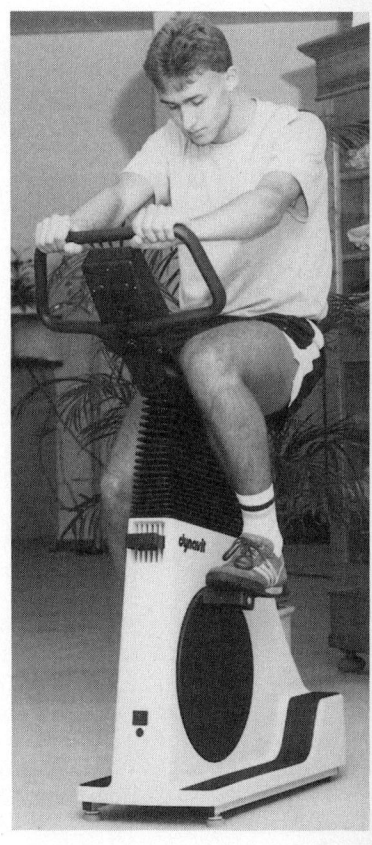

Übungsziel: Mobilisation des Kniegelenks

Trainingsmittel: Fahrradergometer
Phase: Ab einer festzusetzenden individuellen Beugefähigkeit
Übungsbeschreibung: Der Sportler sitzt auf dem Fahrradergometer. Die Sitzhöhe wird so eingestellt, daß der Sportler ohne Beschwerden ‹rund treten› kann. In dieser Position wird fast ohne Widerstand für einige Minuten getreten.
Hauptwirkung: Mobilisation des Kniegelenks
Achtung: Mit dem Arzt oder Therapeuten absprechen, keinesfalls eine Bewegung erzwingen.

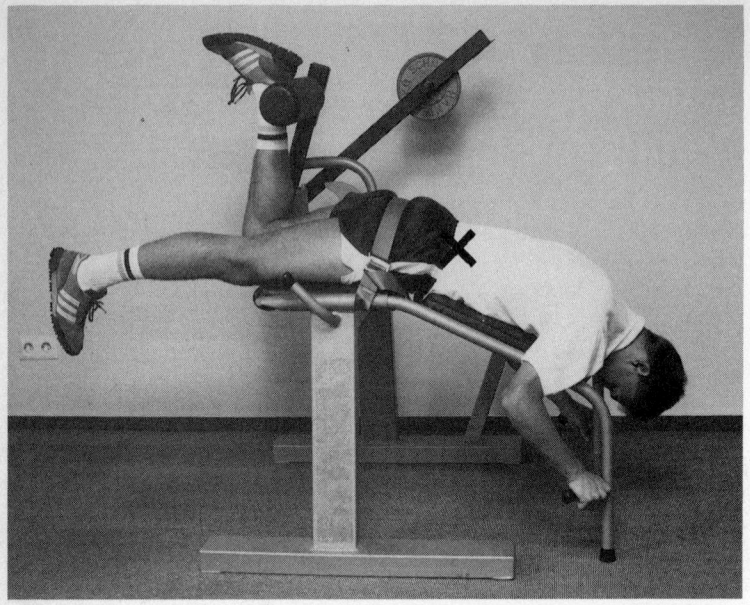

Übungsziel: Entwicklung der Kniebeugemuskulatur

Trainingsmittel: Beinbeuger
Phase: 2/3
Übungsbeschreibung: Der Sportler liegt ‹im Gerät›. Er bringt das Bein
aus der fast vollständigen Streckung in die Beugung. Das Becken liegt
während der gesamten Übung auf, es findet keine Beckenkippung mit
Hohlkreuzbildung statt.
Nebenwirkung: Entwicklung der Wadenmuskulatur (zweigelenkiger
m. gastrognemius)
Variationen: In der Beugung wird kurz fixiert und der Fuß einige Male
gebeugt und gestreckt.
Achtung: Auf korrekte Positionierung achten, der Drehpunkt des Kniegelenks und des Trainingsgeräts müssen übereinstimmen. Die Muskulatur
des hinteren Oberschenkels neigt zu Zerrungen und Krämpfen, die Übungen nur gut vorbereitet durchführen.
Anmerkung: Die Bewegungen werden mit beiden Beinen durchgeführt.
Bei einem eventuell auftretenden Schmerzpunkt kann das ‹gesunde Bein›
die Last für das kranke Bein abfangen. Kombinieren mit Dehnübungen
für die hintere Oberschenkel- und die Wadenmuskulatur.

Sprunggelenke

Übungen zur Prävention und Rehabilitation

Übungsziel: Kräftigung der Zehenbeuger und der gesamten Fußmuskulatur

Trainingsmittel: Bleistift
Phase: 1
Übungsbeschreibung: Der Bleistift wird mit den Zehen aufgenommen und wieder abgelegt.
Nebenwirkung: Koordinationsgewinn
Variationen: Verschiedene Stiftdicken verwenden.
Achtung: Bei bestimmten Fuß- und Zehenfehlformen nicht einsetzen (z. B. bei ‹Hammerzehen›).

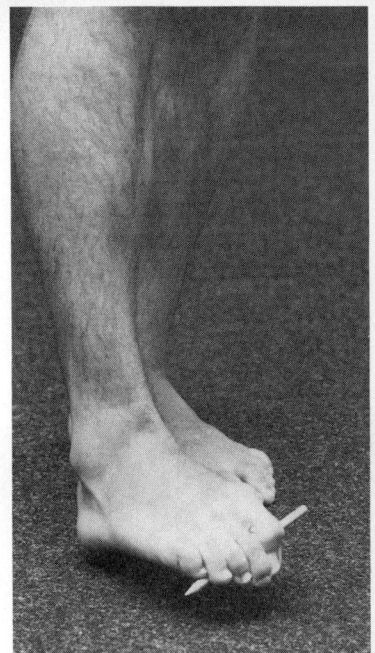

Übungsziel: Kräftigung der Fußstrecker und der Zehenbeuger

Trainingsmittel: Medizinball
Phase: 1/2
Übungsbeschreibung: Der Sportler führt den Ball mit dem Vorfußbereich vor-, rück- und seitwärts.
Nebenwirkung: Koordinationsgewinn; Kräftigung der gesamten Fußmuskulatur
Variationen: Verschiedene Ballgrößen und -schweren
Achtung: Bei Verletzungen des lig. anterius den Fuß nicht ‹überstrekken›.

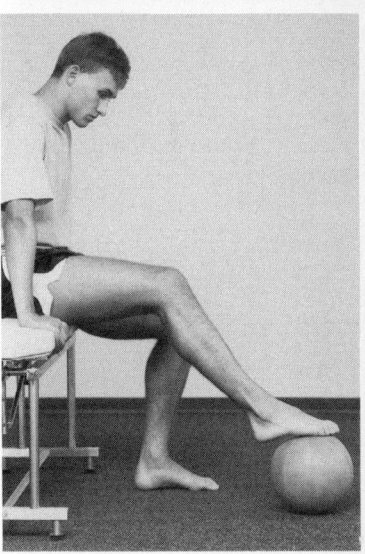

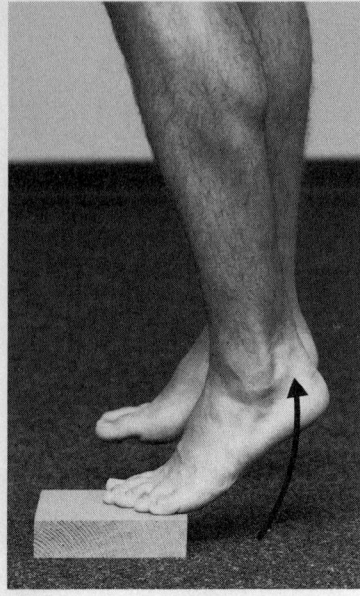

Übungsziel: Kräftigung der Waden-muskulatur und der Zehenbeuger

Trainingsmittel: Holzbrett (Kante)
Phase: 2/3
Übungsbeschreibung: Der Sportler steht mit dem Vorfußbereich auf einem 2–4 cm hohen Holzklötzchen auf. Er streckt seinen Fuß.
Nebenwirkung: Koordinations- und Gleichgewichtsgewinn; Kräftigung der gesamten Fußmuskulatur
Variationen: Brettstärken
Achtung: In der Ausgangsstellung wird die Achillessehne passiv ge-dehnt, bei vorgeschädigter Sehne mit Vorsicht üben.

Übungsziel: Kräftigung der Waden- und Fußmuskulatur

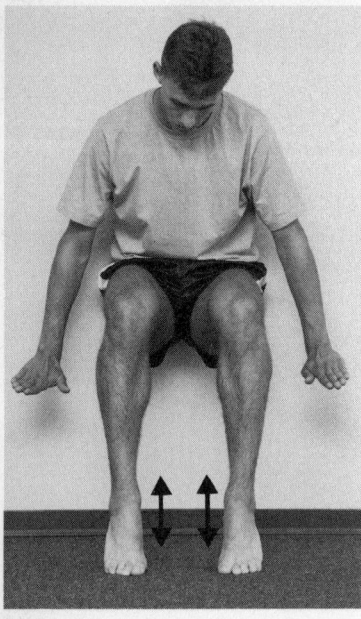

Phase: 3
Übungsbeschreibung: Der Sportler steht mit dem Rücken an einer Wand. Er geht in die Kniebeuge (max. 90 Grad) und beugt und streckt seine Füße.
Nebenwirkung: Statische Kräfti-gung der Hüft- und Oberschenkel-strecker
Variationen: Kniebeugewinkel
Achtung: Diese Übung bei Schäden im Kniescheibengelenk *nicht* zum Einsatz bringen. Vorheriges Auf-wärmen ist unbedingt notwendig, die Haltedauer sollte 10 Sekunden nicht überschreiten.
Anmerkung: Durch die Kniebeu-gung wird besonders der m. soleus beansprucht. Diese Übung sollte mit Dehnübungen für die Waden-muskulatur und vordere Ober-schenkelmuskulatur kombiniert werden.

Übungsziel: Kräftigung der Waden-
und Fußmuskulatur

Trainingsmittel: Sprossenwand
Phase: 2/3
Übungsbeschreibung: Der Sportler
fixiert sein Gleichgewicht an der
Sprossenwand. Er setzt mit dem
Vorfuß auf der Sprosse auf und
beugt und streckt den Fuß.
Variationen: Der Sportler kann
duch Handfixation an der Sprossenwand den notwendigen Krafteinsatz
steuern.
Achtung: In der Ausgangsstellung
wird die Achillessehne passiv
gedehnt, bei Vorschädigungen
mit Vorsicht üben, nicht zu stark
dehnen.

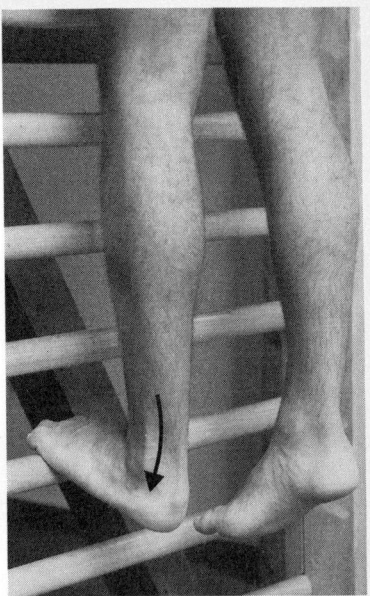

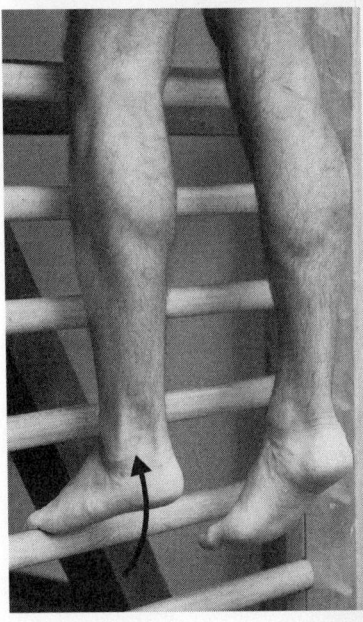

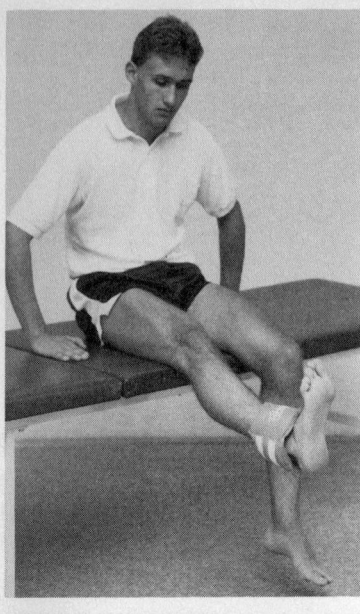

Übungsziel: Kräftigung der Fußbeuger und -strecker

Trainingsmittel: Trainingsbank (Ge-
wichtsmanschette)
Phase: 2
Übungsbeschreibung: Der Sportler
sitzt auf der Trainingsbank. Er
streckt das Kniegelenk und beugt
und streckt den Fuß.
Nebenwirkung: Kräftigung der
Oberschenkelstrecker
Variationen: Fuß nach innen und
nach außen zum Körper anziehen
(Supination und Pronation).
Gleiche Übung mit gebeugtem
Kniegelenk
Anmerkung: Zur Verstärkung der
Wirkung auf die Oberschenkelstrecker kann am Knöchel eine Gewichtsmanschette angebracht werden.
Diese Übung sollte mit Dehnübun-
gen für die Wadenmuskulatur und
die Oberschenkelstrecker kombiniert werden.

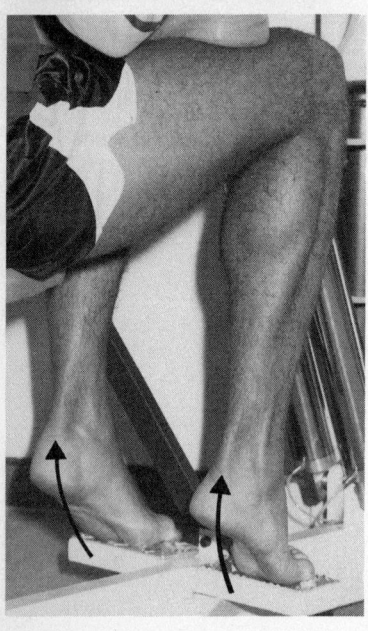

Übungsziel: Kräftigung der Waden-
und Fußmuskulatur

Trainingsmittel: Wadentrainer
Phase: 3
Übungsbeschreibung: Der Sportler
sitzt im Gerät, der Widerstand befindet sich am Oberschenkel.
Nebenwirkung: Kräftigung der Zehenbeuger
Anmerkung: Diese Übung sollte
mit Dehnübungen für die Wadenmuskulatur kombiniert werden.

Übungsziel: Kräftigung der Fußbeuger und der Zehenstrecker

Trainingsmittel: Bank (Stuhl etc.)
Phase: 3
Übungsbeschreibung: Der Sportler
steht im Einbeinstand und hebt das
verletzte Bein an. Er beugt und
streckt den Fuß in Pronations- und
Supinationsrichtung.
Nebenwirkung: Kräftigung der
Hüftbeuger; Gleichgewichts-
schulung
Variationen: In der Endposition für
einige Sekunden halten (Isometrie).

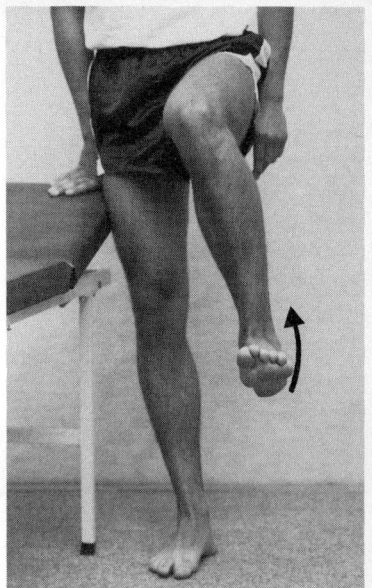

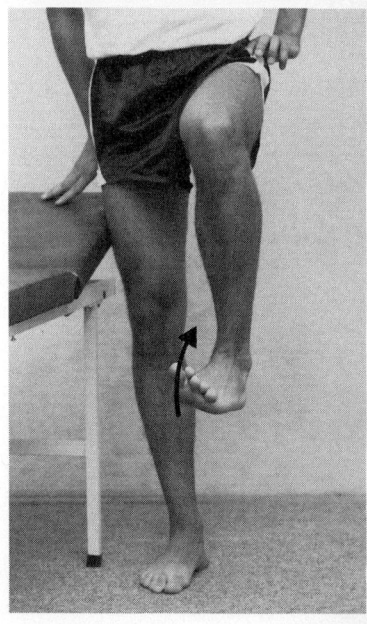

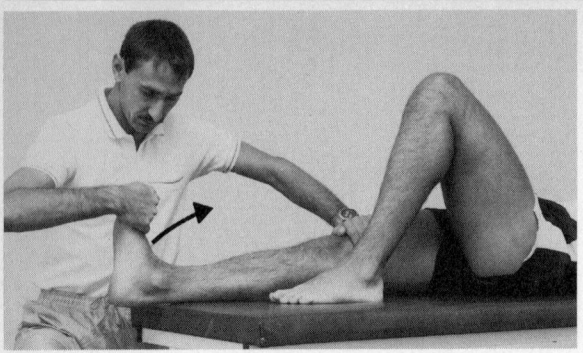

Übungsziel: Kräftigung der Fußbeuger und der Zehenstrecker

Trainingsmittel: Bank, Partnerwiderstand
Phase: 2/3
Übungsbeschreibung: Ausgangsposition wie im Foto oben. Der Sportler zieht langsam und gleichmäßig gegen den dosierten Widerstand des Trainingspartners seinen Fuß in Richtung Körper.
Variationen: Fuß einige Sekunden in gebeugter Stellung halten (Isometrie). Wird der Handwiderstand mehr im Groß- oder Kleinzehenbereich gegeben, werden mehr die Pronatoren oder Supinatoren trainiert.

Übungsziel: Kräftigung der Wadenmuskulatur und der Zehenbeuger

Trainingsmittel: Bank, Partnerwiderstand
Phase: 2
Übungsbeschreibung: Ausgangsstellung wie im Foto unten. Der Sportler streckt seinen Fuß gegen den Partnerwiderstand.
Achtung: Bei Verletzungen des lig. anterius den Fuß nicht überstrecken.

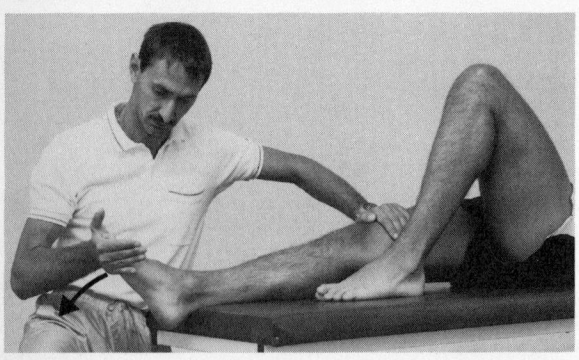

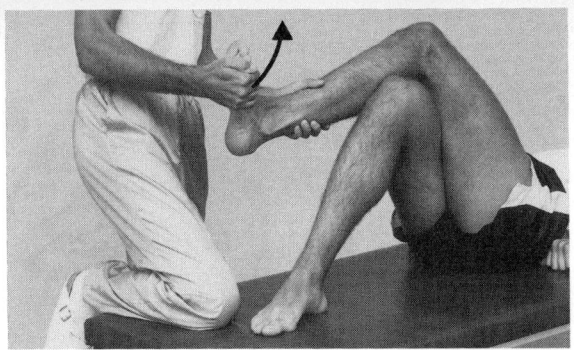

Übungsziel: Kräftigung der Fußaußenrandheber

Trainingsmittel: Bank, Partnerwiderstand
Phase: 3/4
Übungsbeschreibung: Der Partner umfaßt den Fuß des Sportlers (Foto oben) und gibt an der Außenseite des Fußes Widerstand. Der Sportler zieht den Fuß zu sich heran, er betont die Hebung des Fußaußenrandes.
Variationen: In der Endposition für einige Sekunden halten (Isometrie).

Übungsziel: Kräftigung der Fußinnenrandheber

Trainingsmittel: Bank, Partnerwiderstand
Phase: 3/4
Übungsbeschreibung: Der Partner umfaßt den Fuß des Sportlers (Foto unten) und gibt an der Innenseite des Fußes Widerstand. Der Sportler zieht den Fuß zu sich heran, er betont die Hebung des Fußinnenrandes.
Variationen: In der Endposition für einige Sekunden halten (Isometrie).

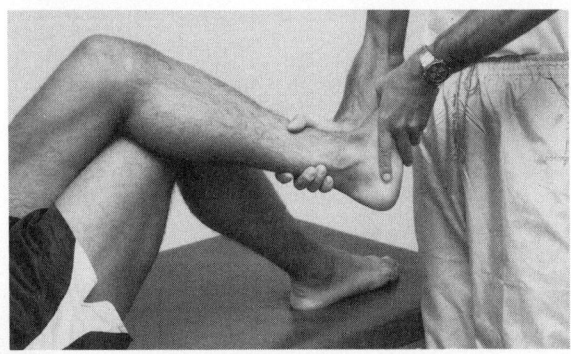

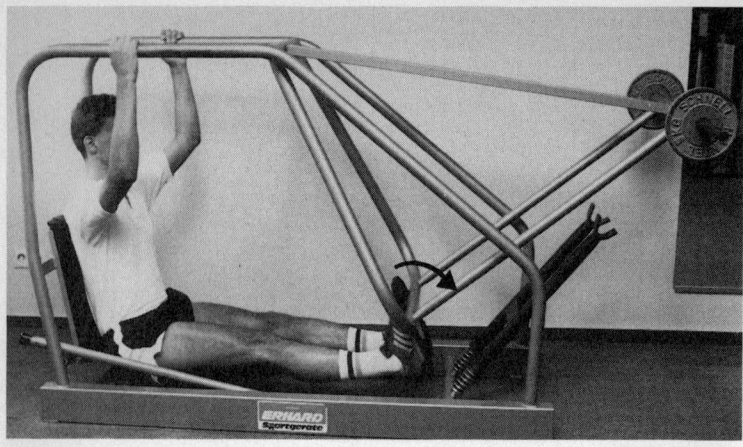

Übungsziel: Kräftigung der Wadenmuskulatur

Trainingsmittel: Beinpresse
Phase: 3/4
Übungsbeschreibung: Der Sportler setzt den Fuß im Vorfußbereich auf.
Er streckt und beugt die Füße.
Variationen: In der Endposition für einige Sekunden halten (Isometrie).
Die Übung mit gebeugten Kniegelenken durchführen.
Achtung: Es werden immer beide Füße wegen der zusätzlichen Sicherheit
(Abrutschen, Spontanschmerz) aufgesetzt, der Krafteinsatz kommt be-
sonders aus dem verletzten Fuß.

Übungsziel: Entwicklung von Ausdauer und dynamische Kräftigung der Bein- und Wadenmuskulatur

Trainingsmittel: Fahrradergometer
Phase: Nur individuell zu entscheiden.
Übungsbeschreibung: Der Sportler absolviert sein Ausdauertraining auf dem Fahrradergometer. Je nach Zeitpunkt der Rehabilitationsphase kann der Fuß fersennah oder im Bereich des Vorfußes aufgesetzt werden.
Hauptwirkung: Beim Aufsetzen mit dem Vorfuß findet eine Mobilisation der Sprunggelenke statt.

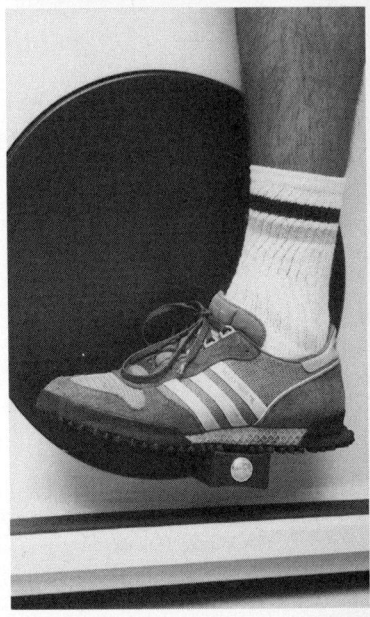

Anhang

Literaturhinweise

ANDRESEN, R. / HAGEDORN, G. (Hg.): Lernen im Sportspiel. Berlin 1982.

APPELL, H.-J.: Anabolika und muskuläre Systeme. Schorndorf 1983.

APPELL, H.-J. / STANG-VOSS, C.: Funktionelle Anatomie. München 1986.

BALLREICH / KUHLOW: Beiträge zur Biomechanik des Sports. Schorndorf 1980.

BAUMANN, H. / REIM, H.: Sportbewegungslehre. Frankfurt–Berlin–München 1984.

BÄUMLER, G. u. a.: Aktuelle Probleme der Sportpsychologie. Schorndorf 1979.

BÄUMLER, G. / SCHNEIDER, K.: Sportmechanik. München–Wien–Zürich 1981.

BIEDERT, R.: Postoperative Belastbarkeit des Bewegungsapparates. In: Ow, D. von / Hüni, G. (Hg.): Muskuläre Rehabilitation. Erlangen 1987.

Bös, K.: Handbuch sportmotorischer Tests. Göttingen–Toronto–Zürich 1987.

Bös, K. / MECHLING, H.: Dimensionen sportmotorischer Leistungen. Schorndorf 1983.

BRONHOFER, M.: Arthrosen–Pathogenese und Früherkennung. Basel 1980.

CAMRATH, J.: Physiotherapie. Stuttgart–New York 1983.

CARL, K. u. a.: Handbuch Sport Bd. 1 und 2. Düsseldorf 1984.

CARL, K.: Training und Trainingslehre in Deutschland. Schorndorf 1983.

CLASING, D. / SIEGFRIED, I. (Hg.): Sportärztliche Untersuchung und Beratung. Erlangen 1986.

CORDES, J. C. u. a.: Physiotherapie. Berlin (DDR) 1987.

DAHMEN, G. (Hg.): Sportschäden am Haltungs- und Bewegungsapparat Band 5. Hamburg 1986.

DREVER, J. u. a.: Wörterbuch zur Psychologie. München 1975.

EBERSPÄCHER, H.: Sportpsychologie. Reinbek bei Hamburg 1982/1987[3].

EBERSPÄCHER, H. (Hg.): Handlexikon Sportwissenschaft. Reinbek bei Hamburg 1987.

EBERSPÄCHER, H. / RENZLAND, J.: Psychische Regeneration. In: Löcken / Dietze (Hg.): Das Betreuungssystem im modernen Hochleistungssport. Münster 1982.

EHRICH, D. / GEBEL, R.: Aufbautraining nach Sportverletzungen. Münster 1985.

EINSINGBACH, T. u. a.: Sportphysiotherapie und Rehabilitation. Stuttgart–New York 1988.

EITNER, D. u. a.: Sportphysiotherapie. Stuttgart–New York 1981.

FALLER, A.: Der Körper des Menschen. Stuttgart–New York 1980.

FETZ, F.: Bewegungslehre. Bad Homburg–Wien 1980.

FETZ, F.: Sensomotorisches Gleichgewicht im Sport. Wien 1987.

FINDEISEN, D. u. a.: Grundlagen der Sportmedizin. Leipzig 1980.

FLÖTHNER, R. u. a. (Hg.): Sportmedizin im Mannschaftssport. Erlangen 1983.

FRANZ, I. W. u. a.: Training und Sport zur Prävention und Rehabilitation in der technisierten Umwelt. Berlin–Heidelberg–New York–Tokio 1984.

FREIWALD, J.: Individueller Trainieren. In: Fußballtraining, 1/88.

FUNKE, J.: Sportunterricht als Körpererfahrung. Reinbek bei Hamburg 1983.

GABLER, H. u. a.: Praxis der Psychologie im Leistungssport. Berlin–München–Frankfurt 1979.

GERLACH, U. u. a.: Knorpelschaden – Knorpelschutz. München 1986.

GOSSNER, E. (Hg.): Krankheit und Sport. Stuttgart–New York 1983.

GRAFF, K.: Beurteilung der Sporttauglichkeit aus orthopädischer Sicht. In: Deutsche Zeitschrift für Sportmedizin, 1/1987, 4–11.

GROHER, W.: Auswirkungen des Hochleistungssports auf die Lendenwirbelsäule. Schorndorf 1975.

GROHER, W./LENHART, P.: Die Orthopädie in ihrer Beziehung zum Sport. In: Lökken/Dietze (Hg.): Das Betreuungssystem im modernen Hochleistungssport. Münster 1982.

GUNNARI, H./EVJENTH, O./BRADY, M.: Allround-Fitness. Sequenztraining. Reinbek bei Hamburg 1989.

GÜSSBACHER, A.: Die Rehabilitation nach Sportverletzungen und Operationen. In: Leistungssport, 4/88, 28–30.

GUSTAVSEN, R.: Trainingstherapie. Stuttgart–New York 1984.

HAGEDORN, G.: Spielen. Reinbek bei Hamburg 1987.

HAHN, E.: Psychosoziale Betreuung im Hochleistungssport. In: Löcken/Dietze (Hg.): Das Betreuungssystem im modernen Hochleistungssport. Münster 1982.

HALAMBIE, G.: Einführung in die Biochemie. Berlin 1982.

HARRE, D.: Trainingsgrundlagen. Berlin (DDR) 1979.

HARTOGH, H. (Hg.): 1. Internationaler Kongreß der Sportphysiotherapie. Erlangen 1986.

HEIPERTZ, W.: Sportmedizin. Stuttgart–New York 1985.

HETTINGER, T.: Isometrisches Muskeltraining. Stuttgart–New York 1983.

HINRICHS, H. W.: Sportverletzungen. Reinbek bei Hamburg 1986/1989 [2].

HOLLMANN, W./HETTINGER, T.: Sportmedizin. Arbeits- und Trainingsgrundlagen. Stuttgart–New York 1980.

HORT, W.: Die Muskulatur des Leistungssportlers. Erlangen 1983.

HOTZ, A. u. a.: Optimales Bewegungslernen. Erlangen 1983.

HOWALD, H.: Morphologische und funktionelle Anpassung des menschlichen Skelettmuskels an körperliche Belastung. In: Sportliche Belastungsfähigkeit des Haltungs- und Bewegungsapparates. Stuttgart 1982.

ILKNER, H. G./RAMME, M. (Hg.): Gesundheitsbezogener Vereinssport. Ahrensburg 1988.

ISRAEL, S.: Die bewegungsbedingte körperliche Adaption als biotisches Prinzip. In: Theorie und Praxis der Körperkultur, 2/1988, 86–94, Leipzig.

JOCHHEIN, K.: Rehabilitation. Stuttgart 1975. Bd. 1–3.

JONATH, U. (Hg.): Lexikon Trainingslehre. Reinbek bei Hamburg 1988.

KAHLE, W./LEONHARDT, H./PLATZER, W.: Taschenatlas der Anatomie. Bd. 1: Bewegungsapparat. Stuttgart 1986.

KLEIN, M. (Hg.): Sport und Körper. Reinbek bei Hamburg 1984.

KNEBEL, K. P.: Funktionsgymnastik. Reinbek bei Hamburg 1985/1988[6].

KNEBEL, K. P./HERBECK, B./HAMSEN, G.: Fußball-Funktionsgymnastik. Reinbek bei Hamburg 1988.

KNEBEL, K. P./HERBECK, B./SCHAFFNER, S.: Tennis-Funktionsgymnastik. Reinbek bei Hamburg 1988.

KOCH, K. u. a. (Hg.): Motorisches Lernen – Üben – Trainieren. Schorndorf 1976.

KREJCI, V./KOCH, P.: Muskelverletzungen und Tendopathien der Sportler. Stuttgart–New York 1982.

KUHN, W.: Funktionelle Anatomie des menschlichen Bewegungsapparates. Schorndorf 1981.

LETZELTER, H. u. M.: Krafttraining. Reinbek bei Hamburg 1986.

LETZELTER, H./STEINMANN, W./FREITAG, W. (Red.): Angewandte Sportwissenschaft. Clausthal-Zellerfeld 1986.

LETZELTER, M.: Trainingsgrundlagen. Reinbek bei Hamburg 1980/1989[9].

LÖCKEN, M./DIETZE, R. (Hg.): Das Betreuungssystem im modernen Hochleistungssport. Münster 1982.

MAEHL, O./HÖHNKE, O.: Aufwärmen. Ahrensburg 1988.

MARKWORTH, P.: Sportmedizin. Reinbek bei Hamburg 1983/1988[4].

MECHLING, H./SCHMIDTBLEICHER, D./STARISCHKA, S. (Red.): Aspekte der Bewegungs- und Trainingswissenschaft. Motorisches Lernen – Leistungsdiagnostik – Trainingssteuerung. Clausthal-Zellerfeld 1986.

MEINEL, K./SCHNABEL, G.: Bewegungslehre Sportmotorik. Berlin (DDR) 1987.

MENSCHIG, A.: Die Synovialpumpe des Kniegelenks. In: Zeitschrift für Orthopädie, 1976, 89–94.

MÜLLER-WOHLFAHRT, H.-W./MONTAG, H.-J.: Diagnostik und Therapie der sogenannten Muskelzerrung. In: Deutsche Zeitschrift für Sportmedizin, 8/1985, 246–248.

MÜLLER-WOHLFAHRT, W. u. a.: Süße Pille Sport. Neufahrn 1984.

PAPST, H./LENHART, P./STEININGER, K.: Möglichkeiten der Regeneration nach längerer Belastung im Hochleistungssport. In: Löcken/Dietze: Das Betreuungssystem im modernen Hochleistungssport. Münster 1982.

PETERSON, F. u. a.: Muskeln – Funktionen und Tests. Stuttgart 1985.

PETERSON, L./RENSTRÖM, P.: Verletzungen im Sport. Köln 1987.

PILZ, A. (Hg.): Sport und körperliche Gewalt. Reinbek bei Hamburg 1982/1986[2].

PUHL, W. u. a.: Isokinetisches Muskeltraining in Sport und Rehabilitation. Erlangen 1988.

RAMM, B./HAHN, N.: Physikalische Grundlagen der Physiologie. Stuttgart 1974.

REUTER, L.: Therapie und Prophylaxe bei Verletzungen und Überlastungsschäden im Langstreckenlauf. Ahrensburg 1987.

RIEDER, H. u. a. (Hg.): Motorik und Bewegungsforschung. Schorndorf 1983.

RIGAUER, B.: Sportsoziologie. Reinbek bei Hamburg 1982.

ROMPE, G. u. a. (Hg.): Begutachtung der Haltungs- und Bewegungsorgane. Stuttgart 1978.

ROST, R. u. a.: Die Fahrradergometrie in der Praxis. Köln o. J.

ROTH, K.: Strukturanalyse koordinativer Fähigkeiten. Bad Homburg 1982.

RÖTHIG, P. (Red.): Sportwissenschaftliches Lexikon. Schorndorf 1983.

SACHSE, J.: Manuelle Untersuchung und Mobilisationsbehandlung der Extremitätengelenke. Stuttgart–New York 1986.

SCHARLL, M.: Orthopädische Krankengymnastik. Stuttgart–New York 1984.

SCHLOSSER, V. / KUHNER, E.: Traumatologie. Stuttgart–New York 1980.

SCHMIDT, H.: Orthopädische Grundlagen für sportliches Üben und Trainieren. Leipzig 1987.

SCHUMPE, G.: Biomechanische Aspekte am Kniegelenk. Bonn 1984 (Habilitationsschrift).

SCHWERDTNER, H.-P. u. a.: Sportverletzungen. Erlangen 1986.

SCHWOPE, F.: Sportmassage. Reinbek bei Hamburg 1987/1988[2].

SEGESSER, B. / PFÖRRINGER, W. (Hg.): Der Schuh im Sport. Erlangen 1987.

SIEBER, F. / HÜNING, R. / SCHNEIDER, P.-G.: Muskuläre Dysbalancen der Oberschenkelmuskulatur als Ursache von Kniebeschwerden bei Hochleistungssportlern. In: Sport. Rettung oder Risiko für die Gesundheit? Sportärztekongreß 1988, Kurzfassung der Autoren-Referate.

SINGER, F. / SHERAK, O. (Hg.): Rehabilitation bei Veränderungen des Discus intervertebralis und der Spondylolysthese. Wien–Berlin 1988.

SMILLIE, I. S.: Kniegelenksverletzungen. Stuttgart 1985.

SPRING, H. u. a.: Dehn- und Kräftigungsgymnastik. Stuttgart–New York 1988.

STEGEMANN, J.: Leistungsphysiologie. Stuttgart–New York 1984.

STEINBRÜCK, K. / COTTA, H.: Epidemiologie von Sportverletzungen. 10-Jahres-Analyse der Sportorthopädischen Ambulanz. In: Deutsche Zeitschrift für Sportmedizin, 6/1983, 173–186.

STEINBRÜCK, K. / RIEDER, H.: Verletzungen bei Sportstudenten. Analysen und Konsequenzen. In: Deutsche Zeitschrift für Sportmedizin, 10/1984, 335–346.

SYER, J. / CONNOLLY, C.: Psychotraining für Sportler. Reinbek bei Hbg. 1987/1988[2].

THIESS, G. / SCHNABEL, G.: Grundbegriffe des Trainings. Berlin (DDR) 1986.

TITTEL, K.: Beschreibende und funktionelle Anatomie des Menschen. Stuttgart 1985.

TITTEL, K. / WUTSCHERK, H.: Sportanthropometrie. Leipzig 1972.

TRUNIGER, B. / RICHARDS, P.: Wasser- und Elektrolythaushalt. Stuttgart–New York 1984.

TUTSCH, D.: Taschenlexikon der Medizin. Reinbek bei Hamburg 1986.

UNGERER, D.: Zur Theorie des sensomotorischen Lernens. Schorndorf 1977.

Verwaltungs-Berufsgenossenschaft: 1. Grundsätze für besonders indizierte Therapie. DOK 418.9, 1988; 2. Öffentlich-rechtlicher Vertrag. DOK 418.9, 1988.

VOSS, H. / HERRLINGER, R.: Taschenbuch der Anatomie Band 1–3, Stuttgart 1983.

WEDEKIND, S.: Analyse des Informationsgehaltes trainingswissenschaftlicher Begriffe und Aussagen (Inauguraldissertation). Frankfurt 1983.

WEICKER, H. / BARWICH, D. / KLETT, G. / RITTHALER, F.: Die hormonelle Regulation bei körperlicher Belastung. In: Sportwissenschaft 11, 1981, 386–405.

WEICKER, H. / SCHUBNALL, M.: Sportmedizin im sportwissenschaftlichen Studium. Schorndorf 1979.

WEINECK, J.: Optimales Training. Erlangen 1985.

WEINECK, J.: Sportbiologie. Erlangen 1988.

WILLIMCZIK, K. / ROTH, K.: Bewegungslehre. Reinbek bei Hamburg 1983/1988[3].

WIRHED, R.: Sport-Anatomie und Bewegungslehre. Stuttgart–New York 1984.

Zeitschriften zum Thema

Deutsche Zeitschrift für Sportmedizin. Deutscher Ärzte Verlag, Köln

Leistungssport. Philippka-Verlag, Münster

Medizin und Sport. Verlag Volk und Gesundheit, Berlin (DDR)

Theorie und Praxis der Körperkultur. Berlin (DDR)

Sportverletzung – Sportschaden. Thieme Verlag, Stuttgart

Der Autor

Jürgen Freiwald, Jahrgang 1957, Magister der Sportwissenschaften, ist sportlicher Leiter bei «Relax» in Rüsselsheim, einer Freizeitsportanlage mit angegliederter Abteilung für Prävention und Rehabilitation. Hier werden Sport- und Unfallverletzte unter Einsatz modernster Trainingsgeräte auftrainiert. Es findet eine Kooperation mit dem Olympiastützpunkt Frankfurt (Rhein-Main) statt. Jürgen Freiwald verfügt über langjährige Erfahrungen im Aufbautraining nach Sportverletzungen mit Sportlern aus verschiedensten Leistungsklassen. Als Leistungssportler war er im Fußball aktiv, er besitzt die A-Trainerlizenz des Deutschen Fußballbundes und ist Lehrbeauftragter für Fußball an der Universität Frankfurt.

Sport · Fitness · Gesundheit

Ulrich Jonath
Circuittraining (7625)

Karl-Peter Knebel
Funktionsgymnastik (7628)

Ulrich Jonath/Rolf Krempel
Konditionstraining (7038)

Helga und Manfred Letzelter
Krafttraining (7621)

Ulrich Jonath (Hg.)
Lexikon Trainingslehre (7638)

Friedrich Schwope
Sportmassage (8625)

Peter Markworth
Sportmedizin 1 (7049)

Hans-Uwe Hinrichs
Sportverletzungen (8604)

Manfred Letzelter
Trainingsgrundlagen (7024)

Johannes Mende
Körpertraining (8612)

Heinz Meusel
Sport ab 40 (8619)

John Syer/Christopher Connolly
Psychotraining für Sportler (8614)

Wilfred Holloway/Jörg Mumme
Orientierungslauf (8609)

SPORT
rororo

C 2330/2